地理人生系列 | 刘君德主编

我 的 地 理 人 生 3
中国省区市的影像足迹与思考（四卷本）

第四卷　中国西部地区

刘君德　著

东南大学出版社
·南京·

内容提要

本书是中国地理学家、华东师范大学终身教授、国务院学位委员会首批区域地理学专业博士生导师、中国地理学会终身成就奖获得者刘君德教授在改革开放以来对全国三十四个省区市进行过多次考察的基础上,对各省区市相关地理问题进行思考和研究的成果。全书分四卷——第一卷为中国东部北区、第二卷为中国东部中区、第三卷为中国东部南区、第四卷为中国西部地区,将全国三十四个省区市划分为十个地理单元(十章),以各省区市考察的足迹为线索,以区域和城市为重点,对涉及的自然环境与经济、社会、生态、政区等重要的地理问题进行探讨。四卷本图文并茂,问题思考配以现场照片加以阐述,内容由中国人民大学历史地理学者、清史专家华林甫教授等人协助校对。

本书可供地理学、行政学、区域经济学、历史学、旅游学、国土—区域规划、城市规划及相关专业研究者、教师和学生,政府部门工作者,以及对该领域有兴趣的社会人员阅读与参考。

图书在版编目(CIP)数据

我的地理人生. 3,中国省区市的影像足迹与思考:四卷本 / 刘君德著. -- 南京:东南大学出版社,2024.12. -- (地理人生系列 / 刘君德主编). -- ISBN 978-7-5766-1701-6

Ⅰ. K92-53

中国国家版本馆 CIP 数据核字第 2024LD7959 号

责任编辑:孙惠玉　　责任校对:子雪莲　　封面设计:王玥　黄永砥　　责任印制:周荣虎

我的地理人生 3:中国省区市的影像足迹与思考(四卷本)·第四卷　中国西部地区
WO DE DILI RENSHENG 3: ZHONGGUO SHENG QU SHI DE YINGXIANG ZUJI YU SIKAO (SI-JUAN BEN) · DI-SI JUAN　ZHONGGUO XIBU DIQU

著　　者:	刘君德
出版发行:	东南大学出版社
出 版 人:	白云飞
社　　址:	南京市四牌楼 2 号　邮编:210096
网　　址:	http://www.seupress.com
经　　销:	全国各地新华书店
排　　版:	南京布克文化发展有限公司
印　　刷:	南京艺中印务有限公司
开　　本:	890 mm×1 240 mm　1/16
印　　张:	65(四卷)·第四卷 18.75
字　　数:	1 788 千(四卷)·第四卷 515 千
版　　次:	2024 年 12 月第 1 版
印　　次:	2024 年 12 月第 1 次印刷
书　　号:	ISBN 978-7-5766-1701-6
定　　价:	399.00 元(四卷)

本社图书如有印装质量问题,请直接与营销部联系(电话:025-83791830)

四卷本目录

四卷本作者
四卷本前言

第一卷　中国东部北区
第一章　京津冀
（一）北京市　（二）天津市　（三）河北省
第二章　晋鲁
（四）山西省　（五）山东省
第三章　辽吉黑
（六）辽宁省　（七）吉林省　（八）黑龙江省

第二卷　中国东部中区
第四章　沪苏浙皖
（九）上海市　（十）江苏省　（十一）浙江省　（十二）安徽省
第五章　豫鄂湘赣
（十三）河南省　（十四）湖北省　（十五）湖南省　（十六）江西省

第三卷　中国东部南区
第六章　闽粤桂琼
（十七）福建省　（十八）广东省　（十九）广西壮族自治区　（二十）海南省
第七章　港澳台
（二十一）香港特别行政区　（二十二）澳门特别行政区　（二十三）台湾省（地区）

第四卷　中国西部地区
第八章　渝川云贵
（二十四）重庆市　（二十五）四川省　（二十六）云南省　（二十七）贵州省
第九章　陕甘宁
（二十八）陕西省　（二十九）甘肃省　（三十）宁夏回族自治区
第十章　蒙新青藏
（三十一）内蒙古自治区　（三十二）新疆维吾尔自治区　（三十三）青海省　（三十四）西藏自治区

四卷本后记

第四卷 中国西部地区

第四卷前言

本卷包括渝川云贵、陕甘宁和蒙新青藏三大区域的11个省级政区，位于中国西部内陆，是中国长江、黄河、珠江等水系的源头区域，包括西南地区的云贵高原、四川盆地及周边山区，西北地区的关中盆地，河西走廊，黄土高原，内蒙古高原，青藏高原等。这个区域位于中国的大西部（西南和西北），是中国的半壁江山，国境线漫长，国防和区域战略地位极为重要，生态意义重大，担负有"一带一路"建设的重任。

西部地区面积广大，景观多样，自然地理环境复杂，矿产资源十分丰富，土地的承载力相对较低，民族众多，社会多元。区域内部以成都、重庆、西安三个国家中心城市为极核，以昆明、贵阳、兰州、银川、呼和浩特、乌鲁木齐、西宁、拉萨为各省区中心，人口分散而集中，省域经济、社会发展水平差异较大。随着全球气候的变暖，人类对大自然的认知和科学改造，未来发展的潜力较大。

大西部的空间差异首先表现为南北纬度的气候不同，其次是地形、地貌主导的区域气候分异使得黄土高原、内蒙古高原、云贵高原、塔里木、柴达木盆地等与青藏高原，四川盆地及渭河平原之间，在人地关系、生态环境、土地承载力、民族构成、人口与城市、经济密度与发展水平等方面存在巨大的差别。西部地区的规划建设与发展的空间战略必须特别注意因地制宜。

本卷划分为渝川云贵、陕甘宁和蒙新青藏三大区域，以省区为单元，分别阐述和思考相关的区域和城市地理问题。

本卷收录107个篇目，自然—人文地理环境、生态和地域文化、国家级中心城市、省会城市以及颇具特色的区域城市为写作的重点。

第四卷目录

第四卷前言

第八章　渝川云贵 …… 001

（二十四）重庆市 …… 002
1. 特殊的直辖市 …… 002
2. "大山大水"：美丽的"山城""江城""雾都" …… 005
3. 巴渝文化与"红岩精神"的发祥地 …… 007
4. 告别"肩挑"时代：重庆的大交通 …… 009
5. 中心城区的现代CBD …… 012
6. 内陆首个国家级新区：两江新区 …… 015
7. 再走北碚：西南师范学院→西南大学 …… 017
8. 重庆考察中的长江三峡点滴认知 …… 019
9. 重庆发展的地理问题思考 …… 021

（二十五）四川省 …… 023
10. 天府之国 …… 023
11. 古蜀文明→秦汉文明 …… 024
12. 省会成都：西部重镇 …… 027
13. 20世纪七八十年代的"大气包"公交车 …… 031
14. 都江堰记忆 …… 033
15. 川西：想去未能去成的高山高原 …… 035
16. 小平的故乡：广安 …… 042
17. 川东北区域中心：文化瑰宝阆中 …… 044
18. 连接大西北的艰险通道：宝成铁路 …… 050
19. "三线"建设与四川 …… 052
20. 分治体制下的成渝经济走廊发展问题 …… 054

（二十六）云南省 …… 056
21. 少数民族第一大省 …… 056
22. 认知两大地理分区 …… 058
23. "三带"气候下的"旅游王国" …… 059
24. 能源·有色金属"王国" …… 061
25. 胡焕庸人口线的起点：腾冲 …… 063
26. 云南旅游从石林开始 …… 064

27.	省会昆明：感悟首届花博会	066
28.	难忘丽江·大理古城（崇圣寺三塔）	068
29.	热带雨林区：西双版纳游	073
30.	滇东明珠陆良的可持续发展会议	077
31.	云南发展的地理问题思考	079

(二十七)贵州省 ··· 081

32.	没有平原分布的省份	081
33.	为何经济"欠发达"？	084
34.	交通建设：贵州发展的强大引擎	086
35.	山地旅游强省	089
36.	省城贵阳	093
37.	革命圣地：遵义	096
38.	二访都匀的故事	098
39.	从"煤都"向"凉都"转变的城市：六盘水	102
40.	贵州发展的地理问题思考	104

第九章　陕甘宁 ·· 106

(二十八)陕西省 ··· 107

41.	西北经济强省·科教大省	107
42.	中华文明的重要发祥地	109
43.	国家中心城市·省会：西安	110
44.	中部：建设关中平原城市群	112
45.	访问西咸新区	114
46.	参观兵马俑的震撼	114
47.	北部：陕北高原与二访延安	116
48.	参观陕甘边革命根据地纪念馆和陈家坡会议旧址	124
49.	南部：秦巴山地与汉中	126
50.	西部省区的学术讲座	129
51.	陕西发展的地理问题思考	129

(二十九)甘肃省 ··· 131

52.	三大高原交会的奇特省区	131
53.	一次难忘的治沙会议	134
54.	再访刘家峡水电站	135
55.	重识省会兰州	138
56.	天下黄河第一桥	140
57.	走马观花兰石化·兰炼厂	141
58.	丝路西去的咽喉：河西走廊	144
59.	张掖之行	145
60.	到访肃南裕固族自治县	156
61.	登祁连山：甘肃"生命"之魂（源）	158

|　　62. 甘肃发展的地理问题思考 ……………………………… 162

（三十）宁夏回族自治区 ………………………………………… 164
|　　63. 中国最大的回族聚居区 ……………………………… 164
|　　64. 伊斯兰文明与中原文化交会带 ……………………… 166
|　　65. 北·中·南三类地理区 ……………………………… 168
|　　66. 首府银川 ……………………………………………… 170
|　　67. 国家沙漠治理试点区：沙坡头 ……………………… 174
|　　68. 无烟煤城市：石嘴山市 ……………………………… 175
|　　69. 水利枢纽城市：青铜峡市 …………………………… 176
|　　70. 贫困山区的脱贫：固原 ……………………………… 178
|　　71. 宁夏发展的地理问题思考 …………………………… 179

第十章　蒙新青藏 ……………………………………………………… 181

（三十一）内蒙古自治区 …………………………………………… 182
|　　72. 横跨"三北"的自治区 ……………………………… 182
|　　73. 游牧和农耕文明融合的前沿区 ……………………… 185
|　　74. 中国最大的草原牧区：呼伦贝尔 …………………… 187
|　　75. 亚洲第一湿地与额尔古纳河 ………………………… 191
|　　76. 自治区首府：呼和浩特 ……………………………… 193
|　　77. 钢铁工业起家的城市：包头 ………………………… 196
|　　78. 牧区中心城区：海拉尔 ……………………………… 199
|　　79. 再访国门：满洲里 …………………………………… 202
|　　80. 边境城市：二连浩特 ………………………………… 205
|　　81. 内蒙古发展的地理问题思考 ………………………… 207

（三十二）新疆维吾尔自治区 ……………………………………… 208
|　　82. "三山夹两盆"的欧亚大陆腹地省区 ……………… 208
|　　83. 东归华夏之路 ………………………………………… 211
|　　84. 水资源：新疆的命根子 ……………………………… 212
|　　85. 以维吾尔族为主的多民族自治区 …………………… 214
|　　86. 自治区的组成部分：新疆生产建设兵团 …………… 216
|　　87. 自治区首府：乌鲁木齐 ……………………………… 219
|　　88. 伊犁哈萨克自治州·伊宁市 ………………………… 221
|　　89. 腾飞的城市：喀什 …………………………………… 224
|　　90. 到访兵团农七师·考察奎屯 ………………………… 226
|　　91. 一路向东：天山天池→达坂城→吐鲁番（火焰山·葡萄
　　　　沟·坎儿井） ………………………………………… 229
|　　92. 独山子→吐哈油田 …………………………………… 235
|　　93. 新疆发展的地理问题思考 …………………………… 237

（三十三）青海省 …………………………………………………… 239
|　　94. 江河源头的生态大省 ………………………………… 239

95. 从游牧之地到青海建省 ……………………………… 242
　　96. 背靠盐湖的资源库 …………………………………… 244
　　97. 走进柴达木盆地 ……………………………………… 246
　　98. 高原古城·省会：西宁 ……………………………… 248
　　99. 世界级工程：青藏铁路 ……………………………… 250
　　100. 青海发展的地理问题思考 ………………………… 252

　(三十四) 西藏自治区 …………………………………… 254
　　101. 中华民族大家庭中重要的一员 …………………… 254
　　102. 世界屋脊：青藏高原 ……………………………… 257
　　103. 前藏与后藏 ………………………………………… 259
　　104. 拉萨河谷与首府拉萨 ……………………………… 261
　　105. 世界屋脊的明珠：布达拉宫 ……………………… 264
　　106. 林芝记忆 …………………………………………… 266
　　107. 西藏发展的地理问题思考 ………………………… 271

第四卷附图：各省区市标准地图 ……………………… 272
第四卷图片来源 ………………………………………… 283
第四卷后记 ……………………………………………… 288
四卷本后记 ……………………………………………… 289

第八章 渝川云贵

渝川云贵指重庆、四川、云南和贵州四省市。位于祖国西南隅，长江上游，跨"胡焕庸线"，境内山区丘陵与高原、盆地、"坝子"相间，地势较高，气候复杂多样。水力资源和旅游资源丰富，但土地耕垦、水流冲刷引发的水土流失，为山区一大环境问题。交通不便、道路崎岖，在社会分割和封闭的环境下，形成了全国最为复杂的多民族组合。

在四个省市之中，川云贵三省主要由三类地理区组成，即成都平原、云贵高原和青藏高原；云南和贵州两省相似性较强；四川与重庆联系紧密。长江上游庞大的水系犹如蛛网将四省区连接成为祖国大西南一个特殊的地理区域，形成大大小小的都市区（区）、城市群、产业带（群）。

改革开放以来，渝川云贵四个省市的经济社会发展迅速，在中国省区经济排名有所上升，重庆直辖后排名上升至第17位。重庆—成都都市圈（带）、昆明和贵阳城市群为四省市的主要产业集聚区。成渝经济带，人口密集，腹地广阔，文化认同强，在国家空间战略中居于十分重要的地位，是西南地区的重心和依托。

针对本区的自然地理特点，我认为渝川云贵发展的前提是要搞好上游水源保护和生态修复。它关系到长江——中华母亲河上游的生产、生活、生态安全和长江中下游子孙后代可持续发展的全局。为此，第一，要科学规划水力资源的综合开发利用；第二，多举措齐下，加快实现省市间、城乡间、民族间的均衡发展，缩小经济社会水平差异；第三，尊重自然地理规律，坚持因地制宜、科学规划、"宜大则大，宜小则小"的原则建设城镇体系；第四，开山跨河、发展交通，依然是西南山区改善人居环境，促进经济发展，特别是乡村经济振兴主要的资金投向。

我先后在20世纪六七十年代，特别是改革开放之后前往渝川云贵考察旅游，近年来又利用疫情好转间隙奔赴贵州、重庆、四川进行短暂访问，思考地理问题，留下足迹和影像。

（二十四）重庆市

1. 特殊的直辖市

重庆是直辖市，简称渝。1162年，宋光宗赵惇先封恭王，又于1189年再接帝位，自诩"双重喜庆"，重庆由此得名。清朝在重庆开埠，国民政府迁都重庆后，重庆成为近代中国大后方的政治中心。新中国成立初期，重庆即为中央直辖市，是中共中央西南局、西南军政委员会驻地和西南地区政治、经济、文化中心。1954年，西南大区撤销后改为四川省辖市。1997年3月重新设置重庆直辖市，下辖26个区、8个县、4个自治县，其面积为8.2万平方千米、常住人口3 210万（2020年）。

作为中国的第四个直辖市，设立之初，我在《中国社会报》上发表过署名文章，归纳了重庆直辖的三大意义：有利于长江三峡建设规划的统筹与管理实施；有利于进一步发挥重庆的区位优势、"龙头""窗口"的作用和辐射作用，推进大西南，特别是长江上游及黔贵地区经济发展；也有利于推进原川西广大山区、民族地区的发展。

早在民国时期，四川"分省"缩省之说就已经盛行❶。20世纪80年代，重庆是四川省，也是整个西部地区规模最大、发展最好的一座城市。城市人口和经济总量要超过四川省会成都的一倍！90年代，长江三峡的建设加速了重庆直辖实质性推进和决策的进程。1996年6月19日，中共中央政治局常委会通过了重庆市改为直辖市的方案，6月26日成立重庆市直辖筹备领导小组。1997年3月14日，八届全国人大五次会议批准设立重庆直辖市。

直辖后的重庆市既是一个大城市，也是一个大农村。直辖20多年来，重庆出色地担当了三峡建设的重任，妥善安置了百万移民，大手笔发展经济，在推进工业化、城市化进程中带动了乡村发展，经济实力大幅度提升。2019年GDP总值达到23 605.8亿元，与直辖初期相比排名大幅提升，直辖的大区域功能逐步显现。

我曾多次踏上重庆的土地，前两次是在直辖之前（20世纪七八十年代），后两次是直辖之后（2005年、2019年）。直辖之后，重庆发生了质的变化。

我第一次到访重庆是在1966年之前，和我的老搭档、中国自然地理著名学者陈永文教授共同承担国家外文出版局编写《简明中国地理》（英文版）的任务，特地去重庆收集资料，体验市情，调研、考察。那时候，印象最深刻的是朝天门码头。码头杂乱无章，人来人往，一群群拿着扁担、赤膊光脚的挑夫在人群中穿来走去，寻找上下码头的客户。找到客户之后，便用扁担挑着上岸爬上陡峻的山坡送往目的地。一眼望去，一个个挑夫挑着大大小小沉重的物品，一步步走向几乎45度的斜坡，沿着一格格石阶路往上攀爬，直达山腰、山顶。那时候，密密麻麻分布在山顶、江边的大量简屋，是很多重庆人的蜗居。

在山顶的商业街区，同样是人头攒动，街道两旁，大小商店林立，相当繁华。街区中心耸立着重庆解放纪念碑。

---

❶ 参见《中国省制》，中国大百科全书出版社。

码头、山崖、扁担、挑夫、简屋，密集的人口，艰难的山城城市交通和比较繁华的商业街，加上滔滔江水是直辖之前我第一次去重庆的印象。重庆是一个典型的"山城"和"江城"，与四川省会成都完全是两种自然和人文地理生态！

直辖后第一次到访重庆是 2005 年，为研究上海浦东新区的体制改革问题，我作为唯一专家，跟随浦东新区区委、区政府领导前往重庆、宁波、天津滨海新区学习取经。听取重庆直辖之后行政体制改革的经验，特别是两江新区的体制实践。重庆市在推进乡村振兴、农村改革方面的经验是此次到访的一个意外收获。

2019 年 8 月到访重庆则是有备而来。在弟子胡德的帮助和安排下，我在重庆住了 8 天，后 4 天我一个人每天乘坐地铁，穿行于城区的东南西北，不受约束地自由考察（第四卷图 1-1 至图 1-4），收获满满。我深深为这座现代而充满活力、富有魅力的城市所吸引，爱上了这座美丽的江城。8 天之中我拍摄了数百张照片！

山城、江城、红城、桥城、老城，商都、活力之都、魅力之都、制造之都等名词、桂冠似乎都可以用来形容这个年轻直辖市的中心城区。

第四卷图 1-1　重庆市人民政府（2019 年 8 月）

第四卷图 1-2　重庆市人民大礼堂前留影（2019 年 8 月）

第四卷图 1-3　重庆江边的晚霞（2019 年 8 月）

第四卷图 1-4　夜晚的重庆新城（2019 年 8 月）

2. "大山大水"：美丽的"山城""江城""雾都"

山城、江城、雾都是重庆这座城市的地理别称，也是对重庆市自然地理环境生动的描述。

重庆市域位于青藏高原与长江中下游平原的过渡地带，北有大巴山，东有巫山，东南有武陵山，南有大娄山。中心城区依山傍水而建，海拔高度在168—400米，道路高低不平，建筑错落有致，市域的山地面积占76%，最高峰巫溪县东部边缘的界梁山主峰阴条岭海拔2 796.8米，故称重庆为"山城"。

重庆又是一座"江城"。嘉陵江和长江在重庆城区的朝天门汇合，没有这两条江在此汇合，恐怕就不会有重庆。重庆起源、发育、发展于此。重庆从渡口、码头、村落、小城镇到大城市，这两条江汇合的地理区位功不可没！千百年中，在江边逐渐形成的南滨路，是重庆最密集的滨江经济带，它是国内滨江城市之中最早，也是最体现江城特色的经济带。这里有全国唯一的僧尼合一的慈云寺、太古洋行、法国水师兵营、慈云老街、巴渝十二景等，远古的巴渝文化、宗教文化等多种文化在此融合互动，以至国内的许多专家都认定，以南滨路为代表，重庆作为中国第一"江城"当之无愧！

重庆在特殊的山地地形和中亚热带湿润气候环境下，其城市气候具有春早、夏长酷热、秋凉多阴雨、冬暖多雾的气候特征。由于位于川东盆地的边缘，群山环抱，长江、嘉陵江在此交汇的江水蒸发不易扩散，易凝结成雾。年平均雾日多达104天！不仅冠于全国，也是世界之最，因而是名副其实的"雾都"。

在重庆，我深深感受到这座城市的"大山大水"之美，尤其是夜晚，行走在江边，在住宿的山顶小酒店的平台上，观看、欣赏美丽的山城之夜，霓虹灯光在高高的山体衬托下，那闪烁耀眼、高低错落的建筑，江上五颜六色之倒影，江边穿梭的城铁，把这座城市打扮得特别漂亮、现代和富有朝气！感觉这座城市一直在不停地运动，有一种特殊的立体动感之美（第四卷图2-1至图2-3）。

第四卷图2-1 夜幕下的江边码头（2019年8月）

第四卷图 2-2　山水城市重庆人生存、生活的杰作——位于江边传奇的洪崖洞（2019 年 8 月）

第四卷图 2-3　重庆市中心城区的居住区（它是一座地地道道的"山城""水城"。2019 年 8 月）

3. 巴渝文化与"红岩精神"的发祥地

　　远古时代，生活在大山大川之间的巴（国）人，在险恶的自然环境下，练就了一种顽强、坚韧和剽悍的特有性格，勇猛、善战且热情、豪迈是巴人的一种特质。千百年来，重庆人在重庆至巫山这段明礁暗石、急流险滩的千里川江上，依靠众人集体拉纤航行，于是产生了巴人特有的水上歌谣——川江号子，这就是巴渝文化的简单形象的缩影。巴渝文化是长江上游地区最富有鲜明个性的民族文化之一。

　　我们这代人，都知道《红岩》这部著名的小说、《烈火中永生》这部电影，知道书中和影片中江姐这个主角，知晓"白公馆""渣滓洞"。这里是重庆解放之前，国民党统治时期关押、惨无人道地摧残杀害大批共产党人、革命者的地方。

　　我一直想寻找机会去重庆亲眼看看这两个监狱，亲身瞻仰革命先烈的高风亮节。

　　2019 年 8 月上旬，我从贵阳去重庆，弟子胡德为我做了精心安排。第二天一早就去参观了渣滓洞和白公馆，瞻仰革命先烈。

　　渣滓洞位于重庆市西端沙坪坝区歌乐山麓，原是重庆郊外的一个小煤窑，因渣多煤少得名。其三面环山，一边是条小沟，比较隐蔽。1939 年，国民党军统特务逼死矿主，霸占煤窑，在此设立了监狱。

　　我们的车子停在白公馆附近的一个停车场，下车还需要步行 2 000 多米才能到达渣滓洞。8 月的重庆，天气较热，加上山丘地区高低不平，上下坡多，这段路程走得相当吃力。大约半个小时，我们跟着人群，穿过两三个监狱的特务岗亭，沿着山坡慢慢走进大门，凭身份证进入参观。

　　渣滓洞两幢不大的房屋，关押过大批共产党人和革命志士。1949 年 11 月 27 日，国民党特务在溃逃前夕策划、震惊中外的大屠杀事件就发生在这里。我为革命先烈遭受的惨无人道的迫害而愤怒，在先烈们的遗物前驻足思索，为牺牲的革命先烈默默致哀。

接着又返回，走向"白公馆"。它坐落在一个山坡上，得一步步走上去，比较费劲。

渣滓洞、白公馆，一大批革命者的牺牲精神将永远刻印在我们这代人的脑海，我拍摄的数十张照片记录了参观全过程（第四卷图 3-1、图 3-2）！

此后，在市区溜达期间，还去参观了"六·五"隧道惨案旧址（第四卷图 3-3）。

第四卷图 3-1　渣滓洞（2019 年 8 月）

第四卷图 3-2　白公馆（2019 年 8 月）

第四卷图 3-3　参观重庆"六·五"隧道惨案旧址系列照片（2019 年 8 月）

4. 告别"肩挑"时代：重庆的大交通

重庆直辖后大变样了，山、水、桥、城、路变得更系统、流畅，更美、更繁华，人气更旺了。让我最感慨的还是这座城市的交通。作为一座山城，城市交通是那么顺畅，便捷！尽管山顶的解放碑商业街与山脚江边的落差那么大，普通市民乘坐地铁、公交，没有感觉到不便。熟悉路况的行人可以从酒店的电梯直上 15—20 层楼，一出电梯 20 米，几分钟就可以进入山顶的地铁通道和商业街！感觉比香港的城市公共交通还要方便！这是一个奇迹！这是在陪同的弟子提前返沪、失去自驾车工具之后的几天，我自由行，坐地铁、捷运之后才感觉得到的。

后 4 天里，我每天在轨道交通上的时间不下四五个小时！不止一次坐过 2 号、3 号、5 号、6 号线，甚至从头至尾地来回！位于江边，连接中心城区与郊区的 2 号、3 号线，顺江而行，坐在车上，望着窗外，时而穿桥梁，时而钻山洞，又穿过街区、房屋旁边，甚至高楼，穿梭在嘉陵江—长江之畔，长达一个多小时的快速行驶，我没有丝毫的厌倦，反而感到震撼和身临其境的兴奋、激动（第四卷图 4-1 至图 4-7）！

第四卷图 4-1　铁路重庆站（早期进出重庆的主要车站，可见山城人行之难。2019 年 8 月）

第四卷图 4-2　向深度进军的重庆地下交通网（2019 年 8 月）

第四卷图 4-3　向江面要空间——重庆的沿江交通网络（2019 年 8 月）

第四卷图 4-4　轻轨站点，上下客井然有序（2019 年 8 月）

第四卷图 4-5　便捷、流畅、立体的交通格局与路网（2019 年 8 月）

第四卷图 4-6　车行随拍（2019 年 8 月）

第四卷图 4-7　跨江立体交通留影（2019 年 8 月）

我在英国伦敦多次坐过地铁，还有在澳大利亚的悉尼、加拿大的魁北克坐过地铁，也在日本坐过新干线和东京的城铁，在我国的台湾坐过南北高铁和台北的捷运，在我国的香港无数次坐过地铁，在北京、上海、广州、深圳等许多城市坐过无数次的城铁、轻轨，从没有这样震撼过！

我以为，重庆的捷运系统是一项世界杰作，其美妙之处在于作为一座山城，在有限的平地空间里精心做出了流畅的交通系统大文章，不仅彻底甩掉了肩挑人抬和"大气包"公交的时代，而且为所有"山城"的交通规划建设树立了榜样，积累了经验。至少有三点认知：一是充分、巧妙地利用了山体立体空间；二是充分、巧妙地利用了江边空间；三是巧妙地利用了街边、路边空间。

现代重庆是一座交通枢纽城市，城区交通体系完备、多种交通方式巧妙衔接、出行便捷的直辖市，这不仅是我的感受，也包括来自国外专家们共同的认知。

摘录某网上提供的如下信息：

① 各国专家到重庆考察后一致认为，重庆地势起伏、弯道极多，建设轨道交通体系几乎不可能。而重庆经过对世界各国轨道交通系统的调研，选择了最适合山城地貌的跨座式单轨。与传统的双轨交通系统相比，跨座式单轨具有爬坡能力强、转弯半径小、节省土地等优势，与重庆的地理、人文等特点高度契合。

② 重庆凭借颇具特色的山城地貌，跻身为中国旅游"网红"城市。2018年前三季度，海内外游客的旅游人次达5.5亿，"轻轨穿楼"是最受游客青睐的"网红"景点之一。被游客戏称为"魔幻立体交通"。

③ 重庆的自行车、电动车几乎为零。过江索道、皇冠扶梯、较场口电梯、公交车、出租车、轻轨、地铁组成了重庆的立体交通体系。

5. 中心城区的现代CBD

考察一个城市的商业街区，无非是逛逛步行街，看看两边的商店建筑形态，有没有激起人们购买欲的商品，体验川流不息甚至不同肤色、服饰的人流，找一家店品尝一下当地的饮食，特别是小吃，然后进行一番思考，与其他城市做些比较，有何独特之处。

这是我考察一个城市的思考方式。当然，对于一座特大城市，特别是直辖市来说，商务大楼的集聚度反映在中央商务区CBD上是一个现代化城市的最重要标志（第四卷图5-1）。

第四卷图 5-1　重庆中央商务区范围

由先做的功课得知，重庆中央商务区的范围大致是由解放碑中央商贸区（极核）、江北嘴中央商务区（极核）和弹子石中央商住区（核缘、功能配套）构成。区域面积原为6平方千米，2013年起扩展至10平方千米。

考察中的某一天，在弟子陪同下从居住的酒店步行，穿过地下通道，进入解放碑商贸区（第四卷图5-2至图5-6）。这是一个长方块状的步行商业街区，解放碑纪念塔耸立在中央十字路口，地面还保留了一段石子路。来重庆的人都会在这里拍照留念。环顾四周，高楼大厦林立，传统商店（食品、百货、新华书店、小吃街等）与现代名店、写字楼等交叉分布，人流涌动，但购买高级商品的并不多！比较引人注目、客流较多的倒是那不太豪华、传统建筑的"小吃街"，各式风味小吃引来大量游客。我们在小吃街用餐，弟子点了不少重庆特色的点心和菜，味道还不错，100多元，足够2人吃饱喝足，颇具乡土味！

第四卷图 5-2　重庆中心城区的老城墙和挑夫（2019年8月）

第四卷图 5-3　重庆市中心城区的商业中心及留影（2019年8月）

第八章　渝川云贵 | 013

第四卷图 5-4　老城区的中心商务区、商业中心（2019 年 8 月）

第四卷图 5-5　江北新兴住宅区（2019 年 8 月）

第四卷图 5-6　重庆城区标志性建筑之一——朝天门、不逊于
香港的高密度居住区（2019 年 8 月）

6. 内陆首个国家级新区：两江新区

重庆的两江新区是紧随上海浦东新区、天津滨海新区之后，2010年5月5日国务院正式批复设立的，涵盖江北、北碚、渝北3个行政区的部分区域，其规划控制面积约为1 200平方千米、常住人口340余万，其主要任务是依托重庆及周边省份，服务西南，辐射中西部。

新区定位有如下几个：统筹城乡综合配套改革试验的先行区，内陆重要的先进制造业和现代服务业基地，长江上游地区的经济中心、金融中心和创新中心，内陆地区对外开放的重要门户，科学发展的示范窗口等。

经过近20年的运作、发展，如今的两江新区，贡献了全市约15%的经济总量、工业产值和数字经济增加值，集聚了30%的实际利用外资、进出口，50%的世界500强企业、60%的汽车产量。轨道交通、电力装备、新能源汽车、国防军工、电子信息等五大战略性产业已经形成规模。

与浦东新区和滨海新区不同的是，两江新区实行新区管委会制（副省级）。由管委会协调新区规划建设与管理过程中与江北区、北碚区、渝北区之间的矛盾。

从功能看，两江新区作为"统筹城乡综合配套改革试验的先行区"已经取得相当成功。新区的大量产业工人大多为本地农民，经培训上岗；在规划建设中将产业布局与新村建房同时落实，新房以成本价租赁，进而转卖给就业的新工人，并同时转成居民户口，解决了农民工落户转制这个棘手问题，稳定了企业用工。在工业化过程中同时解决了农村城市化、农民进城的大问题。这是两江新区体制改革成功、可推广的经验。

2017年3月15日国务院正式批复同意《中国（重庆）自由贸易试验区总体方案》，进一步从体制机制、生产要素的具体政策上加大了招商引资力度，确保两江新区在重庆的经济社会发展中继续担当"排头兵"和"领头羊"的作用。

2005年，我们一行赴重庆学习取经时，听取了两江新区管理体制的运行情况和经验介绍。2019年8月的重庆之行，走马观花沿途观察（第四卷图6-1至图6-4），给我的印象是：第一，空间范围大，其基础大多是农村；第二，五大产业布局兼顾了三个行政区的利益关系；第三，新区尚处在发展之中。

第四卷图6-1 两江新区及留影（重庆的两江新区面积广阔、体制独特，建设初期创造了农村城市化、农民市民化的实践经验，规划建设了一批新市民就地就业的新型城镇，为重庆市大发展提供了丰富的年轻劳动力资源。2019年8月）

第四卷图 6-2　两江新区的民居社区（大批农民转市民的两江民居，现已形成北碚区设施完备的大型社区。2019 年 8 月）

第四卷图 6-3　过嘉悦大桥（这是两江新区的交通干道。2019 年 8 月）

第四卷图 6-4　龙门浩江边火锅店（回到重庆城区，弟子胡德博士请客，在一家不错的火锅店用餐。2019 年 8 月）

我对两江新区有以下两点思考：

第一，摊子是否铺得过大？要在现有规划空间之内，突出抓好重点区域的重点产业，集中优势，加大引资力度，推进新区快速发展；要大力提升公共服务水平，形成产业与居住地（小城镇）集聚中心，上规模，聚人气，并带动大农村的发展与生态田园面貌的改观。

第二，需要加大与重庆市区的对接与统筹。目前重庆的城区很旺，而新区则显冷，城区发展很猛，繁荣兴旺，新区显得空旷，公路上行驶的车辆很少，缺少紧密的经济—社会联系。需要加速城区与新区的融合发展。未来的新区服务、辐射方向主要应该是贵州和云南方向，兼顾四川西南和广安地区。

7. 再走北碚：西南师范学院→西南大学

北碚是重庆北部的一个老城区，西南师范大学这所名校就位于这里。

北碚其实是一个独立县级建制的区。历史记载，北碚原名白碚，其名始于清初。因场镇建于嘉陵江畔，有白石自江岸横亘江心称"碚石"而得名。清康熙年间设巴县白碚镇，清乾隆年间因白碚地处巴县县境之北，改名北碚镇。

有一种说法是，清初建镇后北碚的发展甚微。20 世纪初，军阀割据，江北、巴县、璧山、合川四县交界之嘉陵江小三峡地区，匪患猖獗，各地纷纷举办团练自卫，防匪驱匪。民国二十五年（1936 年），时任峡防团务局局长的著名爱国实业家卢作孚，为推行乡村建设计划，经四川省政府报请国民政府行政院批准，撤销峡防局，于同年 4 月 1 日划江北县黄桷镇、文星乡、二岩乡、巴县北碚乡、璧山县澄江镇，设置嘉陵江三峡乡村建设实验区。由单纯的峡防机构变为具有除财政、司法两权以外的地方政区，区署设北碚场。民国三十一年（1942 年）的 3 月 1 日，经四川省政府转报国民政府行政院批准，改实验区署为北碚管理局，使北碚成为完全的县一级地方政府。

因此可以说，北碚是一个按规划建设的县级行政区。

新中国成立之后，1951 年，北碚为川东人民行政公署驻地，曾设立川东区北碚市，下设 6 个区。1952 年 9 月，设立四川省，川东区撤销，北碚划归重庆市。今北碚区辖 9 个街道、8 个镇。2018 年常住人口为 81.10 万，其中城镇人口 67.78 万，占 83.6%，城镇化率较高。北碚作为重庆的一个老城区，又是两江新区的重要组成部分，理应得到更快发展。

从自然地理环境看，北碚位于四川盆地东部平行岭谷区，嘉陵江穿区而过，有"小三峡"之美称；北碚的人文底蕴深厚，有西南大学、卢作孚纪念馆、老舍、梁实秋、晏阳初、张自忠烈士陵园、复旦大学、西部科学院旧址，有邓小平、刘伯承、贺龙旧居等，人文景观多达104处，为全国首批风景名胜区、优秀旅游城市，国家园林城区，曾获中国人居环境范例奖和联合国人居环境署授予的迪拜国际人居环境良好范例奖。

20世纪的80年代初，我曾经与老师严重敏先生到访过西南师范学院地理系。2019年夏考察重庆，很想重访西南师范大学，看看北碚。

有趣的是西南师大和西南农大同根同源。两校同源于1906年4月18日清政府创立的川东师范学堂，1936年更名为四川省立教育学院。1950年，省立教育学院的师范、农学相关系科分别与1940年创办的国立女子师范学院、1946年创办的私立相辉文法学院等合并建立西南师范学院和西南农学院。1985年，两校分别更名为西南师范大学、西南农业大学。2005年又合并为西南大学。新兴的西南大学规模更大，专业更多，但师范的特性似乎有所弱化。

2019年，我们从重庆驱车一个多小时直达北碚。在车穿过西南大学校门打算转弯寻找停车地点时，弟子的车被交警拦下折腾了近半小时。事后迅速掉头折返西南大学校门。因时间较紧，我在校门内外拍下几张照片后，折原路返回（第四卷图7-0）。这次重访没有达到预期目的。

第四卷图7-0　西南大学（原西南师范大学）、校园内的毛主席塑像（2019年8月）

8. 重庆考察中的长江三峡点滴认知

我曾经两次游览参观过长江三峡，均给我强烈的震撼感。2019年夏在重庆，因大雨，先参观了三峡博物馆（第四卷图8-1至图8-3），了解三峡的历史文化和工程建设中的故事。一天，我乘坐轨道2号线本想去磁器口看看，不料途中又下起了大雨，改在沙坪坝下车，无意中躲进了"三峡广场"。

第四卷图8-1　参观三峡博物馆留影（2019年8月）

第四卷图8-2　三峡博物馆内部1（2019年8月）

第四卷图 8-3　三峡博物馆内部 2（2019 年 8 月）

我对三峡的了解由现场到文字逐渐深化、全面。以下五点是我对三峡的基本认知：

第一，川渝鄂两省一市的大地构造和长江滚滚东流的江水共同塑造了举世无双的长江三峡。上游广阔的集水面积，加上流域丰富的降水滔滔不绝地东流，汹涌而下，经过被大自然切割形成巨大落差的山谷，造就了三峡的自然景观，这是大自然给予渝东、鄂西人的一种恩赐！

第二，几千年来，在渝东鄂西大地，在三峡，人类为了生存与天斗，与地斗，与水斗，与鬼神斗，斗出了一个新天地，形成了特有的巴渝文化、鄂西文化，留下珍贵的、抹不去的痕迹。人们与大自然的斗争中形成的现代三峡文化，与三峡地区特有的居住生活方式、建筑风格、生产方式、出行方式、文化艺术、独特的产业结构、城镇体系结构，需要用系统论的思想和哲学观进行总结、提炼与弘扬！

第三，巴渝人世世代代依托长江，开发利用长江，与三峡凶猛的江水搏斗，打通三峡天险，沟通长江上中游，使滔滔长江变通途。中国人这种不怕苦，不怕牺牲，与大自然勇猛搏斗的精神世间少有。当你在三峡博物馆看到长达数十人，赤着膊，一排纤夫拉着粗粗的绳索，拖着沉重的木船，顶着风浪，逆水而上，艰难前行的照片时，我相信你一定会驻足停留，苦苦思索，这是一种什么精神！在国家走向富强，人民逐步富裕的今天，还需要传承这种精神吗？我想我们这代人的回答是肯定的！

第四，关于三峡工程建设的是是非非，地理学家更多的是关注其全流域生态环境。三峡水坝建设打破了局部地区的自然生态平衡，所带来的负面影响应该引起高度关注，长江中下游的生态修复工程必不可少！

第五，作为人文地理学者，十分关注百万人的大迁移问题。应该说这是中国制度优势的一个强有力的例证，百万人大迁移，世界上哪个国家能够做到？我们做到了。而如何使移民们能够在新的环境下尽快融合新社区，能够富起来，依然是一个需要重视的课题。

9. 重庆发展的地理问题思考

重庆，作为中国最年轻的直辖市，设立20多年，充分显现其直辖市制度的巨大优势。它和海南建省的实践证明，中国大陆省区适当划小是科学的，也是可行的。最重要的是，重庆打破了中国传统的"层级"体系，取消了省市与县之间的中间层级——地区级，从而使省市直达县区，不仅节省了一笔高昂的地级行政机构运转的经费；更重要的是有利于迅速下达指令和上达民意。这是政府体制改革的重要内容，符合行政区划体制改革的大方向。重庆直辖为今后直辖市的设置积累了经验，特别是在政区层级体系的构建、干部安置、社会建设等方面提供了可借鉴的经验。

从地理视角来看，重庆在推进大农村建设和城乡一体化方面，为其他直辖市和国内大城市的规划建设提供了丰富经验之外，我以为还应该关注以下问题：

（1）要把治理环境、美化家园、生态环境建设摆在头等重要位置。这既是大重庆长远建设的任务，也是重庆城区进一步改善环境、美化家园、提升宜居城市质量和水平的需要。

（2）要注意处理好中心城区与两江新区及与其他县区的关系。应统筹兼顾市域发展和城乡可持续发展，但又要突出重点，当前最重要的是处理好中心城区与两江新区的关系，统筹布局，形成特色，科学发展。

（3）进一步做好长江和嘉陵江这篇大文章。应提高水运能力，与上下游滨江城市联手，合作分工，搞好江岸规划布局，提升长江经济带的整体经济实力。

（4）进一步加强重庆的交通枢纽建设。应扩大规模，提升运力，增强辐射，让重庆的物流、人流更为通畅、顺畅。要继续以交通建设为抓手，加强与川东北，特别是广安地区的经济社会联系；同时，加强与滇黔两省的陆空联系，提升辐射能力。还要加强重庆与沿海，重点是与北京、上海、广州、港澳，以及国际间的通达能力。

（5）抓好高等教育（包括与两江新区主导产业关联的高等职业教育）和中国科学院为主的科研单位。应提升教育—科研能力和水平，以科技创新推进产业发展。

最重要的是积极推进国家战略，与成都联手，加快建设成渝大都市圈（带），打造中国西部第一增长极，充分发挥其在西部地区的极核作用。

（二十五）四川省

10. 天府之国

北宋咸平四年（1001年），今天四川盆地一带的川峡路被分为益州路、梓州路、利州路和夔州路，合称"川峡四路"或"四川路"，简称"四川"，四川由此得名，其省会城市是成都。四川省的东南西北与湖北、重庆、贵州、云南、西藏、青海、甘肃和陕西8个省区市为邻，是中国邻省最多的省份。全省下辖18个地级市（54个市辖区）、3个自治州、17个县级市、108个县、4个自治县，其面积达49万平方千米、常住人口8 370万（2020年）。

第四卷图 10-1　胡焕庸线

四川位于中国西部第一级阶梯青藏高原和第三级阶梯长江中下游平原的过渡地带，地形复杂，高低悬殊，气候多样，"胡焕庸线"（第四卷图10-1）正好在成都西侧，呈西南→东北的走向穿越省域。这是认识四川省情的地理基础。

四川是一个资源丰富且物产丰饶的省份，成都平原有"天府之国"美称。在中国经济不发达、外围遭受压制、包围的最困难时期，四川是祖国的大后方，最安全的省份。

20世纪的六七十年代，我从西安两次乘坐宝成线去成都、都江堰等地调研考察，再坐成渝铁路去重庆，然后顺江而下，穿过三峡，途经武汉回到上海。改革开放之后，又经成都去拉萨；2020年、2021年应邀赴川东北名城阆中考察，有机会在成都逗留，让我认识了新四川，特别是成都这个省会城市。

四川盆地西部成都平原的面积达1.881万平方千米，是西南地区最大的平原。巨厚松散的沉积物，平坦的地势，暖湿的亚热带季风气候，纵横的河渠，肥沃的紫色土壤，为发达的农耕和密集的人口提供了优越的地理环境。东流的滔滔长江与东海相连，使四川盆地成为中国最大的、非封闭的外流盆地。为中国，也是世界上人口最多的区域之一。

成都平原→四川盆地→四川省域，范围向四周扩展，平原、丘陵、山地兼得。1997年重庆从四川分治后，四川依然是一个大省、强省。几千年来，在这个天府之国，繁衍着中华儿女，向大地索取资源，发展经济，建设田园、乡村、城镇，修饰自然，装点江山，称得上精雕细刻；从古至今传承文明，在中华大地的发展中一直处于极重要的地位。川军、川粮、川猪、川菜，"山""散""洞"三线建设等用语和具有战略意义的事件都与四川相关联。

改革开放以来，沿海省区得益于地理区位和早期开放政策，经济高速发展，地位提升，四川省经济发展相对下滑，但经济实力排名第 6 位的位置未有改变。与中部各省比较，仅次于河南。四川资源富饶，生产、生活环境的独立自主性、经济结构的体系完备性，以及地理区位的安全性等，均位于各省区前列，"天府之国"的独特优势不可低估！它与分治后的重庆直辖市共同担当着西部领头羊角色。2019 年，四川经济总量达 4.66 万亿元，但省内地区差异明显，川东北较低，人均水平只及成都平原的 46.18%（第四卷图 10-2）。

第四卷图 10-2　前往成都平原途中（2020 年 10 月）

11. 古蜀文明→秦汉文明

古蜀文明发祥于远古至春秋早期的四川盆地，包括今四川省和重庆市等地，是不同于中原文明，却又与中原文明有着千丝万缕关系的中华古文明。古蜀文明目前留存的遗址主要有成都金沙遗址、三星堆遗址等。认识四川的文化和历史需从古蜀文明开始。在这块有几千年历史的古文明大地上，发生和流传着许多传奇的故事，被蒙上神秘色彩。

考古发现，在距今约 4 000 多年的新石器时代晚期，古蜀人就在成都平原生存居住，形成一支较为发达的新石器文化，考古学家将其称之为"宝墩文化"。居住在这里的宝墩人，便是成都平原最早的拓荒者。考古发现，成都平原分布着许多大大小小"宝墩人"的定居村落。在一些较大的村落还修筑了夯筑城墙。令人费解的是，这些带有夯筑城墙的聚落，人类生活时间并不很长，却是有规律的周期性废弃→迁移→废弃→迁移，过着有规律的迁居生活。这说明四川盆地，特别是成都平原肥沃的土地资源足够古蜀人过着农耕这种自由富足的迁居生活，且足足延续了 800 年！

然而，在距今约 3 700 年，情况发生了质变。1986 年夏天，震惊世界的两个埋藏坑被发现，夏文化进入成都平原，逐渐形成三星堆文化中心。所出土的近 2 000 件文物证明其属于高度发达的文明。鼎盛时期，三星堆文化远达鄂西。此后，巴人将三星堆的势力挤出鄂西，放弃故土，西迁至川东。

2001 年 2 月 8 日，中房集团成都房地产开发总公司在成都郊区金沙村下水道的施工现场，偶然发现玉琮、玉璧、玉璋、玉戈、石人、金箔、青铜器和大量的牙等文物，在超过 4 平方千米范围内分布着大大小小的不相连属的居住区、墓地以及中心的宗教祭祀活动区。直此，商代晚期至西周的古蜀都邑得到确认。

从中原往西、往南，越过秦岭，在四川盆地的西部成都平原，可看到夏商周王朝同时期，自成一派的地域文明——古蜀文明。

三星堆文化是成都平原"古蜀文明"的发祥地。公元前316年，秦国南下伐蜀，蜀王率兵拒秦，兵败葭萌，秦国一举兼并巴、蜀之时，就成为古蜀文明的谢幕之章。同时也是一个新时代的开始。此后，秦国在成都平原修建都江堰、发展农业生产，将古蜀故地改造成为"水旱从人，不知饥馑"的天府之国，为秦国统一中国奠定了坚实的大后方基础。

西汉早期，蜀守文翁在四川兴办学校、教化民众，使成都人由"不晓文字"变为"爱好文雅"，此外汉武帝以蜀地为南下据点开发西南夷，在北方政治和文化的不断浸润之下，古蜀故地的文明逐渐消融，融入博大深厚的秦汉文明之中。这就是我们普遍认识的成都平原从"古蜀文明"到"秦汉文明"的文化史。了解四川需要认知这段文化历史的开始（第四卷图11-1至图11-5）。

第四卷图11-1　四川博物院（2020年10月）

第四卷图11-2　四川省图书馆（2020年10月）

第四卷图 11-3　杜甫草堂全图（2020 年 10 月）

第四卷图 11-4　杜甫草堂、武侯祠（到成都必看之地。2020 年 10 月）

第四卷图 11-5　一座综合大商厦里的图书屋（2020 年 10 月）

12. 省会成都：西部重镇

成都，据《太平寰宇记》记载，其地名是借用西周建都的历史，取周王迁岐，一年而所居成聚，二年成邑，三年成都而得名。蜀语方言"成都"二字的读音就是"蜀都"。成者毕也、终也，成都的含义就是蜀国终了的都邑，亦即最后的都邑。

成都是民国政府最早设立的建制市之一（1928 年），1949 年 12 月 27 日，中国人民解放军进驻成都，撤销四川省，成都成为川西行署区的驻地，1952 年 9 月恢复四川省建制后，成都成为四川省的省会。

20 世纪 60 年代我从西安去成都的时候，成都还是一个传统的切块建制市，市域由中心城区和小郊区组成，市区被温江地区所辖 14 个县所包围。1983 年撤销温江地区，将所属温江、郫、灌、彭、新都、新津、崇庆、邛崃、蒲江、大邑 10 个县划归成都市管辖，什邡、广汉划归新成立的德阳市管辖。1988 年，撤销灌县，设立县级都江堰市。以后又分别将彭县、邛崃县、崇庆县改设为县级彭州市、邛崃市、崇州市。21 世纪初以来，成都先后被确定为副省级城市、计划单列市。现下辖 11 个区、4 个县，代管 5 个县级市，市域总面积为 14 335 平方千米、建成区面积 885.6 平方千米，常住人口 2 090 万（2020 年），城镇化率达 75%。

成都是西部地区规模最大、人口最多、人才集聚、经济最发达的国家级中心城市之一，新中国成立以来，一直是国家重点发展与布局的城市。在成都，集聚了国家级科研机构 30 家、国家级研发平台 67 个、高校 56 所、各类人才约 389 万，世界 500 强企业落户 285 家。如今为全球重要的电子信息产业基地，国家重要的科创中心。

20 世纪 80 年代初，我去中国科学院成都地理所拜访、收集资料，在城里遛街，感受市中心标志——春熙路商圈的繁华程度和市容特色；去杜甫草堂参观唐代大诗人杜甫流寓成都时的故居。杜甫在此居住近四年，创作诗歌 240 余首！

有人说，成都是一座很有魅力、去了就不想走的城市。我每次去成都只作短暂停留，但感同身受！看看成都这份荣誉榜，除了国家卫生城市、全国文明城市、最佳旅游城市、美丽山水城市等荣誉，以及国家中心城市指数和城市综合排名这些重要标志之外，我关注的是，中国最具幸福感城市（2015年、2017年、2018年、2019年四次名列榜首），2018年度中国十大最具活力休闲城市，以及中国和世界特色魅力城市的桂冠。

我的成都之行，大多穿行在长顺老街等许多特色古街巷，感受成都人那种悠闲劲儿、自由自在享受慢生活的幸福感（第四卷图12-1至图12-6）。休闲、魅力、慢生活、幸福感是我成都之行与其他城市感受的不同之处。

成都是中国西部首位城市，实力强；同时，成都需要进一步夯实实力，提升竞争力、影响力和辐射力，需要与重庆联手，在推进西部发展战略中共同发挥"领头羊"的作用。

第四卷图12-1　成都市中心城区1（2020年10月）

第四卷图 12-2　成都市中心城区 2（2020 年 10 月）

第四卷图 12-3　成都市中心城区 3（2020 年 10 月）

第四卷图 12-4　中国科学院 & 中国水利部成都山地灾害与环境研究所
（原中国科学院成都地理研究所。2020 年 10 月）

第四卷图 12-5　成都博物馆前留影（2020 年 10 月）

第四卷图 12-6　成都长顺老街古街坊（2020 年 10 月）

13. 20 世纪七八十年代的"大气包"公交车

第四卷图 13-0 是 20 世纪 70 年代，我在成都市一家著名的油气化工厂门前拍摄的。在公交汽车上顶着一个刚装满天然气的大气包，原来它是汽车的动力来源——天然气。这种气包公交车，首先需要在车顶装置一个钢筋架，用来放置固定橡胶做成的气囊（老百姓称之为气包），从气囊接一根橡皮管用以加气。一般情况装满气囊，也只能跑两三个来回就必须开到供气站加气。

第八章　渝川云贵 | 031

第四卷图 13-0　20 世纪成都的"大气包"公交车（1974 年 9 月）

那时候，不仅是成都，几乎全国所有的城市，包括上海的公交车能源都来自煤气或天然气。20 世纪 80 年代之前我在上海，上街、出行都要乘坐这种大气包公交车。今天看来它既不雅观，更不安全，公交车开起来，稍遇不平的路或是转弯，大气包就会带动汽车摇晃、颠簸。

今天，重看这张照片，我以为具有深刻的历史的经济社会背景价值和经济地理意义。

中国是个多煤少油、能源紧缺的国家。20 世纪六七十年代，国际上"美帝""苏修"的敌对、封锁，国内经济困难，缺粮、缺油。连城市公交的用油都十分紧张。为此，毛泽东主席发出"农业学大寨""工业学大庆"的号召，发展农业，发展石油工业，解决粮食、能源问题。于是出了大寨的陈永贵、大庆的铁人王进喜！这就是成都"大气包"公交的背景。

所谓经济地理意义，是指气包原料——燃气的来源与空间布局。煤炭生产省份和沿海大城市的气源多以煤炭作燃料气化而成，而成都的气源则是就地取材。四川盆地是一个富含油气的盆地，油气田面积约为 20 万平方千米，油气资源储藏量丰富。远在宋代，便在自贡利用天然气进行盐卤生产，被公认为世界上最早利用天然气的地方。

据史料记载，1835 年，自贡燊海井深超千米，为世界第一口超千米深井。20 世纪 30 年代起，四川便开始了现代油气勘探与开发，新中国成立之初，与青海、玉门、新疆同为中国四大石油天然气基地。1958 年在南充建立了国内第二所石油院校四川石油学院（今西南石油大学）。20 世纪的 60 年代，川中威远气田成为当时中国最大气田。1976 年，川东地台区的武胜县钻井深度创纪录达到 6 011 米。1977 年在相国寺气田发现高产气井。21 世纪初，相继在川东的达州、广安，以及重庆等地发现了许多千亿立方米以上特大气田，进一步奠定了四川的大气田地位。目前，四川探明的地质储量气资源量要占全国的 1/4，油气当量已经超过 1 000 万吨，供气范围经湖北、湖南、江西、安徽、江苏等省，直达上海，实现了"川气东送"。以四川为龙头，通过输油气管道网，使天然气的生产、输送、消费实现了合理的空间布局。

14. 都江堰记忆

都江堰是蜀郡太守李冰父子组织修建（约公元前256—前251年）的大型水利工程，2000年被联合国教科文组织列入《世界遗产名录》，2018年进入《世界灌溉工程遗产名录》。

改革开放初期，我和留校工作的弟子张亚群经成都去西藏，考察了都江堰（第四卷图14-1）。工程离成都大约40千米，长途汽车一个多小时就到达都江堰所在的县城——灌县（今都江堰市），下车之后，入灌县县城，正好碰上集市日，老城中心街道人头攒动，许多人背着背篓，一幅典型的四川人图景。走出城中心，沿古城墙北行，很快到达都江堰水利工程的核心区域。

第四卷图 14-1　20世纪80年代的都江堰及留影（1984年6月）

最先映入眼帘的是江水，那是长江上游主要支流之一的岷江，站在江边，左侧脚下有一条小船，应该是渡船吧，远处有一座大桥。顺着江岸前行左拐，就是都江堰宝瓶口了。我顿时兴奋起来，随手拿起老式相机（那时候算是地理系先进的相机了）转动不同的方向不停地拍照。数十年来我一直小心珍藏着这些照片。

为何要在灌县岷江修建都江堰？整个四川省是个大盆地，盆底在成都平原，平原西侧为青藏高原的余脉山系，地势西北高东南低，从岷江出山口玉垒山至成都的距离只有约50千米，而落差竟有273米！古代，每当岷江洪水泛滥，成都平原就是一片汪洋，而遇上旱灾则又赤地千里，颗粒无收！蜀国为解决这一大隐患，举全国之力，由李冰父子带领，修建了都江堰这个一劳永逸的水利工程。

都江堰水利工程的关键之举有三个，这就是"宝瓶口""分水鱼嘴""飞沙堰"。

（1）宝瓶口：打通玉垒山，让岷江水东流，既解除成都平原的干旱，又使西面的江水泛滥不再。先民们在岩石上开沟槽，放柴草点火燃烧，爆裂岩石，在玉垒山开凿了一个20米宽、40米深、80米长的口子，因形似瓶口，得名"宝瓶口"。从此奔流不息的岷江水通过宝瓶口流向东部旱区，灌溉万顷良田；同时又解决了西部江水的洪水泛滥问题。

（2）分水鱼嘴：宝瓶口建成后，因江东地势较高，江水难以流入宝瓶口，为充分发挥宝瓶口的分洪和灌溉作用，让水更多地往东流入宝瓶口，需要在江心修筑分水堰，将江水分为两支：一支顺江而下，另一支被迫流入宝瓶口，实现内外江水的自动分配。由于内江窄而深，外江宽而浅，枯水季节水位较低，60%的江水流入河床低的内江，保证了成都平原的生产生活用水；而当洪水来临，由于水位较高，大部分江水从江面较宽的外江排走。

分水鱼嘴的建造是先民们的一大创造。为解决江水过激、水力过大，难以留住抛入的石块的施工矛盾，李氏父子就地取材，请来竹工，编织长3丈、宽2尺的大竹笼，装满鹅卵石，然后再将沉重的大竹笼抛入江底，使之稳稳地扎根于江中，再用大石块压住加固，终于建成分水大堤。因形似鱼的头部，被称为"鱼嘴"。从此，上游的滔滔江水被"分水鱼嘴"一分为二：西侧被称为外江，江水沿岷江顺流而下；东边称为内江，江水通过宝瓶口，经渠道，形成一个纵横交错的灌溉网。成都平原从此免除了水旱灾害。

（3）飞沙堰：为保持宝瓶口水量的稳定，在鱼嘴分水堤的尾部，靠着宝瓶口的地方，同样采用竹笼装卵石的办法，修建了分洪用的平水槽和"飞沙堰"溢洪道。当内江水位过高时，洪水就经由平水槽漫过飞沙堰流入外江，使宝瓶口的水量保持稳定。同时，由于漫过飞沙堰流入外江的水流产生了旋涡，在离心作用下，还可以有效地减少泥沙在宝瓶口周围的沉积。

都江堰作为中国古代伟大水利工程被载入史册，司马迁、诸葛亮、马可波罗、李希霍芬（地理学家）等都在都江堰留下足迹，有许多感人的故事。这项水利工程的创建，以不破坏自然环境，充分利用自然资源为人类服务为前提，变害为利，实现了人、地、水三者高度协调、统一，是一项伟大的"生态工程"，不仅对成都平原的农业发展、百姓生活有巨大意义，更是中国古代科学家和劳动人民的聪明智慧的杰作，是天府之国古代文明和科学文化精神之结晶，也是一种与大自然搏斗的愚公精神！

如今的"都江堰"被用来作为行政区专名，1988年，都江堰所属的灌县撤县设立都江堰市。现常住人口70万，城镇化率超过60%，为四川省经济比较发达的县级市。我后来又去都江堰和相邻的青城山，并留下珍贵影像（第四卷图41-2、图14-3）。

第四卷图 14-2　都江堰（2018 年 10 月）

第四卷图 14-3　青城山（2018 年 10 月）

15. 川西：想去未能去成的高山高原

川西有广义和狭义之分。历史上的"川西"指的是四川盆地西部边缘地带，不包括川西高原；广义的川西是指四川省成都平原以西的地区，包括四川省阿坝州和甘孜州两个自治区。川西属高山高原地貌，为我国第一级阶梯青藏高原、横断山地的东侧，面积为 23.72 万平方千米，占四川全省面积的近一半（48.8%），人口 212 万，只占 2.54%，是一个有着高原、高山峡谷，人口稀少而十分神奇的地方。

川西与四川盆地是四川省内两个平行的世界，无论是其自然还是人文景观都有本质的差异。川西有九寨沟、卧龙国家级自然保护区、康定古城、桃坪羌寨、色达佛学院等许多名闻中外的景区，对地理工作者有很强的诱惑力。2010 年夏，浦东新区的一位朋友邀约我一起去考察观光，连机票都买好了。我时年 73 岁，医生告知，我的血压和心脏不宜登 3 000 米以上的高原，只能作罢，不能不说这是我地理人生中的一个遗憾！

好在年轻时因公去过西藏，对高原气候，藏族等民族风情有所体验和了解。

2019年，张俊芳教授（原天津市人大常委会副主任）在退休之后，一家子从天津出发自驾去云南，一路穿山洞，过险岭，宿民居，路经陕南、川西、云南、贵州、广西，最后入海南，几乎跑遍了大半个中国。她每到一处，欣赏祖国的大好河山，思索地理奥秘，休闲作诗，将拍摄的大量难得的影像发到朋友圈，被我一一下载。征得她的同意，本书选用了她的部分作品，在一定程度上弥补了作者的遗憾。

川西地区地势高耸，大部分是横断山区，其独特的地理单元，造就了这里多样、奇特的自然和人文地理景观。那里地势跌宕起伏，气候复杂多变，有垂直的山地立体景观，有高原湖泊、巍峨壮观的冰川、雪山以及一望无边的草地。而在山谷"坝子"，则居住着藏族等少数民族，康定等城市成为这些民族的大都城。川西俊美的天地，独特迷人的地理风光，只有身临其境才能体会得到！如今，上海有飞往川西的航班，高速公路可以直达川西的各种旅游景点和城镇驻地，交通方便了，去的人多了，但愿不要破坏那里的自然生态，哪怕一草一木，一砖一瓦。因为那是全中国人，也是全人类的宝贵财富！

以下是张俊芳教授以及陆浩先生为我提供的部分精美影像（第四卷图15-1至图15-16）。

第四卷图15-1　若尔盖大草原（2018年10月）

第四卷图15-2　黄河九曲第一湾（2018年10月）

第四卷图 15-3　川西部分红军长征路、纪念碑碑园（2018 年 10 月）

第四卷图 15-4　川西黄龙雪山（2018 年 10 月）

第四卷图 15-5　深秋川西米亚罗景区（2018 年 10 月）

第四卷图 15-6　泸定桥、大渡河桥、二郎山隧道（2018 年 10 月）

第四卷图 15-7　海螺沟冰川地貌（2018 年 10 月）

第八章　渝川云贵 | 039

第四卷图 15-8　雅安市景观（雅安市是原西康省的省会，现为四川省的地级市。2018 年 10 月）

第四卷图 15-9　川滇交界的泸沽湖（2018 年 10 月）

第四卷图 15-10　位于甘孜藏族自治州康定市塔公镇的大草原秋色（2021 年 1 月）

第四卷图 15-11　位于甘孜藏族自治州康定市道孚县八美镇的墨石公园
（"墨石"是上品雕刻材料。2021 年 1 月）

第四卷图 15-12　冕宁河源头（2021 年 8 月）

第四卷图 15-13　冕宁县"彝海"（冕宁河上游大桥水库。2021 年 8 月）

第四卷图 15-14　安宁河冕宁支流（2021 年 8 月）

第四卷图 15-15　"彝海"结盟纪念碑、冕宁县河东村（2021 年 8 月、2021 年 5 月）

第四卷图 15-16　冕宁县县城俯瞰（2021 年 8 月）

16. 小平的故乡：广安

广安是邓小平同志的故乡。明清时期曾先后为府州治所，新中国成立之后，广安县的归属多变，行政地位一直为县级。1993 年 7 月 2 日，经国务院批准设立广安地区，后撤地建市，广安县改为广安区。作为一代伟人的故乡，著名的革命根据地，广安行政级别的提升，与此相匹配的基础设施投入大大增强，包括铁路、公路、动车、高速和机场等路网设施条件大为改善，建成区面积迅速扩大，城市化进程加快。2018年市域的经济总量达到1 250.24亿元，在省内21个地级单位中排名第13位，但人均4.7万元，排名第7位。

如今，广安市城区的邓小平故里，为国家5A级旅游区，也是全国重点文物保护单位、爱国主义教育示范基地，市容市貌巨变（第四卷图16-1至图16-3）。

如何使广安更快发展，空间战略上是向西还是冲破政区的藩篱向南发展？我的观点是顺应经济规律，打破分割，城市定位和空间走向南向发展，融入重庆大都市圈！

第一，从地理区位看，广安位于省域东部丘陵山区，虽属四川，但与重庆山水相连，路路相通，距离重庆只有100千米，而与省会成都却有300多千米，是四川省东部至重庆和南下东进的重要通道，也可以说是川渝两省市的结合部。

第二，从历史看，历史上重庆与属于川东丘陵山区，居住在大山、大江、大河的巴人，与成都平原的古蜀文化差异较大，因而广安人多认同重庆。

第三，从现实看，重庆直辖之后，广安与之通达性强，经济联系、商品流向、生活习惯等，70%以上都指向重庆市！

可喜的是，川渝两省市行政分割的局面正在悄悄打破。2018年6月，省市第一把手握手紧密合作，就是从广安融入重庆，加快发展开始并落实的。如今，广安已经被四川省确定为唯一的川渝合作示范区；作为重庆空港园区配套产业园的广安邻水高滩园区已经在紧锣密鼓建设之中。广安，这个与重庆山水相依、高速相通的历史渊源城市，将迈入新的发展阶段。

第四卷图16-1　广安市城区全景

第四卷图16-2　广安市城区小平故里

第四卷图 16-3　广安高铁站

17. 川东北区域中心：文化瑰宝阆中

中国至今保存完好的著名四大古城为云南丽江、山西平遥、安徽徽州（歙县）和四川的阆中，每一座都是风水宝地，都有独特的历史文化，都名扬天下，令人向往。有幸的是，我在20世纪80年代初到访和深入调查过徽州（歙县），21世纪初，随同华东师范大学组织的暑期参观团赴云南花博会参观时专程游览了丽江古城，2018年8月到访了山西平遥古城，而四川阆中古城则是在2020年10月、2021年3月新冠疫情好转的间隙，连续两次被邀访问。特别是首次访问时，原国家体改委副主任、为家乡做出重要贡献的宋廷明同志专程回阆中陪同考察。阆中的重视和精心安排使我对古城的认知更为深刻。

阆中，位于四川盆地东北缘，嘉陵江的中游，滔滔江水自北南下在阆中遇山体受阻折向东再受阻，流速减缓，上游泥沙在此堆积形成开阔、半圆形的阆中冲积平原，人类在此聚居，繁衍，发展，建城，从渡口、乡村、小城镇，进而到一座在 2 平方千米的土地上挤满10万人口的小城市。它延续了 2 300 多年的建城历史，成为巴蜀军事重镇，川东北的政治、经济、文化中心，凸显了这座城市在巴蜀的突出地位和广阔的空间影响力。毋庸置疑，是自然地理、人文环境造就了古城阆中。

这是我在阆中市政协常委何如刚同志陪同下第一次考察的一个认知。

翻开历史，有无数记载关于阆中灿烂辉煌的发展过程资料。阆中，战国时期曾为巴国国都，公元前 314 年，秦灭巴，秦惠王置阆中县。历代王朝在此设郡、州、府、道，蜀汉张飞镇守阆中 7 年之久，唐高祖之子滕王元婴、鲁王灵都曾封治阆中；明末清初四川设立时，省会达 17 年之久，是名副其实的历代川东北政治、经济、军事、文化中心。阆中名人荟萃，留下了多彩的文化，众多的名胜古迹。

在阆中市政协领导、阆中文人王萌的一路陪同下，参观了张飞庙、滕王阁、佛塔等 8 处全国文物单位，天宫院、华光楼、福音堂等 20 余处省级文物保护单位，这些参观使我对阆中深厚个性化的文化底蕴有了较深的了解。比如西汉天文学家、历算学家阆中人落下闳编制《太初历》，确定正月初一为新年的首日，阆中被评为"中国春节文化之乡"，等等。

这是我考察了阆中历史文化资源之后的第二点认知。

阆中整两天高强度的考察，作为83岁的老人，虽然疲劳，但非常兴奋。在第三天市政协召开的多部门参加的座谈会上，我情不自禁、激动地发表了以下感言：

第一，阆中是块风水宝地，两千多年来，作为县、郡、州、府、道、路的治所，一直是川东北政治、经济、文化、军事中心，历史地位十分重要；

第二，新中国成立之后，四川省行政区划调整、变更，高层次行政中心转移，阆中降格为一个县，阆中发展相对缓慢，乃至成为一个国家级的贫困市。

区划地位降格为何会造成地方经济发展的相对缓慢？根子在地级市，这在中国特色"行政区经济"运行下具有必然性。它凸显行政区划等级降格对阆中发展的显著负面影响，从区域经济发展来看，是一种人为的行政干预行为。说白了，阆中亏了，南充赚了。在江苏省扬州与泰州之间一度也曾出现过这种现象，1996年恢复扬泰分治，泰州的发展才大大加快，今日泰州与扬州齐头并进成为苏中新星。多年来，阆中在区划体制不利的情况下依然取得良好发展，特色发展，实属不易。

第三，如何理顺阆中的区划体制，需要从现实情况出发，立足川东北大局，妥善处理好阆中与周边发展的空间关系，构建切实可行、新的空间管理模式，需要打破政区分割，做好区域规划，统筹协调。阆苍南一体化可能是一条可行之路。当务之急是取消南充市的代管，让阆中直属于四川省，推进改革，自行发展。

第四，阆中应该定位为川东北地区中心城市，"四川省乃至国家级文化—旅游—生态特区城市"，上级政府要在制度和政策、人才、财政、管理权限等方面给予支持落实。

可喜的是，在我们考察之后，阆中有关方面形成共识，在上级政府支持下，正积极努力实现改革发展的目标（第四卷图17-1至图17-11）。

第二次访问的任务是牵线搭桥。阆中作为一个县级市的地理单元，有许多值得关注和研究的独特的地理问题，同时，也为了更好地了解和认知中国的西部，支持西部，我回校之后向学院领导作了汇报，并建议领导去阆中看看，参与西部地理问题的研究与实践。

2021年3月，我陪同华东师范大学城市与区域科学学院院长杜德斌教授来阆中考察调查，与市政府有关方面联络磋商校市合作推进发展问题。"牵线搭桥"，这是我在晚年力所能及的工作。短促的三天，经双方坦诚交流，签订了华东师范大学与阆中市合作成立"地理文化与生态文明研究中心"框架协议。2022年8月9日在阆中举行了签约仪式。

第四卷图17-1　白塔看阆中古城（2021年3月）

第四卷图 17-2　夕阳下的阆中古城（2021年3月）

第四卷图 17-3　在西华师范大学江玲老师陪同下访问川北行署办公厅旧址（2020 年 10 月）

第四卷图 17-4　遥望建设中的南部县新县城（2020 年 10 月）

第四卷图 17-5　阆中古城及留影（2020 年 10 月）

第四卷图 17-6　阆中古城随拍 2（2020 年 10 月）

第四卷图 17-7　大佛寺、教堂、巴巴寺、滕王阁等景点及留影（2020 年 10 月）

第四卷图 17-8　天宫院及留影（2020 年 10 月）

第四卷图 17-9　古城嘉陵江全景（2020 年 10 月）

第四卷图 17-10　阆中中国电建航空港（属民用航空机场。2020 年 10 月）

第四卷图 17-11　在市座谈会上发言、在成都与阆中籍老同志交流（2020 年 10 月）

18. 连接大西北的艰险通道：宝成铁路

宝成铁路起于陕西省宝鸡市，经甘肃，至四川省成都，其全长 668.198 千米。1952 年 7 月动工修建，1956 年 7 月建成通车，1958 年 1 月 1 日正式运营。1975 年在全国铁路线中率先实现电气化。现为国家 I 级客货干线铁路，也是大西北连接大西南的唯一的铁路大通道。

宝成铁路建成初期，我就有幸两三次全程坐过这条铁路，体验过它的艰险。20 世纪六七十年代，我和陈永文教授乘坐宝成铁路从宝鸡去成都；改革开放初期，我奉命前往西藏，代表教育部去拉萨宣传招生工作，在张亚群老师陪同下，第二次乘坐宝成铁路去成都。

宝成铁路自宝鸡向南，跨过渭河，在任家湾站和杨家湾站之间，以3个马蹄形和1个螺旋形（8字形）的迂回展线上升，线路层叠3层，高度相差达817米，为著名的观音山展线。通过观音山展线，穿过秦岭隧道到达秦岭站，然后沿嘉陵江上游而下，经甘肃省后，再穿过大巴山区到达四川广元站，继续向西南行，过剑门山进入四川盆地，经停绵阳、德阳两站，最后抵达成都。

为使这个每千米上升110米坡度的地段降低为火车能够通行的每千米只能爬高40米的坡度，在6千米的直线距离内盘绕了27千米！

四年中，全线建成隧道304座，总延长84.4千米；桥梁1 001座，总延长28.1千米；桥隧总长约占线路长度的17%，正线铺轨667.71千米。从开工到交付运营，先后发生严重的滑坡58处，崩坍达272处！

在新中国成立不久，国家物资紧缺，科技不发达，开山筑路设备奇缺的情况下，要在地质复杂、地形破碎、高差大、塌方多、坡道长、弯道多的情况下，从陇东高原、秦巴山地直下成都平原，要爬无数山坡、钻无数山洞，建一座座桥涵，才能修筑成这条大通道，谈何容易？

我在从宝鸡开往成都的列车行驶过程中，坐在车厢里，望着窗外，时而爬坡转向，时而钻进漫长，甚至黑暗的山洞，出山洞又是悬崖峭壁，特别是行驶在嘉陵江畔、陡峭的悬崖上疾驶，连窗外都不敢看，那惊心动魄、烦躁不安的过程，既害怕，又感叹！

可以说，宝成铁路完全是靠铁道兵和民工们轮铁锤、开山炸石，悬崖造桥，一步一个脚印，以"愚公移山"的精神，付出艰辛，甚至牺牲生命换来的！

宝成铁路的建成，改变了"蜀道难，难于上青天"的局面，告别了四川没有铁路的历史，使首都北京与"天府之国"直接相连，为大西南地区经济建设创造了重要条件。

2019年9月下旬，我去北京出差，专门参观了位于前门大街的中国铁路建设博物馆，补拍下了宝成铁路修建时的历史影像（第四卷图18-0）。有一段文字是这样描写工程过程的：

火车上坡时需要三辆电力机车前拉后推方可驶上秦岭站，下坡时一路刹车，火花四起，蔚为壮观。再经2 364多米长的秦岭大隧道穿过秦岭垭口，即进入嘉陵江流域并到达秦岭站；越过秦岭后线路即用12‰的下坡道沿嘉陵江而下至四川省广元，秦岭至略阳间先后十四次跨过嘉陵江。

40多年过去了，中国进入高铁时代，但新中国第一条工程艰巨的铁路——宝成铁路留下的宝贵精神值得传颂。

第四卷图18-0　取自北京前门的铁路博物馆资料（2019年9月）

19. "三线"建设与四川

作为一名地理学者写四川，不得不说一下在毛泽东时代，发生在四川"三线"建设时期的故事。那是毛泽东时代一段中国建设的史诗。因为所谓的"三线"，其空间落脚点首推四川，还因为今日之四川人文—经济地理，或者地理空间格局的形成，包括生产力布局、交通运输网络、产业区域划分、城市体系格局，乃至省域内外空间战略等等，都离不开"三线"时期布局的这个生产力空间基础。

我在课堂上讲授过"三线"建设有关内容，去过四川"三线"建设的重点城市德阳，还在皖南山区对小"三线"做过系统调查研究。2019年夏，又在贵州都匀、安顺、六盘水考察，仔细参观了六盘水的"三线"博物馆，对"三线"建设的背景与实际情况有所了解（第四卷图19-1、图19-2）。

第四卷图 19-1　攀枝花钢铁基地（钢钒有限公司）

第四卷图 19-2　攀枝花三线建设博物馆

"三线"建设是中共中央和毛泽东主席于20世纪60年代中期对中国国防和生产力布局作出的一项重大战略决策，即自1964年起，中国政府在中西部地区的13个省、自治区进行的以战备为指导思想的大规模国防、科技、工业和交通基本设施建设，是在特殊时期，中国工业被迫的一次极大规模的迁移过程，是在特殊背景下，为加强战备，逐步改变我国生产力布局的一次由东向西转移的一场空前战略大调整过程。

"三线"的划分：

① "一线"地区为沿边、沿海的前线地区。

② "二线"地区指一线地区与京广铁路之间的安徽、江西及河北、河南、湖北、湖南四省的东半部。

③"三线"地区指长城以南、广东韶关以北、京广铁路以西、甘肃乌鞘岭以东的广大地区。包括川（含渝）、滇、黔、陕、甘、宁、青等省区，以及晋、冀、豫、湘、鄂、粤、桂等省区的部分地区。其中西南的川、滇、黔和西北的陕、甘、宁、青又俗称为"大三线"，一、二线地区的腹地俗称为"小三线"。

四川省基于其独特的盆地与周围山地地貌，长江天险、工农业基础较好等地理环境以及国防安全因素，被列为"三线"建设之重点，国家投入大，项目多，任务重，门类较全，保存较多，效果较好，包括攀枝花钢铁基地、重庆的军工配套、成都地区的电子科技，以成昆、川黔、湘渝铁路三条干线为建设重点。从1964至1976年，耗时12个年头基本建成。

"三线"建设遵循"大分散、小集中"的原则，少数国防尖端项目要"靠山、分散、隐蔽"，有的还要进洞，简称"山、散、洞"，是一个不计成本的空间布局。得益的主要是四川：

① 四川的经济实力大增。1979年与1965年相比，工业产值增加3倍，钢产量增加4.86倍，发电量增加5倍，金属切削机床产量增加到16万台，居全国第4位。

② 建设了一大批基础设施，形成了省域交通网络，境内铁路通车里程增加2.1倍！

③ 夯实了四川的重工业基础，特别是钢铁、化工，如位于金沙江畔的攀枝花钢铁厂，号称中国四大钢铁基地（鞍钢、武钢、攀钢、包钢）之一，对全省相对均衡的工业布局和相关城市发展奠定了工业基础。

④ 一大批军工落地，使之成为中国最重要的国防工业基地，比如宝成铁路线上的德阳。

⑤ 一批中国科学院分院、研究所、高校落地四川，留下了一大批高端人才，为四川发展增强了后劲。

⑥ 推进了省会成都和直辖市重庆的发展，并以成都、重庆为中心形成西部最有实力的成渝发展轴带，大大提升了其在西部的首位度。

由此，全省形成四大工业区，即由成都、绵阳、德阳、广元、乐山等城市组成的以航空、电子、机械、核工业等为主的川西（成都）工业区；以钢铁、造船、常规武器等为主的重庆工业区；由自贡、内江、宜宾、泸州等城市组成的煤炭、机械、天然气、化工为主的川南工业区；由攀枝花（渡口）、西昌等城市组成的以钢铁及有色金属工业为主的攀西工业区。

从工业布局原理来看，四川的三线项目大多依托原有城市和新建城市、城镇，进行相对集中的布局。大运量、大耗水、有污染的工业（钢铁、化工）都在长江上游的江边城市，并接近原料基地；高科技的电子、仪表工业，以及轻工业等大多安排在成都平原，包括成都及其周边的城市德阳（第四卷图19-3）等，生产生活环境较好，科技人才较集中，便于协作攻关，组织生产。

第四卷图19-3 成都周边的德阳市新貌

改革开放后，一大批三线企业纷纷寻找自身最合适的发展省市，或是回归回迁原址原企，中国工业布局发生了新的大转移，使西部许多省区的城镇一瞬间成为空城。然而在四川，在陕西汉中盆地，在甘肃河西走廊等许多地理环境较好，大城市附近的三线企业却坚守阵地，融入地方，并发展壮大。继续成为省域，甚至全国的大公司，领头羊！

回望三线建设，从全国看，那是一场绕不过、不得已的"决策"；但对于四川、陕西、甘肃、宁夏等西南、西北的少数省区来说，却是一次"发展机遇"。不管怎么说，三线建设在中国工业布局史上是一个不应该忘却的时段，是一段受制于国际政治环境干扰的中国工业布局大迁移的历史。我们应该客观地评价这段历史，记住这段历史。

20. 分治体制下的成渝经济走廊发展问题

四川省作为自然—人文地理上相对完整的单元，地域广大，类型多样，山、丘、江、河、田完美组合，自成体系，政区一统。在历史发展中，形成自立自足的人—地生态系统，一个相对"独立"自强的大省，在发展中形成连接成都与重庆的成渝经济走廊。

重庆的直辖，打破了这一地理版图人地生态系统的平衡，巴蜀从此分家。无可非议，川渝分治是中央政府的重大决策，也是传统四川政区发展的必然！但分治也带来了川渝两地战略空间布局对接、竞争与合作等一系列根本问题的思考。

成渝经济走廊沿线人口超过1 400万，拥有大批工业企业，是川渝地区的核心地带。随着西部大开发的进一步深入，"一带一路"的推进，成渝走廊将建设成为长江上游经济带中最核心的城市—经济圈（带）。

2020年1月3日，在中央财经委员会召开的第六次会议上，成渝双城经济圈建设正式上升为国家战略。会议提出，要强化重庆和成都的中心城市带动作用，使成渝地区成为具有全国影响力的重要经济中心、科技创新中心、改革开放新高地、高品质生活宜居地，助推高质量发展。这意味着，除了东部沿海的三大城市群之外，成渝双城经济圈，被视为带动中国区域发展的新的增长极。

如何充分利用经济圈（带）的经济地理优势，加快发展成渝走廊，提升走廊的经济实力，形成强大的双城经济圈？在大西南，乃至整个西部区域经济中发挥核心和"制高点"的作用，以落实中央的定位，是需要川渝两省市共同谋划的头等战略大事。除了尽快成立相应的领导和办事机构，制定一个高起点的规划蓝图之外，以下几点需引起重视或作为规划的重点问题：

（1）科学确定成渝经济圈的范围，不宜过大。我以为，如果把重庆市的全境，四川省除西部三个州（阿坝藏族羌族自治州、甘孜藏族自治州、凉山彝族自治州）和攀枝花以外的所有城市都包括在内，即大致相当于四川盆地范围，面积将超过18万平方千米、常住人口近亿人。虽然GDP近6万亿元，但其范围过大，难以将核心区域（成渝走廊）建设好，发挥它的"制高点"作用。

（2）借鉴长三角、大湾区规划编制的经验，立足于国家战略和大西南区域发展的整体性需求高起点定位。

（3）借鉴珠三角城市群中广（州）佛（山）都市区建设的经验，加快路网、管网、信息网络的一体化建设，加快推进成渝同城化发展。

（4）借鉴长株潭一体化发展的经验，从成渝经济圈的实际情况出发，强强联手，推进成渝经济圈的社会公共服务和文化一体化建设。

（5）借鉴国外大都市区治理的经验，从中国国情和川渝省（市）情出发，加快成渝经济圈区域治理制度和法治建设，形成中国特色、区域特点的城乡融合治理体系。

（6）处理好成渝双城经济圈与两个省市外围空间的关系，以双核与走廊为核心，以大西南的邻省、邻国为腹地，形成大区域交通、物流、信息网络系统，增强经济圈内外的吸引力和辐射力；同时，处理好成渝双城经济圈与川渝两省市区域大空间的环境关系，以流域为空间基础，修复和优化大区域的生态环境，实现双城经济圈的可持续发展（第四卷图20-0）。

第四卷图20-0　南充市西华师范大学校园的川北行署办公厅旧址旁与陪同江玲老师合影（2020年10月）

（二十六）云南省

21. 少数民族第一大省

云南，汉代为县名，位于点苍山之南，故名。故址在今祥云县东南。元置云南行中书省，明为云南布政使司，清置云南省。古代在今滇池边曾有"滇国"，简称"滇"，省会城市是昆明，为祖国西南边陲省份。云南省国境线漫长，西部、南部与缅甸、老挝、越南接壤，东部、北部与广西、贵州、四川、西藏四省区为邻。全省下辖8个地级市（17个市辖区）、8个自治州、16个县级市、67个县、29个自治县，其面积约为39万平方千米、常住人口4 720万（2020年）。

云南气候宜人，风光秀美，为旅游强省。2019年经济总量迈上2万亿元大关，达到23 253.75亿元，第三产业占据半壁江山。经济增速明显，在全国的排名跃升了5位，为第18位，在西南地区次于四川、重庆。

民族众多、多彩风情是云南最重要的人文—文化地理特色之一。少数民族人口约占全省的1/3，居全国之首。人口在6 000人以上的少数民族有25个，其中15个民族为云南特有，交错分布于全省各地，表现为大杂居与小聚居的特点，彝族、回族广布全省。特有的15个民族为哈尼族、白族、傣族、傈僳族、拉祜族、佤族、纳西族、景颇族、布朗族、普米族、阿昌族、怒族、基诺族、德昂族、独龙族。

云南省少数民族之集聚，是其独特的历史和地理因素综合作用的结果。

第一，位于祖国边陲的地理区位。云南处于祖国西南边疆，地理位置偏远，加上省域重峦叠嶂，交通不便，一些原始住民和由于种种原因从外省迁徙来的移民，在大山、坝子里生存，较少受历史时期统治阶级的强势侵犯，相对比较安全；加上与周边国家和民族的长期交往的外部环境，形成了云南特有的民族社会风情。

第二，复杂多样的地理环境。云南东部与贵州相同，地形破碎，滇西则高山峻岭，人类赖以生活的空间"小"而"多"，除几个大型"坝子"之外，适宜农耕居住生存的空间较少，这种分割破碎的地形地貌，是多民族得以在封闭的环境下保留生活习性、文化传统，或形成独特风格的地理基础。而沅江等六大水系为多民族的迁徙提供了通道。

第三，中华大地历史时期政权更替、战争导致的民族迁移、定居。这是云南省集聚大量少数民族的主要因素。远在大唐之前，云南大小坝子"小国"林立，各自形成不同的云南本土民族，依附唐朝的蒙舍诏，后来逐渐统一了云南地区，结束了"小国"星罗的局面。唐开元年间，南诏国建国，五代时期代之以"大理国"。晚唐、宋朝时期视云南为蛮荒偏远之地；直到南宋末年，蒙古大军征服大理国，设立云南行省；明洪武十四年（1381年）结束了蒙古人在云南的统治，在云南设布政司，加强了对西南地区少数民族聚居区的统治，并大量迁移汉人入境，云南逐渐平定。

云南人在历史长河中，形成色彩斑斓、多民族的大家庭，又在多民族融合发展中，形成了务实低调，开放包容，热情好客，具有民族特色的地域文化特性。我除了会议之外，有两次专程前往云南考察、观光（第四卷图21-1至图21-3）。我对云南的印象为：西南边陲，垂直景观，民族众多、文化多元，坝子、红土，古城、寨子与复杂多样的大自然巧妙组合，构成一幅独特、美丽的景观和人文生态，感受到云南多民族融合的和谐氛围和新时代个性。

第四卷图21-1 云南留影

第四卷图21-2 云南的民族风情1（摄于昆明市东川区红土地镇。2021年5月）

第八章 渝川云贵 | 057

第四卷图 21-3　云南的民族风情 2（摄于昆明市东川区红土地镇。2021 年 5 月）

22. 认知两大地理分区

基于地质地貌的决定性因素，受水平纬度和垂直梯度的影响，云南省东西两部分的地理环境结构迥然不同，直接影响其土地利用、人类的经济活动以及空间格局。

在印度板块和欧亚板块的撞击作用下，喜马拉雅山—青藏高原隆起，向周边挤压，在北西—南东方向斜贯全省的金沙江—哀牢山断裂带，大致以元江谷地和云岭山脉南段宽谷为界，比较清楚地划分为滇东、滇西两大部分。东部属于扬子准地台的西缘，西部属于唐古拉、冈底斯两大褶皱山系。

在西部，形成一系列南北向的大断裂带，南北向庞大的横断山脉地区，高山大川相间，深沟发育，落差巨大；高山雪线以上冰川发育，垂直气候带明显。东部则是由古海洋隆起形成的面积广大的云贵高原（第四卷图 22-1），受风雨、河流长期的风化侵蚀成如今的"奇形怪状"，由山丘和地下溶洞组成的石灰岩地貌，地势多起伏和缓的低山丘陵，与田园村庄—城市相间，构成大面积的区域性特殊景观，多石林、涌泉、坝子。

地质地貌基础的不同，带来土壤、植被、生态环境，特别是人类活动的空间差异。东部坝子多而较大，可耕土地资源较多，汉族比重较高，人口城镇密集，交通比较方便，是云南省的产业—城市集聚带；西部高山丛岭，坝子少而小，可开垦土地极少，人口稀疏，少数民族多，城镇大

第四卷图 22-1　横断山脉云贵高原地形

分散，小集聚，交通不便，经济欠发达，旅游资源和待开发的水能资源丰富（第四卷图22-2、图22-3）。

云南省域发展的空间战略必须尊重滇东、滇西两大地理区的自然规律、人文历史基础。

第四卷图22-2　云南西部的高原坝子（摄于玉龙雪山。2001年7月）

第四卷图22-3　云南东部的陆良坝红土地

23."三带"气候下的"旅游王国"

云南的"旅游王国"首先得益于它的高山高原地形和特殊气候。云南的山地高原占全省面积的93%以上，气候基本属于亚热带高原季风类型，复杂多样。它与同纬度及周边省区的不同之处在于，除了纬度因素所决定的"亚热带"气候之外，还拥有寒带、温带的气候特征。故人们称云南为"三带"气候之省，涵盖北热带、南亚热带、中亚热带、北亚热带、南温带、中温带、高原气候区七个气候类型，又称之为"七带"气候之省，即兼具低纬气候、季风气候、山原气候的特点。

云南气候的形成受位于滇西、南北走向的高山大川地形因素的影响很大。滇西山区南北向的横断山脉，高山峡谷，地势险峻，相对高差超过1 000米。立体气候特征显著，年温差小、日温差大、干湿季节分明。特别是滇西北，属寒带型气候，长冬无夏，春秋较短；5 000米以上的高山顶部常年积雪，分布有奇伟的山岳冰川地貌，"一山有四季，十里不同天"是其气候特征的生动写照。20世纪末的一个盛夏，我们感受了这种天气（第四卷图23-1至图23-3）。

而在云南东、中部，则与贵州西部共属云贵高原，温带型气候明显，四季暖如春，遇雨即成冬。凡是在云南、贵州待过或短住过的人都会有这种体验。

进入滇南、滇西南的低纬度河谷区，则明显感觉炎热，因为这里一部分地区已经位于北回归线以南了，属于热带范围，"长夏无冬，一雨成秋"。

在纬度和地貌基础上形成的云南省气候四季如春、宜居宜游，多样性和差异性特点，与人文环境的叠加，是云南"旅游王国"的自然奥妙所在。

第四卷图23-1　滇西山区主要旅游观光点（1999年7月）

第四卷图23-2　滇西山区玉龙雪山留影1（1999年7月）

第四卷图 23-3　滇西山区玉龙雪山留影 2（5 000 多米的高海拔我只能承受半小时！1999 年 7 月）

24. 能源·有色金属"王国"

云南的能源资源以水能、煤炭资源为主，开发利用潜力较大。省域有六大河流水系：长江（金沙江）、珠江（南盘江）、元江（红河）、澜沧江（湄公河）、怒江（萨尔温江）、大盈江（伊洛瓦底江）。其中：南盘江、红河发源于云南境内，均为过境河流；大部分为跨国河流（金沙江、南盘江除外），水能资源极为丰富。可开发装机容量达 9 795 万千瓦，年可发电量 3 944.5 亿度，占到全国可开发装机容量的 20.5%，居全国第 2 位，82.5% 蕴藏在

第八章　渝川云贵　| 061

金沙江、澜沧江、怒江三大水系。在云南省的金沙江中游河段，自上而下将建设龙盘、两家人、梨园、阿海、金安桥、龙开口、鲁地拉、观音岩等多座大型电站。清洁的水能供电将成为云南及周边多省市的主要能源。云南的煤炭资源已探明储量为 240 亿吨，居全国第 9 位，煤种较全，主要分布在滇东北，接近煤炭主要消费区域。此外，尚有太阳能等取之不尽的清洁能源。

有色金属是云南的优势资源，复杂的地质环境造就了滇西、滇南等许多金属成矿带，自古以来就是我国矿业开采发达的省份之一。储量大、矿种全，分布广，遍及全省 108 个县（市）的 1 274 处。其中 54 种矿产保有储量居全国前 10 位，而铅、锌、锡、磷、铜、银等 25 种矿产储量则居前 3 位，名副其实地被称为"有色金属王国"。我在中学时代就熟知的个旧锡矿（第四卷图 24-0）驰名世界，产量居全国之首，有"锡都"称誉；东川、易门、永胜为主要的铜产地。东川铜矿所产的铜，色泽如银，称"云铜"。在"三江（怒江、澜沧江、金沙江）成矿带"还发现了一批大型、超大型有色金属矿藏。廉价的电能与极为丰富的有色金属资源组合，有色冶金开采—加工工业成为云南省的一大产业特色和重要支柱。

第四卷图 24-0　云南个旧锡矿遗址（2020 年）

25. 胡焕庸人口线的起点：腾冲

胡焕庸先生，我在大学本科时有幸做过他的学生，那时他虽然迈入耄耋之年，还站在讲台上为大学生、研究生，乃至年轻老师们上课、作指导。他那从容的姿态、洪亮的声音、精练的语言、矍铄的精气神和内容烂熟的讲课风格，在学生们脑海中都留下深刻印象，成为抹不去的永久记忆。胡先生是世界著名的地理学家，古今中外，天文地理，先生无不通晓；但先生为国内外地理界最公认的贡献则是他在 1935 年提出的划分我国人口密度的分界线，后人称之"胡焕庸线"！如今，这条线被高层政界关注，学术界关注和研究它，国人也都知晓它。

胡焕庸线的起讫点为腾冲—瑷珲（第四卷图 25-0）。瑷珲属黑龙江，腾冲就在云南西南部边境。

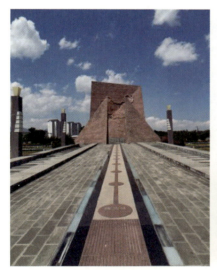

第四卷图 25-0　腾冲—瑷珲中国人口地理分界线主题公园（胡焕庸线从腾冲开始。2020 年）

胡先生以县为行政单位，以1933年的人口密度为依据，科学划分了这条人口线。线的两侧人口密度差异十分显著。

为何以腾冲为起点？让我们了解一下腾冲的地理概况。

第一，腾冲地处东经98°05′—98°45′、北纬24°38′—25°52′，坐落于高黎贡山下，是一座自然风光优美，山绿水清，四季阳光，被称为来自北回归线天然氧吧的山区。年均温18℃，森林覆盖率73.9%，负氧离子平均含量每厘米3 827个，极适宜于人类居住。

第二，腾冲属横断山系，境内多高山，山区、半山区面积占84%，坝区（河谷）占16%，呈西北高、东南低的地势。最高海拔3 780米，最低海拔930米，落差大。因处于印度板块和欧亚板块的碰撞带上，形成腾冲火山群，火山热海占地面积约为9平方千米，是中国最著名的火山密集区之一。

第三，腾冲，早在汉代，傣族先民就已经在此建立联盟国家，称"勐达光"（译为"哀牢国"）。元代曾把腾冲视为军事重地，明曾辖西双版纳、老挝等地，民国改县。2015年撤县设市。腾冲是著名的侨乡、翡翠集散地，也是省级历史文化名城。

在综合自然地理环境影响下，腾冲与西部邻县的地理环境、人类生存条件发生突变，这是人地关系系统的一个突变，反映在人口密度上存在的巨大落差，这应该是胡先生选择其作为中国"人口线"起点的基本要素。

先生依据1933年的人口数据，以县为单位绘制了中国人口密度图，发现了腾冲—瑷珲人口分界线，进而证实了以人口为标志的西北与东南两大截然不同的中国地理区域。

在农耕时代，腾冲坝子的大小决定了人口的基本容量。在腾冲坝子之外，特别是它的西北部，是青藏高原东部边缘与横断山地交织的复杂地形地貌，虽然气候湿润，但大山阻隔了人类来往，陡峭的地形难以获得耕地，腾冲坝子自然成为人口密集的地区。可见，以腾冲作为人口密度分界线的起点是科学、合理的。

腾冲四季如春，气候宜人，环境优越，历史悠久，留下许多文人笔墨，全省25个少数民族共处腾冲，色彩斑斓，形成多元文化，是一座极为适宜旅游度假、休闲养生、宜居宜游的"天堂"古城。徐霞客曾为腾冲留下"极边第一城"的美誉。腾冲与缅甸相邻，著名的茶马古道是西南丝绸之路之要冲。在"一带一路"大空间战略指引下，腾冲在旅游、边贸产业及相关服务业将有更大发展，并将在推进南向发展中发挥更大作用。

26. 云南旅游从石林开始

特殊的地理环境造就了云南省丰富多样、独特的旅游资源，为旅游业的发展打下坚实基础。旅游业为云南经济发展的重要支柱产业之一，为全省经济增长做出了巨大贡献。

云南的旅游种类繁多，高山、湖泊、石林、瀑布、冰川、温泉、阳光、空气、植物、动物、民族风情、边陲古道、古城、古镇、名人故居，等等，可以说，绝大多数的旅游内容，特别是多样自然景观（除干旱区景观外）和独特的人文景观，是大陆许多省区所不具备的。不少景区（点）不仅在国内一流，在世界上也具有相当知名度，诸如丽江古城和玉龙雪山，大理古城与泸沽湖，腾冲古城的阳光、温泉，西双版纳热带风光与民族风情，省城的滇池，滇东北的石林等等，云南被称为"旅游王国"恰如其分！

同时，云南与越南、缅甸、老挝多国为邻，具有面向东南亚的地缘优势，以及一定的边贸业发展基础，对推进旅游产品的国际化提供了良好的外部条件。如今，云南正按构建

"大健康＋全域旅游＋康养＋特色小镇"全产业链条、一体化新格局，加快旅游产业转型升级高质量发展，推动云南从旅游大省向旅游强省跨越。

我游览云南景点是从石林开始的。当年华东师范大学工会暑期观光团安排的第一个景点就是石林，它距离昆明90千米，车行约1.5小时。

石林，"石头如林"，是一个旅游产品（景区）的名称，也是县名。

石林是地球演化的杰作，历经近三亿年沧桑巨变。地壳变动，海陆变迁，石灰岩也匪夷所思地被塑造成石林地貌。其间石林还被炽热的火山熔岩烘烤过，也被广阔的湖水淹没过，可以说其形成过程是一部真正的地质传奇。

石林，全名"石林彝族自治县"，属昆明市的一个郊县。元置路南州（散州），明清因之。1956年成立路南彝族自治县，1984年划归昆明市管辖，1998年更名为石林彝族自治县，2019年入选首批国家全域旅游示范区。

作为旅游产品，石林因其景观形态的多样性、奇特性，分布的密集性，特别是发育演化的古老、多期和珍稀性，是世界此类喀斯特地质地貌遗迹的典型范例，也成为"石林"专名的起源地。1982年被命名为首批国家重点风景名胜区，2001年列为首批国家地质公园，2008年列为首批国家5A级旅游景区，2007年6月被联合国教科文组织列入《世界遗产名录》。

我们的参观队伍直达"石林"主景区，当日游客很多，我找了一个相对较好的位置，一边欣赏喀斯特地貌的多姿多彩的形态，一边拿起相机抓紧拍下堪称世界奇观的喀斯特景观（第四卷图26-0）。

第四卷图26-0　云南石林景区照片集锦（千姿百态的石林。1999年7月）

第八章　渝川云贵 | 065

27. 省会昆明：感悟首届花博会

昆明是云南省的省会，别号春城，是中国少有的以气候状态冠以别号的省城。它不仅象征着这座城市"四季如春"的气候特质，也在一定程度上代表着云南省域气候的迷人个性。

昆明坐落在"昆明坝"，是省域最大的"坝区"，位置适中，地势开阔，山环水绕，山湖一体，历史久远，人口聚集，交通便捷，经济发达，是一座古老而现代、美丽而时尚、令人向往的大城市。全市下辖7个区、3个县，代管1个县级市、3个自治县，市域总面积为21 473平方千米，总人口约846.3万（2020年），其中不设镇的5个区人口约为358万。

我多次入春城，深感这座城市之美、之宜居。1999年7月1日，以"人与自然——迈向21世纪"为主题的世界园艺博览会首次在昆明举办，会址设在昆明市郊的一块波状起伏的平地，国内外参观人次多达950万。我们的考察团整整参观了一天，是日太阳高照，天气有点热，园区的多国花卉竞相亮相，眼花缭乱。

这是我平生第一次看园博会，昆博会中国古典园林艺术设计布局的曲线美和追随自然之美给我留下深刻记忆。次日，导游安排攀爬湖畔的山，站在山坡上遥望滇池，那湖面的城市建筑倒影，山湖一体的景色是一种美的享受（第四卷图27-1至图27-3）！

昆明是国家首批24个历史文化名城之一，3万年前就有人类居住生活在滇池地区，拥有3 000年的文明史，有长达2 200多年的建城史。国务院批复昆明规划的定位是云南省的省会、国家历史文化名城、中国西部地区重要的中心城市之一。基于云南省西南边陲的重要地理区位，以及西向发展的地理环境限制，我以为昆明应该顺应地理大势和水路方向，向东、向南发展。首先是与成渝发展轴连接，逐步形成成渝—昆明—贵阳的西南大三角；其次是南向发展，发挥开放门户城市的作用，与南亚、东南亚共建大湄公河次区域经济合作圈。

在中国经济社会大发展、大变革过程中，关于昆明规划建设的故事很多，争议不少。是真是假，难以辨明。但这座省会城市在折腾中发展，在百姓的埋怨中进步，却是事实。

第四卷图 27-1　昆明首届园博会（1999 年 7 月）

第四卷图 27-2　昆明滇池 1（2005 年 11 月）

第四卷图 27-3　昆明滇池 2（2018 年 8 月）

28. 难忘丽江·大理古城（崇圣寺三塔）

　　丽江和大理是我在云南之行感慨最多、印象较深的两座古城。按城市规模看，大理要大于丽江，但从古城的风貌特色，特别是从它与大自然（地形地貌、水文特征）巧妙融合、整体保存的完好程度，以及国内外的影响力来看，丽江古城似乎更胜一筹。

1) 大理古城

大理是国务院首批颁布的 24 个历史文化名城之一。坐落在云南西部中央，洱海断陷盆地，地表多为洪积冲积物所覆盖，为平均海拔不足 2 000 米的冲积湖积平原。其历史可追溯至唐天宝年间，南诏王异牟寻迁都羊苴咩城，为其新都。唐、宋 500 多年的历史间，大理一直是云南的政治、经济、文化中心。古城内分布的 14 处市级以上重点文物保护单位，承载着大理历史、宗教、民族文化，是大理旅游观光的核心区（第四卷图 28-1、图 28-2）。

在我们的印象中，大理只是由传统庙会演变而来的"三月街"。古城为白族文化资源富集地，它在与中原文化、异域文化与本土文化碰撞、交流中，形成灿烂的南诏大理文化和特色鲜明的白族文化。大理是大理白族自治州的首府，辖大理市和祥云等 8 个县及漾濞等 3 个少数民族自治县，面积为 29 459 平方千米，总人口 357 万。

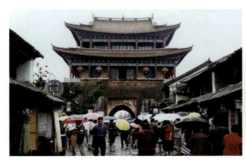

第四卷图 28-1　大理古城、周边及留影（1999 年 7 月）

第四卷图 28-2　大理古城及周边（1999 年 7 月）

2）丽江古城

丽江是云南省的地级市，辖 1 个区、4 个县（其中 2 个自治县），总人口为 119 万（其中古城区人口 15 万）。古城是丽江市府驻地，位于青藏高原东南缘，金沙江中游，与云贵高原的连接部位，玉龙雪山下的一块高原台地上，海拔 2 416 米。丽江比大理古城地势更高，属滇西北高原，是古代"南方丝绸之路"和"茶马古道"的重要通道，国际知名旅游城市。

丽江古城始建于宋末元初（13 世纪后期），曾是仓廪集散之地，南宋宝祐元年（1253 年），蒙古军南征，其后于此设丽江路军民总管府，明朝设丽江军民府，明末古城居民达千余户，城镇营建颇具规模，清雍正二年（1724 年），首任丽江流官知府在古城东北新建流官知府衙门、兵营等，环绕官府建筑群修筑城墙。

如今，丽江古城狮子山留有木府（原为丽江世袭土司木氏的衙署）、万古楼（山顶建造的五星古典式全木结构望景楼）、五凤楼（包含汉、藏、纳西等民族的建筑艺术风格）及东巴文化博物馆（云南省第一个县级博物馆）等。1997年12月在意大利那不勒斯召开的联合国教科文组织世界遗产委员会第21次全体会议上丽江古城被列入《世界遗产名录》。

从昆明去丽江，坐飞机一个多小时就到了。当我一走进丽江，立刻被展现在眼前的一幅自然与古城无缝对接，似美丽画卷、风格独特的"小镇"所吸引，无论是看前看后，看左看右，都特别耐看。站在石板桥上，抬头望两侧，两层楼的古街坊木质建筑，低头看地下，中央是从山脚流进的生生不息的天然山泉水渠道，两侧是古老的石子路，布局协调而精致。我驻足拿起相机拼命拍照，稍加思索，这是一幅由山、林、水自然衬托，以城居、水渠、石头街，以及穿着色彩斑斓服饰的少数民族居民为主体的和谐、美丽的画卷！

丽江古城城市布局、工程建筑融汉、白、彝、藏多民族的精华，具有纳西族的独特风采。"以水为核心的丽江古城，因水的活用而呈现特有的水巷空间布局"。

引人好奇的是，那终年流淌的涓涓玉泉水从何而来？访问得知，它"源于黑龙潭，从象山山麓流出，从古城的西北端流至玉龙桥下，并由此分成西河、中河、东河三条支流，然后再经多次匀水分流，穿街绕巷，流布全城"。可以说，这是大自然赐给丽江人取之不尽的生命之泉！丽江人就地取材，筑城引水，精心设计布局，塑造的这座科学、美丽，极其富有创意的古城，展现了丽江人的聪明才华！

千百年来，生生不息，丽江这幅天然画卷未曾变过，为中国独有，世界奇迹！丽江古城作为有悠久历史的少数民族城市，其山水建筑与人文和谐融合的特质已经成为城市的"活标本"，多年来，丽江的旅游业为特色的第三产业有很大发展，城区人口增加，经济水平提升，成为云南西北部经济的新增长点。

丽江景区，还有与古城相连的高山草原、原始森林景观。离开古城，乘坐大巴、缆车登上了海拔5 596米的玉龙雪山，进入了另一个世界，高山草地、藏牦牛、原始森林，加上山顶冰雪，仿佛站在青藏高原上。虽然我们都穿上了临时租借的军大衣，但依然挡不住寒风瑟瑟，我的肺活量较低，不适合在高原久留，只待了半个多小时，就头重脚轻，四肢无力。导游建议尽快下山，但这一刻的感受让我终生难忘，成为我永久的记忆（第四卷图28-3、图28-4）。

 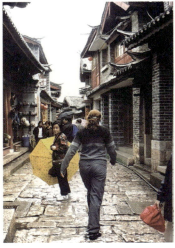 

第四卷图 28-3　丽江古城及留影（1999 年 7 月、2005 年 11 月）

第四卷图 28-4　从丽江古城观玉龙雪山景区（2005 年 11 月）

29. 热带雨林区：西双版纳游

西双版纳是中国大陆唯一位于北回归线以南，属于热带雨林气候的地方，中国地理课中少不了要介绍这个令人好奇的动植物王国。21 世纪初，在国家环保部（2018 年更名为生态环境部）一位同志陪同下，从昆明坐飞机专程访问了该地。当地一位同志带领观赏了许多景点，一路参观考察原始森林公园、孔雀湖、野象谷、勐腊望天树、曼飞龙笋塔、竹楼、民族织锦、银饰品、热带水果等，讲解关于动植物、民族风情、边贸交往等有趣的故事，亲身体验了热带雨林下的特殊地理环境，留下了珍贵的影像（第四卷图 29-1、图 29-2）。

通过考察，我对西双版纳的地理认知可以概括为以下几点：

第一，它位于中国大陆最南端，为国家边境要地，面向东南亚、南亚的重要通道和基地，云南对外开放的重要窗口。

第八章　渝川云贵

第四卷图 29-1　西双版纳的热带植被、橡胶以及景点参观留影（2008 年 8 月）

第四卷图 29-2　西双版纳热带风光和大象表演（还是用第一代手机拍摄的，尤为珍贵。2008 年 8 月）

第二，西双版纳属切割的山原地貌，是云南省少数民族聚居区之一。傣族为主体，多个民族世世代代在这里居住生活，形成了特殊的民族风情。

第三，西双版纳属北回归线以南的热带雨林区，是中国热带生态系统保存最完整的地区，森林密布，覆盖率达80.8%，拥有70万亩保护完好的原始森林，植物种类占全国的1/6；茂密的森林也给各种野生动物提供了理想的栖息环境，动植物物种表现为多样性特质，为当之无愧的"动植物王国"，是中国唯一的热带雨林自然保护区，也是联合国生物多样性保护圈成员。

第四，西双版纳是国家天然橡胶的主产地之一，是全国第二大产胶区、单产高，橡胶作为化工—国防工业不可缺少的战略物资，在20世纪五六十年代为国家做出了突出贡献。

西双版纳作为国家5A级景区，热点旅游城市，以其神奇的热带雨林自然景观和少数民族风情闻名于国内外。

翻阅我当年的日记（2008年8月29日至9月5日），记录了如下重要信息：

西双版纳属热带雨林气候，有5 000多种热带植物，数百种珍禽异兽，是我国南疆的一块绿色宝地，北回归线上仅存的一片绿洲，中国唯一的热带雨林区。它富饶、神奇，旅游景观令人陶醉。

（1）山

南亚热带雨林唯一具有热带风光的地区，保存原始森林最多、动植物品种最多、唯一有野象出没、保存原始傣族山寨最好、人工修饰最少的自然美的山区。

（2）水

弯弯曲曲的澜沧江，空中俯瞰十分壮观，滔滔南下的山水虽然有点发黄（水土流失），但没有大城市的化学药物污染，晴朗的天气下则为天然泉水。

（3）人

西双版纳是一个多民族融合、和睦相处的大家庭。傣族、哈尼族妇女爱美、文雅、苗条、勤劳、朴实、能歌善舞。西双版纳也是基诺族的故乡，分布在景洪市的东部基诺山。20世纪70年代，毛泽东号召上山下乡，上海大批知青就在这里插队落户，至今仍流传着许多动人的故事，有的已经在这里繁衍后代，西双版纳成了他们新的故乡，过着比较富足的生活，许多人在城里买了新房。

（4）城市

作为西双版纳首府的景洪市，是中国大陆纬度最低的城市，一座具有亚热带南国风光的城市，一座傣族民族特色、美丽的边疆城市（全市人口38万、市区人口20万），它还是一座没有苍蝇蚊子的城市，被誉为"东方多瑙河"的澜沧江—湄公河纵贯全境，因而也是云南省走向东南亚的一座重要口岸城市，建有云南省第一座斜拉桥，大桥跨越澜沧江，雄伟壮观。景洪市的机场、山寨、民宅风格造型独特，黄色、粉红色、白色、蓝色相间。景洪最有特色的是早市，每天拂晓，是早市的高潮，热闹非凡，街道两旁摆满了各种新鲜蔬菜、瓜果和其他特色产品，还有藤器、药材、皮毛、乐器以及各民族的特需用品等。天色大亮，人们便纷纷离去，准备下田劳动。西双版纳为全国唯一的宾馆酒店开发区，分布密集。

（5）橡胶业

据小杨的介绍，橡胶产业一直占据西双版纳首位，结构单一，其次是水果、玉米、旅游、边贸、餐饮等，但我有些怀疑。橡胶为首是可能的，旅游、边贸也应该占据相当重要的地位。一路上我们看到的绝大部分都是连片种植的橡胶园，可能都是农场。小杨告诉我，十多年前，小车南行十多分钟，就是大片的原始森林，现在都变为橡胶林了，橡胶效益好，发展很快。我想，20世纪的六七十年代，毛泽东号召知识青年上山下乡，上海知青大批进入云南，主要就是砍伐原始森林，发展橡胶，橡胶业是西双版纳的产业大户勿庸置疑。

大规模的种植橡胶带来当地的经济收益，据说西双版纳在云南省是经济水平最好的，靠的就是橡胶。橡胶作为战略物资，西双版纳为国家做出了贡献。但我要指出的是，大面积的种植橡胶，使原始森林的面积大大缩小，原生态发生变化，水土流失加剧，环境质量下降，最明显的就是澜沧江的水似黄河啊！

为什么种植橡胶会导致水土流失？小杨告诉我：第一，种植橡胶铲除掉了大量树木和地表植被；第二，橡胶是吸水、吸肥的植物，种植时需要把草皮铲光，否则橡胶长不好，产量不高；第三，为了追求产量，提高种植密度，这就要对橡胶园进行精心管理，对土壤的肥力与结构产生不良影响，土质变松容易流失，西双版纳的雨天很多，全年都会发生水土流失。

小杨指着山头说，这种地方原先都是森林，后来被砍掉以种植橡胶，前几年普洱茶很吃香，价格畸形上涨，大家看到茶叶赚钱，纷纷把树砍掉种茶，去年普洱茶价格下滑，橡胶收益好，老百姓又把茶树砍掉改种橡胶，这个山上就是刚砍掉茶叶种植的橡胶树。在市场经济环境下，这种现象还会蔓延。

一路上我都在思考，并与小杨等探讨，有没有办法解决种植橡胶中的水土流失问题？我的设想是：第一，限制在15°以上的陡坡上种植橡胶；第二，采取间种方式种植，在橡胶园中间种草被植物，如蔬菜、瓜果等；第三，减低橡胶园的种植密度；第四，禁止顺坡种植，采取等高种植；第五，在山顶和山脚保留原植被，控制与拦截水土流失。同时要处理好农场与村民的关系，妥善解决插花地纠纷，合作防治水土流失。农场要起带头、样板作用。

（6）澜沧江

澜沧江发源于青藏高原的唐古拉山，在西双版纳流程158千米。古时傣族称"南兰章"，意为"百万大象繁衍的河流"。澜沧江分上下两段：上段景洪以上，河窄、山陡、绿水青山，自然生态保存完好；下段在景洪以下，乘船过橄榄坝至中国、老挝、缅甸三国交界处，可以看到傣家村寨的美景，特别是景洪至橄榄坝，自然风光与人文景观的完美结合，是西双版纳的缩影。

澜沧江—湄公河被称为"东方多瑙河"，流经西双版纳，巍巍壮观，滔滔南下，连接了缅甸、老挝、泰国、柬埔寨、越南等多个东南亚国家，对发展国际航运、国际旅游、边贸等具有极为重要的意义。我国位于澜沧江的上游，水土流失严重，要引起高度重视。加强与流域国家的合作，联合开发澜沧江已经提上议事日程，但流域下游多为不发达国家，合作开发尚有一定难度。我在飞机上就听一位老总与西双版纳州发改委主任说，他们正在筹划建立西双版纳国际休闲游乐—疗养医疗中心，开发利用当地的医药资源，不久就会有所行动。我相信这是真的。

（7）自然保护区

西双版纳国家级保护区有7片之多，大多分布于景洪市的北部与东部。保护区的建立对保护西双版纳这片美丽的国土具有极为重要的意义。我以为当前的主要矛盾是过度砍伐，相对忽视保护。就在我们快要离开的2008年8月27日下午4时，保护区的杨书记、局长就向我们说了一个当天发生的事,保护区内有居民到山上砍了林木,被保护区派出所抓了,要拘留罚款,说明在保护区林木被偷砍的现象时有发生。如何从根本上解决开发与保护的矛盾?一要在调查的基础上做好符合当地实际,宜操作、实施的规划;二要向群众宣传规划法;三要帮助群众解决切实的困难。

考察让我了解到国家保护区体制的许多问题。保护区主要归属国家林业局,国家环保部也设立了保护区,此次接待我们的就是环保部门所属的保护区。两种不同的保护区所担负的职能有所不同,林业部门的保护区是将保护区内的居民全部迁走,由国家进行保护,而环保部门的保护区则探索不迁居的情况下如何进行保护。我赞赏后一种模式,代价小。当前的问题是还找不到一个成功经验的典型案例。保护区的领导同志都说,体制不顺是当前保护区工作中最大的问题。为此,西双版纳保护区积极创造这方面的经验。我说,如果我年轻10岁,我愿意做这一研究,甚至做自费调查,提出建议。保护区的苦衷是既无权,又无钱,在他们的保护区内有6 000多人,面积200平方千米,没有权很难办事,为什么不放权给保护区呢?!

小何说,中国的保护区形象工程相当严重。他举了一个例子,青海省三江源头保护区请国家领导人题写"三江源头保护区"7个大字,下面当作法宝,作为向中央要钱的依据。为了多要钱,拼命把保护区的面积报大,几乎占到全省面积的1/3,专家们都有看法,这是在浪费国土资源,但因为"大人物"题词了,谁也不敢推翻明明不合理的意见,大把钱花了,老百姓都蒙在鼓里。其实这样的事在中国不少。刚刚上任的小梁副所长也向我讲起,他们与欧盟的一个合作项目,云南省小流域的开发保护研究,成果出来了,但难以实施。国外的许多做法在中国行不通。保护区能否建设好我真有点悲观。

(8)旅游业

西双版纳的支柱与龙头产业,潜在的旅游资源非常丰富,特色显著,目前已开发了19个景区,有待全面、深度开发;为了吸引更多国内外游客,需要统筹规划,加强管理,提高服务水平,比如宾馆的早餐供应质量就很差;要注意处理好旅游发展与保护环境的关系,不能以牺牲环境为代价换取旅游业的发展。

(9)行政区划

云南省有8个市、8个州,西双版纳傣族自治州下辖景洪市、勐腊县和勐海县,面积为19 700平方千米,人口197万,是管辖县市最少的州。它与缅甸、老挝接壤,国界线漫长,区划体制稳定,唯一可能的问题是橡胶农场与地方的矛盾,我注意到农场场部位于景洪市的辖区,交叉似乎不可避免,有交叉可能就会有矛盾,需要携手合作治理。

30. 滇东明珠陆良的可持续发展会议

陆良位于云南省东部、南盘江上游,是云南省早在西汉元封二年(公元前109年)就已经设置的一个古老的县,称同劳县,西晋更名为同乐县,元代至元十三年(1276年)改为陆梁州,隶曲靖路,后专名又改为陆凉,民国二年(1913年)邑人牛星辉,以"凉"义近放薄,文嫌不驯,首倡呈请政府改"凉"为"良",获准为陆良县。现为曲靖市下属的一个县。

陆良县四面环山,中间是开阔平坦的湖积盆地,号称云南第一平坝,土地面积约为2 096平方千米,其中平坝面积占38%,最低点海拔1 640米,属亚热带高原季风气候,冬干夏湿,土壤肥沃，适合各种作物，特别是烟草的生长，有"滇东明珠"之美称（第四卷图30-1）。

1996年11月，我应邀参加了由中国地理学会人文地理专业委员会、数量地理专业委员会和青年地理工作委员会联合发起，在陆良举办的"地理建设与可持续发展学术研讨会"，在《中国21世纪议程：可持续发展战略》大讨论和规划编制的热点时期，陆良作为中国西部一个普通的县，编制完成了《陆良县21世纪可持续发展规划》，并被列入国家级可持续发展实验区，是一件难能可贵的事。这次会议引发我从行政区划视角对可持续发展的思考。我在会上的发言被刊载在当年当月的《中国科学报》上。

会议期间，参观了烟草种植，考察了当时红极中国的"红塔山烟厂"，使我深刻认知到烟草种植、烟业加工产业对云南省财政的巨大贡献，烟草产业与陆良，乃至云南百姓生存、收益的关联（第四卷图30-2、图30-3）。为此，我还组织研究生开展中国烟草产业的调查研究，写了论文，参加在北京召开的"中国烟草产业发展战略研讨大会"，并作发言。

时过20余年，回顾这段历史觉得很有意义，它使我有机会体验滇东地区自然—人文地理的环境。

第四卷图30-1　陆良县的彩色沙林、高标准烟田（2021年10月）

第四卷图30-2　陆良留影1（1996年11月）

第四卷图 30-2　陆良留影 2（1996 年 11 月）

31. 云南发展的地理问题思考

云南是一个富有特色和魅力的省区，改革开放以来，其经济，特别是旅游业有很大发展，其城市化水平也有很大提高。2019 年全省 GDP 突破 2 万亿大关，达 23 223.75 亿元，经济增速达 8.2%，在全国的排名上升至第 21 位。

但云南的人均经济水平和收入水平不高，在全国处于倒数第 2 位（2018 年），这是第一点。

第二点，除旅游业之外，烟草、制糖和茶产业是云南经济的三大支柱，还是亚洲最大的鲜花出口基地。这是与云南的地理环境特点有关的传统优势，但它暴露了云南经济的弱点，即产业结构过度的轻型化，与云南的资源结构不相匹配。

第三点，省内地市之间发展不平衡。滇东与滇西，特别是滇西北、滇西南，昆明与省域边缘，城市和乡村等差异较大，虽然随着交通环境的改善，经济社会水平差距有所缩小，但差距仍较大。

第四点，生态环境问题比较突出。特别是滇东人口—经济密集区，波状起伏的低山丘陵，以及广泛分布的石灰岩地貌区，水土流失、泥石流频发，对基础设施建设、经济社会发展和城市规划建设造成隐患。

第五点，云南的旅游业在 GDP 中的贡献虽然逐年在提升，2018 年已经过半，但与沿海的苏浙皖旅游区相比，特别是与国外许多成熟的旅游区相比，仍有较大差距，需要质的提升。

第六点，云南位于西南边陲，有大江、大河联通东南亚各国，开展国际大合作的地理环境优越，要在"一带一路"倡议的指引下，进一步加强交流，推进边贸业的发展。

我在上网查阅云南资料时偶尔发现，2014年中国共产党云南省第九届委员会第八次全体（扩大）会议公报中，曾经提出过加快培育发展"大生物、大旅游、大能源、大制造、大服务"的"五大"奋斗目标。我很赞赏这"五大"目标：

① "大生物"，是云南的优势资源，更是云南的大生态环境优势。

② "大旅游"，是云南的主导和引领产业，但需要大力提升品质，进一步突出特色。

③ "大能源"，是云南的资源优势，要把它变成经济优势，为云南的可持续发展夯实天然动力基础。

④ "大制造"，云南的工业要优化结构，提升工业产品的含金量和竞争力。

⑤ "大服务"，不仅是提升服务业水平，更要重视提升软环境。

今天看来，这"五大"目标符合云南省情，依然是云南发展的大方向。如果要补充完善的话，增加一个"大人才"目标。要高度重视引进和培养留下来的人才，特别是云南省短缺和关键的人才，同时大力提升人的素质。这对开放的、旅游业发达、位于边陲、多民族的云南来说，显得格外重要（第四卷图31-0）！

第四卷图31-0　与云南省西双版纳的导游合影（2008年8月）

（二十七）贵州省

32. 没有平原分布的省份

贵州，简称贵，唐武德四年（621年）于今贵阳设矩州。当地方言将"矩"读成"贵"，宋代记载也有将矩州写成贵州，宋太祖开宝中赐罗甸王普贵诏书即有"唯尔贵州"一语，贵州之名始于此，省会城市是贵阳。贵州省的东南西北方向与湖南、广西、云南、四川、重庆为邻，是西南地区最东部的一个省。全省下辖6个地级市（15个市辖区）、3个民族自治州、9个县级市、52个县、11个自治县和1个特区，其面积约为18万平方千米、常住人口3 860万（2020年）。少数民族较多，约占40%左右，集中分布在黔西南、黔东南和黔南地区。

贵州属于云贵高原的一部分，俗称"八山一水一分田"。按照平原是指地面平坦或起伏较小的一个较大区域的概念，即具备"平坦"和"较大"这两个要素来看，在中国地形图上，唯独贵州省找不出符合"平原"概念的地区，是全国唯一没有平原分布的省份，喀斯特地貌占60%以上。

为何贵州省独缺平原？

在远古的地质时代，受到南亚大陆板块向北、欧亚大陆板块向东挤压的影响，使云南、贵州，以及广西部分地区的"海洋"慢慢抬升隆起，最后形成陆地。先是广西，而后是贵州，最后，喜马拉雅山的运动才形成滇东、贵州的高原—山地地貌。在高原—山地覆盖着厚厚一层以浅海相碳酸盐岩为主的岩石，面积约为15万平方千米。贵州喀斯特化高原形成的石灰岩盖层厚度巨大，分布广泛，褶皱和断裂发育。在长期的雨水冲刷、河流切割、风化作用之下，逐渐形成今日贵州无平原之地形地貌特点。

贵州省纬度较低，属于亚热带湿润季风气候，年平均气温在10—20℃，夏季凉爽，省会贵阳被称为避暑之都。

贵州是中国的一个"欠发达"的省份，经济总量和人均水平均较低，但它是大西南的交通枢纽，世界知名的山地旅游目的地和山地旅游大省，全国首个国家级大数据综合试验区以及内陆开放型经济试验区，经济发展较快。2019年，贵州经济总量达到11 513.4亿元，增长速度稍次于云南，位居全国第2位，经济总量排名不断攀升，超越黑龙江、吉林、甘肃、海南、宁夏、青海和西藏7个省区。贵州的人均GDP为4.92万元（2020年），低于全国同期31.94%，略高于云南、甘肃。这一成果来之不易。

改革开放以来，我先后前往贵州省会贵阳、黔西北、黔北、黔东南等许多城市，在许多著名景点，以及黔东南民族州、乡村留下足迹（第四卷图32-1至图32-4）。2019年夏，在弟子杜华智帮助和周密安排下，5天的高密集考察，深深感受贵州的巨大变化！

① 高速公路、高铁、飞机航班多了，交通通畅了。建成和在建高速公路里程超过8 000千米。路边的树多了，山绿了。青山绿水多了，田园美了，生态环境变好了。

② 城市干净了，美化了。省会贵阳长高了，耀眼了。

③ 风景旅游区更美了，人多了，管理规范了。

④ 贫困山村的少数民族也有小汽车了，见到外乡人不陌生了。

贵州人正在为实现经济社会发展的历史性跨越努力奋进，"欠发达"的帽子终将被摘去！

第四卷图 32-1　在贵州省会参观贵阳大数据馆（2019 年 7 月）

第四卷图 32-2　贵州省深山区喀斯特地形、地貌（2019 年 8 月）

第四卷图 32-3　贵州省都匀市郊奉合乡山寨民居（2019 年 8 月）

第四卷图 32-4　贵州省黄果树瀑布留影（1995 年）

33. 为何经济"欠发达"?

你去贵州,只要稍微深入山区农村,就会发现那里贫困的景象,最直接感受到的是教育方面。在山区,许多孩子辍学在家,看见外省人来,这些不读书的孩子会一拥而上围在你的身边,等你喝完矿泉水,伸手讨要空塑料瓶。这是我2003年夏季去都匀市(黔东南水族苗族自治州首府)开会,会后组织参观近郊一个水族村寨,亲身经历的真实情况。

当时,我一时难以接受这个现实!改革开放这么多年,在这里还有这么多山区孩子上不了学、读不了书!我问了陪同(一位小学老师),证实了这个真实的情况。一时间,参观民族风情的兴趣一扫而光,随即收罗身上、包里仅有的零钱和在都匀市做学术报告的讲课费全部取出,给了这位陪同,希望能够帮助孩子上学。回到家中又连续汇款给这位老师。帮助村里失学儿童交了书籍费。

这件事深深刻印在我的脑海,挥之不去!

第一,贵州贫困到什么程度?作者查阅了2015年前后的新闻媒体,包括新华社在内的多家媒体做过报道。这方面的案例有很多。❶

第二,贵州的贫困由来已久。1978年,贵州人均GDP为175元,为全国平均水平的46.2%;2001年,人均GDP在全国垫底;2013年,贵州人均GDP上升至22 981.60元,但仍处于省区市的末位。2015年,贵州全省仍有493万贫困人口(人均年纯收入2 300元及以下),贫困人口数量排全国第1位,占全国8.77%。全省共有66个贫困县(占全省县数的75%)、190个贫困乡、9 000个贫困村。其中,位于黔西北云贵川交界的乌蒙山区沟壑纵横,土地贫瘠,严重缺水,属于极贫困区。

第三,贵州的贫困事出有因。几乎所有的调查结果都认同这样的结论:大自然赋予贵州人的地理空间环境"先天不足"。贵州地处世界三大喀斯特分布中心之一的东亚片区中心,喀斯特地貌面积占全省土地总面积的73.6%,全省有90%的人口居住和生活在岩溶地貌区。千百年来贵州人在恶劣的条件下辛勤劳作,种植谷物,祈求生存。在原始耕作、靠天吃饭的年代,大自然给了贵州人不公平的待遇——他们长期过着苦日子。

长期靠天吃饭的自然地理环境,山区丘陵地区的交通不便,经济社会交流的困难,教育文化长期的落后,人才的缺失,自然和人文—经济社会环境,长期处于相对封闭循环的状态。地形(喀斯特地貌)、气候(靠天吃饭)→贫瘠的土壤、植被→田高水低,低水平的粗放耕作(低下的生产力)→微薄的收入,这些难以支撑迅速增加的人口,必然导致大面积贫困。进入当代社会,在中国以省为基本单元的经济社会实体中,贵州无论是经济基础(财力物力)和人力资本都无法与地理环境和区位优越的其他省区相比拟和竞争,尽管中央政府加大对贵州的扶持力度,也难以在短期内改变连片贫困的局面。

第四,贵州在大踏步前进,实现全省脱贫。资料显示,从2011年底开始,贵州经济在逐步爬升,当年的GDP增速由全国第29位飙升至全国第2位!2018年,贵州全省GDP达到14 806.45亿元,在大陆31个省区市中排名居第25位;自2002年起,贵州已持续14年

---

❶ 据一位中共中央统战部离休干部回忆,1983年,全国人大民委研究室主任史筠去贵州调研,发现贵州有些地方少数民族家庭只有一条裤子,出门的人才穿。后来史筠将贵州的情况写成书面汇报附上照片报送中央。不久,胡耀邦把这个报告批给贵州省委书记,要他们重视解决,中央还拨了专款。联合国开发计划署曾在2005年的《人类发展报告》指出:"如果贵州是一个国家,那么它的人类发展指数刚超过非洲的纳米比亚,但是如果把上海比作一个国家,其人类发展指数则与发达国家葡萄牙相当。"——笔者摘自:王月兵的《贵州山村到底穷到什么程度?》,2015-06-11,第541期。

实现两位数的经济增长。2021年，中国实现全国脱贫！得益最多的就是贵州！

2019年夏，当我再去贵州，重访都匀乡村，再游黄果树等景区，参观六盘水市容和"三线建设博物馆"，领略贵阳的大数据新城以及贵安新区等（第四卷图33-1、图33-2），无不感到贵州在大变，贵州人自信了，脸上笑容多了！我难以置信，变得这么快！虽然贵州省按常住人口平均计算，排名仍处于全国倒数第2位，但"贫困"的帽子已经摘除，在坚持"生态为先""旅游为特""大数据引领""交通为基"的发展方针下，一个"三不沿"的内陆后发省份将跟上祖国的发展步伐，一个有特色、跨越发展，人民富裕的新贵州必将展现在人们面前。

第四卷图33-1　贵州山区景象（2019年8月）

第四卷图33-2　遍布全省的山丘茶园（2020年夏）

34. 交通建设：贵州发展的强大引擎

"地无三尺平"是改革开放之前贵州交通的写照，"要想富，先修路"是人们对后发地区、贫困山区发展的一条定律和真理！比较发达的道路交通系统，特别是铁路枢纽和物流等现代交通运输业的发展，是贵州近10多年来连续保持高于10%以上增速发展的强大"引擎"！

2019年夏乘坐飞机重访贵阳，由专职的驾驶师傅开着轿车，去贵阳新城、老城，去都匀，深入贫困山区采风，经安顺游黄果树瀑布，进入深山区，在贵阳通毕节的高速公路跨峡谷（鸭池河）大桥，在桥头看造桥史，在桥上观峡谷（鸭池河水道），下到河谷赏天然阶地瀑布，又驱车直奔黔西"煤都"六盘水，再去遵义，参观遵义会址，一路上看规划馆、纪念馆，考察城市市容市貌，游景区，深入乡村，总共才花费4天半的时间，可谓高强度考察（第四卷图34-1、图34-2）。然后又从贵阳乘坐高铁非常方便地去了重庆！试想如果没有一个发达方便的交通环境，能行吗？

第四卷图 34-1　贵州陆路交通体系（2019 年 8 月）

第八章　渝川云贵 | 087

第四卷图 34-2　行驶在贵州高速公路上（2019 年 8 月）

贵州的航空、高速、高铁这三大主要交通大通道我都体验了。丝毫没有感觉到那是在"落后"的贵州！我以为，贵州最大的变化在交通基础设施的现代化和网络化。

下面是中国日报网在 2019 年 6 月 21 日一则报道的片段：

（1）交通投资几何级数增长。1949 年至 2018 年，贵州省公路、水路交通建设累计完成投资 11 195.38 亿元。70 年间，全省交通固定资产投资实现 5 步大跨越：1988 年完成投资上亿元（1.29 亿元），1996 年上 10 亿元（11.87 亿元），2004 年上百亿元（105.3 亿元），2014 年上 1 000 亿元，2018 年创纪录完成投资 1 700 亿元，占当年全国公路水路总投资的 7.4%，投资总额连续 5 年超千亿，连续 72 个月位列全国前 3 位。

（2）公路通车里程大幅增加。到 2018 年，全省公路通车总里程达到 19.7 万千米，公路密度达到 111.9 千米/百平方千米，每百平方千米比 1949 年分别增长 19.3 万千米和 109.66 千米。2018 年普通国省道二级及以上里程近万千米（达 9 322 千米）。公路通行条件显著改善，四通八达的公路运输网络基本形成。

（3）高等级公路从无到有。2001 年，贵州省第一条高速公路——凯里至麻江高速建成通车。2015 年，贵州成为西部第一个、全国为数不多、县县通高速的省份。2018 年底，全省高速公路通车总里程达 6 453 千米，通车里程上升至全国第 7 位，高速公路综合密度上升至全国第 1 位，山地贵州（海拔高度从 147.8 米的黎平县地坪乡到 2 142 米的威宁草海）构筑为外通内联、安全便捷的"高速平原"。

（4）农村公路建设成就显著。2002 年，实现全省乡乡通公路。到 2017 年，全省就已经实现建制村通畅率达 100%。2017 年 8 月，贵州启动了农村"组组通"硬化路建设三年大决战，已于 2019 年 5 月实现了 30 户以上村民组 100% 通硬化路目标，惠及近 4 万个自然村寨、1 167 万农村人口。

（5）运输服务保障能力显著提升。截至 2018 年，二级以上道路客运站联网售票实现全覆盖。"通村村"农村出行服务平台实现县县全覆盖。全省高速公路收费站 ETC（电子不停车收费系统）车道覆盖率达 97％以上，OBU（车载单元）用户累计突破 190 万户，实现微信移动支付全覆盖，成为全国第 7 个、西部第 1 个全面开通移动支付的省份。

沪昆高铁（贵州段）、兰广高铁（贵州段）在贵阳交叉，高铁运营里程超过 1 200 千米。

全省内河航道通航里程达 4 012 千米，水运建设创造了多个历史第一。2016 年底，乌江复航！贵州高等级航道位居全国 14 个非水网省（市）第一！

贵州的交通实现了历史性跨越，极大地助推了贵州经济的高速发展，成为"一带一路"和长江经济带战略的重要通道，缩短了东中西部陆路交通的时空距离，它作为西南重要陆路交通枢纽的地理区位优势不断凸显，为进一步构建贵州的全方位对外开放格局打下坚实基础。

35. 山地旅游强省

贵州与云南（特别是滇东）成陆的过程与地质基础相同，在自然地理和经济—人文地理结构方面有许多相似之处，两省同属云贵高原，同为喀斯特地貌，同为少数民族聚居区，旅游业同为支柱产业。山地旅游业是其基本特征。云南的沿边和低纬度、沿藏和高山峡谷地理类型要比贵州旅游业发展的资源条件更胜一筹。但依据公开的旅游业发展与收益数据，贵州旅游业大有后来居上之势。

以 2019 年端午节为例，云南的旅游人次为 796.48 万，同期的贵州为 433.74 万，相当于云南的 54.5％，奇怪的是云南的旅游总收入为 63.95 亿元，而贵州竟达到 109.73 亿元，相当于云南的 1.72 倍！这让人难以理解。再看全年，2017 年国家旅游局（2018 年更名为文化和旅游部）的统计，云南的旅游总收入 6 922 亿元，贵州达到 7 100 亿元，同样高于云南。2018 年云南全省的旅游收入为 8 991 亿元，贵州达到 9 431.03 亿元，同比增长达到 33.1％，2019 年全年实现旅游收入 12 318.86 亿元，同比增长 30.1％，占 GDP 的 73.5％。个中奥妙在于贵州突出了山地旅游特色，做足黄果树瀑布等世界级品牌的文章，大大改善了交通通达性和旅游外部环境，提升了旅游服务业的品质。2019 年夏，我重游黄果树瀑布，感同身受（第四卷图 35-1 至图 35-7）。

第四卷图 35-1 安顺市境仙山景区（2019 年 8 月）

第四卷图 35-2　都匀市郊区水族乡山寨民居（2019 年 8 月）

第四卷图 35-3　马岭河天然峡谷及留影（2019 年 8 月）

第四卷图 35-4　贵阳市河——花溪河（2019 年 8 月）

第四卷图 35-5　茅台酒厂（补充的一张图片。2020 年）

第四卷图 35-6　守卫山寨故土的水族长老（2019 年 8 月）

第四卷图 35-7　黄果树瀑布景区及留影（2019 年 8 月）

旅游业已经成为贵州经济的"顶梁柱"，并正在从"旅游大省"向"旅游强省"迈进。

黄果树瀑布、织金洞、天星桥、马岭河峡谷、舞阳河等自然景观，镇远古镇、千户苗寨、梵净山、遵义会址、赤水等人文景观，都是贵州山地旅游的经典项目。我以为，黔西北重镇——六盘水的"贵州三线博物馆"也是值得一看的地方。

36. 省城贵阳

贵阳是贵州省的省会城市，因位于贵山之南得名，为省域政治、经济、文化中心，大西南重要的交通、通信枢纽，全国综合性铁路枢纽，担负着加快大西南发展的重任。

相对于西南地区的川、滇两省的省会，贵阳的历史显得较为年轻。明永乐年间，贵州建省，贵阳成为贵州的行政中心。贵阳位于贵州省最佳的地理位置，在中国大陆的25个省区（不含四个直辖市）之中，省域的中心度可以排名第一！贵州的发展依托于贵阳；反之，省域大空间又支撑着贵阳的发展。充分利用贵阳这一区位的优势，与国家"交通枢纽"形成的叠加效应，做强贵阳，增强其吸引力和辐射力，有利于拉动贵州省域经济的发展。至2018年，贵阳市下辖6个市辖区、3个县，代管1个县级市，其面积为8 034平方千米、常住人口599万（2020年），小于昆明，也小于许多省区的省会城市。

20世纪90年代，我参加过贵阳市的城市规划评审会，那时候，感觉这座城市规模不大，但较紧凑，气候好，尤其是夏季非常凉爽，宜居、方便，但经济实力明显不足。作为省会，其规模偏小，人口集聚的空间提供能力不足，且形态老旧，相当于沿海的一个地级市。一个直接的原因是，贵阳城区周边的山岳—低丘包围阻止了建成区的外扩。

2019年重访，改变了我对贵阳的认知。依托老城、跳出老城，一个新规划建设中的现代化的贵阳新城凭空拔起，高楼林立，规划馆、博物馆、体育馆、文化馆、图书馆等鸟枪换炮，特别是大数据馆、五星级酒店、大学城、高铁站等一系列现代化城市建筑和设施引人注目。一批大型建筑还在如火如荼地加速建造，难怪我们的车在马路上行驶时常常被堵，马路两侧不时可以看到大型推土机、大吊车在平整山头，贵阳城区在外扩，城际快速交通使双城有机衔接。与多年前相比，眼前车水马龙，人流兴旺，是一座生机勃勃、充满活力的新贵阳。

一个周末，在弟子陪同下，我们在贵阳老城的发源地、母亲河——南明河参观游览。

首先映入眼球的是甲秀楼景区。它是一个由甲秀楼、浮玉桥和翠微园组成的文物景区，始建于明万历二十六年（1598年），贵州巡抚江东之、巡按应朝卿于此驾石筑堤，拦截水流，并在鳌矶石上建楼，取名甲秀，意为人才秀，甲天下。甲秀楼建筑精巧，保留完好。接着，我们沿南明河河滨公园漫步，这是一条经过整治的贵阳母亲河！走过一座桥，进入一个大广场，民族文化宫与一个象征多民族的巨大民族乐器雕塑展隔场相望，它是20世纪贵阳市的标志性建筑。再后，穿过市区到达贵阳西北角的另一个景区——黔灵公园，一座综合性的游览公园，因"黔南第一山"而得名黔灵山。其面积为4.26平方千米，是国内少有的大型综合性城市公园。由于是双休日，上山游览的人较多，需要排队乘坐缆车登顶。登上山顶，贵阳老城尽收眼前。贵阳是一座群山环抱、林木苍翠的城市，中心商业区、不多的工厂和大型居住区等建成区的功能分工似乎不太明显，高层建筑的布局也较分散，验证了老贵阳的"小"；但这座城市的森林覆盖率高达50%，"绿"色散落在城市的大街小巷。

中午时分，下山步行在老旧工厂工人居住的弄堂，来到一位下岗工人在家门口开办的、颇有名气的小面店吃"肠旺面"（当地的特色小吃），每位不到10元，别有风味。我们体验了一下贵阳老城里的民间饮食文化。

一天的自由考察（第四卷图36-1至图36-6），让我真正走进了贵阳，对这座城市有了一种亲近感。一座原本工厂布局无序，酸雨十分严重，脏乱差的"小贵阳"，如今被授予"国家森林城市""全国生态文明示范城市""全国绿化模范城市"，真是感慨万分！

没有多少年，贵阳就打了一场漂亮的翻身仗，迎来了经济发展的好名声——中国企业营商环境十佳城市，并获批建设国家大数据综合试验区核心区、大数据产业发展集聚区、大数据产业技术创新试验区和全国首个大数据国家工程实验室等。

国务院对贵阳的定位为贵州省的省会、我国西南地区重要的区域创新中心、全国重要的生态休闲度假旅游城市等。其中的大数据、创新中心是贵阳区别于其他省会城市的最亮丽之处！

未来贵阳市中心城区将以老城区为中心，实施"北拓、南延、西连、东扩"的空间发展策略，形成"双核"（老城区服务核心和观山湖区服务核心）"多组团"的空间结构。

与国内其他省区的省会城市相比较，一个显著的不同点是，无论是现在还是未来，贵阳都是一个紧凑型城市，根据国务院批复贵阳市规划，到2020年，城区人口规模控制在400万以内，而城市建设用地则控制在380平方千米以内。在某种意义上看，这恰恰是这个城市的亮点。

第四卷图36-1　甲秀楼景区留影（2019年8月）

第四卷图36-2　贵阳市工人文化宫（2019年8月）

第四卷图 36-3　贵阳市河——花溪河（2019 年 8 月）

第四卷图 36-4　国家重点文物保护单位——贵阳文昌阁和甲秀楼（2019 年 8 月）

第四卷图 36-5　花溪河畔人行桥（2019 年 8 月）

第四卷图 36-6　贵阳老城区市容市貌及留影（2019 年 8 月）

37. 革命圣地：遵义

遵义是革命圣地，也是人们向往的地方，中国革命成功不能忘了遵义！20 世纪我专门去过遵义，此次去贵州，想再去看看遵义会址。

2019 年 8 月的一个周末，我的弟子夫妇亲自开车从贵阳赶赴遵义。瞻仰的人较多，找个拍照的地方都很难！凭身份证顺利进入，跟随人流参观了两小时，重温了一遍中国革命的这段历史（第四卷图 37-1 至图 37-3）。

从会址出来穿过街坊，走进公园对面的一家颇有特色的饭馆用餐。然后走向遵义市河，顺着河边人行道朝古桥方向散步，漫游，谈观感，谈遵义会议，思考起遵义的未来。

1935 年，中国共产党在遵义召开的著名的"遵义会议"，确立了毛泽东的中国共产党的领导地位，在毛泽东领导下中国革命一步步走向成功。遵义会议成为党的生死攸关的转折点！由此遵义也被称为"转折之城，会议之都"。在参观考察遵义之后，我有以下思考：

第一，遵义是一座古城。从西汉元光五年（公元前 130 年）置犍为郡，到明朝万历二十八年（公元 1600 年），存在了 1 730 年，人们常用"播州"来代称古代的遵义。唐贞观十六年（公元 642 年），将播州所领的罗蒙县改名遵义县，"遵义"地名沿用至 2022 年已有

1 380年。遵义市域内拥有许多全国重点文物保护单位。如宋代的杨粲墓古墓群、海龙屯古建筑、清（道光）古建筑尚嵇陈玉祠、清代/近现代的茅台酒酿酒工业遗产群、湄潭浙江大学旧址等。遵义作为首批国家历史文化名城，拥有世界文化遗产海龙屯、世界自然遗产赤水丹霞。

第二，遵义是黔北地区的区域性中心城市、一个规模超省会的地级市。全市下辖3个市辖区、7个县、2个自治县，代管2个县级市（赤水市、仁怀市），其面积为30 762平方千米、常住人口627.07万（2018年），大大超过省会贵阳，其GDP为3 483.22亿元（2019年），略低于贵阳。

第三，遵义的地理优势突出。它地处贵阳北部，与四川、重庆接壤，是国家规划长江中上游综合开发的重要区域，处于成渝—黔中经济区走廊的主廊道核心区，是黔渝合作的先行区，也是西南地区承接南北、连接东西、通江达海的重要交通枢纽，政治—经济地理位置十分重要，发展潜力较大。

第四，遵义的交通优势突出。以铁路、高铁为主，兼有水路、航空，特别是处于国家"西部陆海新通道"的主通道腹地的节点位置，未来不仅是革命圣地、文化名城、白酒之都，而且是黔川渝结合部中心城市，在跨省协调发展格局中具有重要地位。

第四卷图37-1　遵义会议会址所在街区（2019年8月）

第四卷图 37-2　瞻仰遵义会议会址及留影（2019 年 8 月）

第四卷图 37-3　遵义会议会址景观（2019 年 8 月）

38. 二访都匀的故事

都匀对我而言，本来是一座不熟悉的城市，一次会议让我与它结缘。2003 年夏天，中国城市经济学会和上海城市职业技术学院在都匀市召开学术年会，邀我赴会并做关于中国城市行政区划改革的报告，从此了解它，熟悉它，并与之结缘！

在会议结束之后，组织参观郊区的奉合水族乡，之后的数年内发生了一系列的故事（第四卷图 38-1）。2019 年夏，当我再次踏上贵州，就迫不及待地想去都匀，再看看那里的江水、古城，看看我当年帮助过的小学，见见当年在山村小学的这位老师和长大的孩子，他们有工作吗？生活好吗？

第四卷图 38-1　都匀市奉合水族乡民族小学给我的信（2005 年 4 月）

我们的车子于中午抵达，都匀市一位国土局的女同志（后来知道她也是地理系毕业回家乡工作的）热情接待了我们。她带领我们参观了江边的一个新开发的旅游项目，然后按照我想去看的"点"——陪同参观。在江边的老井，民族风格的大桥下车拍照，盛夏的中午时分，阳光照射紫外线强烈，我戴上墨镜，在滨江小道漫步，看江水滔滔，井水深深，享受这座山城的古朴与现代、时尚之美！

午饭之后，赶往郊区的奉合水族乡中心小学，半小时后左拐，因修路，车七颠八颠，进入山丘，梯田、寨子、山间小道，一幅民族山村的图像进入视野；再穿过一个小镇，终于到达目的地——奉合乡中心小学。老校长、新书记、副书记都已经在一间不大的屋子外等候（第四卷图38-2）。对山区来说，这是一个规模不小的小学。校领导带领我们仔细参观了这所学校最有水族特色文化的展览室，详细介绍了水族文化，及其在小学的传承，给我们上了一堂水族文化教育课。接着参观了两间教室，遗憾的是正值暑假，没有见到学生！也没有见到当年那位英文教师——韦良芝，原来她已经升任为小学高级教师，调往都匀市另一所小学了。

第四卷图38-2　与都匀市奉合水族乡中心学校书记、校长合影（2019年7月）

离开学校，校长、书记又带领我们前往当年参观过的山寨。山寨风貌依旧，但变干净了，路整洁了；夏季，绿油油的梯田，老旧寨子，山丘背景，组成了一幅和谐的立体画卷。

我们走进有两位老人留守的人家，进屋参观，楼下堆放杂物，二楼生活空间，三楼看样子是原来的手工工作场所；与老人聊天，笑脸拍照，有问必答，一点也不陌生、介意。感觉寨子老化了，年轻人外出打工了，留守的山寨老人显得有点孤独！

十年的光阴过去了，贵州的山村变化很大。孩子都免费上学了，初中开始普及了！但学校设施依旧简陋，教师的工资仍然偏低。山区的乡村振兴还需要再加把力。

傍晚时分返回市区，抓紧时间参观老街，石板街、二层楼木屋，古桥，市政府等，都是我熟悉的情景（第四卷图38-3至图38-5）。在回贵阳的路上，终于与韦良芝（第四卷图38-6）老师联系上了，一阵高兴，又十分遗憾！原来韦老师得知我来都匀，正在从贵阳赶往都匀的路上，而我已经离开都匀。我在电话里邀请她在方便的时候来大上海看看，她一口答应了！我为这位优秀的乡村教师几十年如一日坚守贫困山村，为山村教育做奉献而感动。

回到上海，我了解到双休日韦老师还要去乡村走访，动员家长把孩子送学校读书，说这是老师的扶贫任务！又从她那里得知，她所在的村（基场村）至今（2019年）仍然是极贫村，下派了村支书，限期脱贫！后来又知道，为改善村民的文化生活，基场村正在集资修建一个小广场，也是一项扶贫项目，一时尚缺10多万资金。我毫不犹豫，拉了一位天津朋友，各资助了一点钱，出了一点小力，帮助一个贫困村解决了一个大难题。

都匀位于"九溪归一"的剑江河畔，是黔南布依族苗族自治州的首府，黔南地区的政治、经济、文化中心，是一个州辖副地级市。都匀曾经是贵州"三线"建设要地，改革开放之后，三线工厂的回迁，工业受到影响。未来的都匀要做好山水生态文章，发展特色农业、特色旅游业，形成一个多民族文化、宜居宜业的山水生态园林城市和黔南地区的中心城市。

第四卷图38-3　都匀之夏（2019年8月）

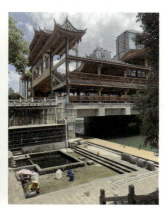

第四卷图 38-4　保存完好的石板街、西山桥长廊亭老街和江边老井及留影（2019 年 8 月）

第四卷图 38-5　水族乡小学保留传承的水族文字及留影（2019 年 8 月）

第四卷图 38-6　都匀小学韦良芝老师书写的水族文字及留影（2022 年 6 月）

39. 从"煤都"向"凉都"转变的城市：六盘水

六盘水是贵州西部一个特殊而有相当名声的地名，它由贵州西北部三个县的首位字（六枝、盘县、水城）组合取名的地级市，其市中心位于原水城县城。六盘水是在"三线"建设年代，根据国家需要，在南方省区迅速组建、大规模开发的著名"煤城"。2001 年产煤 1 113 万吨。2019 年计划释放产能 1 160 万吨/年，是我国南方最大的煤矿之一。

21 世纪初，我曾经被邀专程前往六盘水为一家大型企业做过中国经济形势分析的学术报告。2019 年夏，再次访问这座城市，参观了六盘水"规划馆"和"三线建设博物馆"，对这座新中国的新兴城市有了更深层次的了解。

六盘水市，地处贵州西部乌蒙山区，滇、黔两省结合部，云贵高原一、二级台地斜坡上，长江、珠江上游分水岭，南盘江、北盘江流域两岸。地区海拔在 1 400 米与 1 900 米之间。地势西高东低，北高南低，中部因北盘江的强烈切割侵蚀，起伏剧烈，市境相对高差大。受低纬度高海拔的影响，冬暖夏凉，气候宜人。年平均气温 15℃，夏季平均气温 19.7℃，冬季平均气温 3℃。气候凉爽、舒适、滋润、清新，紫外线辐射适中，被中国气象学会授予"中国凉都"称号！它是全国唯一以气候特征获得称号的城市。

随着国家煤炭产能的过剩，六盘水地区煤炭资源的枯竭，有开发潜力的矿井渐渐减少，产业转型、城市未来战略方向成为热门话题。

"煤都"转向何方？我在考察后的观点如下：

观点一：基于六盘水的产业基础、强大的铁路运输能力和黔西枢纽、物流中心地位、矿产资源潜力，以煤炭为核心的能源—钢铁—建材业等依然是六盘水一段时期内的主导产业。

观点二：与乌蒙山区的脱贫致富紧密结合，大力发展特色农业，相应发展特色农产品加工业，诸如马铃薯、野生果类，以及中药材等。

观点三：充分发挥得天独厚的气候地理环境优势，在中心城区建设"中国凉都"。六盘水因煤建市、兴市，但这是一顶戴不持久的帽子！大力建设六盘水城市之心，发展和提升以旅游度假休闲为主的服务业，使之向"中国凉都"转变，打造一座现代之城、活力之城！

回望六盘水的历史，这个原本为黔西的三座贫困县，今天之所以成为贵州西部经济中心、全国著名的城市，受益于计划经济时代的国家战略。"大三线"建设助推和奠定了贵州的发展，催生了六盘水这座工业城市。今天耸立在原水城县老城中心"三线建设博物馆"和"西南煤矿建设指挥部"的牌子，生动记录了这座城市的发展历史。我在博物馆仔细参观、聆听讲解员的精彩介绍，深深为这个城市的这段历史所感动（第四卷图 39-1 至图 39-3）！

第四卷图 39-1　三线建设时期的西南煤矿建设指挥部原址（2019 年 8 月）

第四卷图 39-2　贵州三线建设博物馆（2019 年 8 月）

第四卷图 39-3　参观贵州三线建设博物馆过程中与当年老职工留影（2019 年 8 月）

40. 贵州发展的地理问题思考

贵州的地理问题，要注意以下几点：

(1) 狠抓生态修复、建设不放松。生态是贵州省的立省之本，更是可持续发展的基础及前提。伴随贵州的大发展，省域生态环境整体向好，但由于贵州特殊的地质地貌、自然和人文地理环境，生态环境保护一刻也不能放松。第一，贵州多山，没有平原。无论是城市或是乡村，都要向山要地，极易引发水土流失，破坏生态环境。第二，喀斯特地貌占比高，岩溶特征显著。全省88个县（市、区）中有78个存在不同程度的石漠化现象，生态脆弱，修复困难。第三，贵州居特殊的地理位置。贵州位于珠江、长江的上游分水岭地带，承担着两江上游地区的生态屏障的重任，加上开采利用省域丰富的矿产资源对环境的影响、人口的增加，山、水、林与人争地的矛盾突出。因此，生态环境保护与修复建设应该提升到更高的战略地位，这是贵州发展永恒之主题，把青山、绿水、蓝天留给子孙后代是贵州发展的第一要务！

(2) 继续加强现代交通运输建设。贵州省在公路、铁路、航空、水路等方面已经取得了历史性成就，但与东部邻省比较，依然"落后"。贵州要进一步发展，推进全省致富，依然要持续加大交通基础设施的投入，进一步改善贵州的交通环境。一是加强高铁建设，尽快实现以贵阳为中心，向4个方向、9个地级市辐射的高铁网络；二是高速公路以地级市为中心向县城、中心镇、乡中心延伸，形成高速网络系统，提升路网结构水平；三是强化贵阳、遵义的交通枢纽建设，提升档次，改善营运环境；四是加强以贵阳为中心的航空运输网建设，提升等级；五是因地制宜，挖掘潜力发展水运，改善航道，提升运力，重点是乌江航道建设。

(3) 做足大旅游、大数据两篇大文章。贵州的旅游业潜力依然很大，要加大发展力度。一是提升和就地挖掘现有旅游景点的内涵，特别是旅游的文化内涵；二是深化民族文化的传承、开发、保护，将少数民族地区的旅游开发与巩固脱贫，实现致富并与提高民族的文化素养结合起来；三是进一步完善旅游景点地区的基础设施、服务设施和服务水平；四是在特色上大做文章，与省内外差异化、特色化发展；五是注意处理好旅游产品开发与环境保护的关系，以保护生态环境为前提。

大数据既是贵州的优势，更是引领贵州发展的引擎，贵州省抢抓深入实施大数据的战略行动，已见成效。在推进贵州经济的快速转型，推动经济的质量变革等方面显现优势，要继续认真抓好、抓牢！关键是人才的引进和培养，特别是相关高层次人才的引进，抓好科技信息服务，为贵安新区，为省内的高科技产业及时提供前沿、准确的高科技信息咨询服务。

(4) 持之以恒，突出重点，从根本上解决贫困问题。在国家大力投入、引导、扶持之下，2020年实现了省域全面脱贫。但脱贫成果脆弱，脱贫又返贫的现象有可能发生。根据贵州的省情和我在贫困山区的观察，脱贫、解贫的任务依然相当繁重。要持续关注武陵山区、乌蒙山区和滇黔桂边界的石漠化地区。这里集中了贵州全省86.3%的贫困人口，要在这三个片区打好"扶贫"持久战！"扶贫""脱贫"不能搞"运动战""歼灭战"，从根本上解决贫困问题是一项长期的过程，要从文化教育抓起，提升文化素质，加强培训，增强就业技能。

(5) 重视黔中城市群建设，做强省域发展的核心。首先，贵州的强大需要一个上规模、形成城市体系的大核心，这就是省会贵阳。要壮大贵阳的实力，提升其现代经济的吸引力和辐射力,以及服务力和治理能力,重点建设好贵安新区。其次,黔中城市群涉及遵义、安顺、毕节3个地级市及其所属33个县(市、区),面积为5万多平方千米、人口2 000万,是贵州经济的核心区。其主要规划发展空间以西向(安顺)、北向(遵义)为先,以群内的交通通信水电供热等基础设施建设为重。要发挥各自优势,实施"五位一体",综合发展,提升城市化率,并以大数据为引擎,推进区域分工、合作发展,增强西南地区省域之间的竞争力,这应该是贵州空间发展战略的科学谋划。

人们期待,在全国一盘棋格局之中,贵州的发展将持续加快,与全国各省区共同走向美好的未来,与全国同步实现富裕的目标(第四卷图40-1、图40-2)!

第四卷图40-1　高速行驶中的公路两侧景观(2019年8月)

第四卷图40-2　在贵州考察、交流(2019年8月)

第九章　陕甘宁

陕甘宁分别指陕西、甘肃两省和宁夏回族自治区，位于西北地区的东部，属黄土高原的核心区域，为干旱、半干旱向半湿润过渡的温带大陆气候区。黄河干流流经三省区，政区的邻近交叉，自然地理环境的统一性和传统文化、红色文化，以及基本相同的生产、生活和人文生态环境，将这三个省区紧密串联在一起。

本区域位于胡焕庸线之西北侧，干旱少雨，生态脆弱，风沙、水土流失严重，人口、城镇、村落多聚集在河谷两岸，灌溉农业是本区的重要特征。

新中国成立 60 年来，特别是改革开放 40 多年来，陕甘宁三省区发展成就斐然。生态环境有所改善。经济增长迅速，省区差异较大。陕西、宁夏两省区发展较快，1978—2017 年，陕西经济增长达 270 倍！全国排名第五，居西北地区首位；宁夏增长近 266 倍，排名也上升了一位；唯甘肃虽然增长 118 倍，但排名却下滑了 3 位。

区域内部自东南向西北自然地理环境差异较大，渭河平原、银川平原、河西走廊、河湟谷地等是本区域的黄金地带，人口密度高，城市密集，发育了西安、银川和兰州三大城市，分别为三省区之省会和经济中心，也是推进新丝绸之路战略的重要基点和依托。西部、北部地区自然地理环境较差，干旱少雨带来的风沙和水土流失等自然灾害较多。

陕甘宁地区位于大西北，距沿海较远，但我前往考察参观的机会较多，对本区域的地理面貌、人文经济、交通状况，以及土地利用等有较多的体验和认知。2018 年 9 月中下旬，又专程赴甘肃的河西走廊张掖、兰州考察，先后在河西学院和西北师范大学地理学院做过两场学术讲座，针对甘肃与青海的发展问题等畅谈了几点体会：

第一，应该把生态修复和治理放在最突出的地位；第二，发挥特色资源优势，发展特色产业，在做精做细做特上下功夫，延伸产业链，提高质量和附加值；第三，推进大尺度空间组织制度创新，实现跨界整合与科学治理（比如祁连山区等省域交界地区）。我以为，这三条建议同样适用于陕甘宁区域。

除此之外，还要强调三点：第一，更加重视位于陕北、甘（陇）东北和宁夏南部，具有地理环境同质性的陕甘宁边区的建设和发展问题，这里是中国革命的摇篮和抗日根据地，理应得到更多支持、发展；第二，重视发展"界经济"，弘扬"界文化"，巩固扶贫脱贫成果；第三，更加注意因地制宜，重点抓好渭河平原、银川平原、河西走廊等区域的协调和可持续发展。

(二十八) 陕西省

41. 西北经济强省·科教大省

陕西是中国内陆腹地的省份,其省会是西安市。唐上元元年(760年)设陕西节度使,辖相当于今河南三门峡以西、陕西华县以东地区,为陕西政区名之始。陕西省之东南西北分别与山西、河南、湖北、重庆、西川、甘肃、宁夏、内蒙古8个省区为邻。全省下辖10个地级市(30个市辖区)、5个县级市、72个县,其面积约为21万平方千米、常住人口3 960万(2020年)。

陕西省的形态东西较窄、南北较宽,中国经纬度基准点大地原点和北京时间国家授时中心位于该省咸阳市泾阳县永乐镇北流村。自北而南为黄土高原、渭河平原、汉中盆地三大自然地理区域,跨黄河、长江两大水系,跨中温带、暖温带、北亚热带季风气候三个气候带,形成了三类不同的自然—人文地理景观和三大区域经济的巨大差异。

陕西是大西北地理位置和地理环境最优的省份,历史悠久,是中华民族及华夏文化的重要发祥地之一。特别是渭河平原交通发达,人口、城市密集,产业集聚,科教文化发达,与中东部联系紧密,是陕西省,也是西北地区经济最发达的地区。将陕西省的经济数据与大西北的甘肃、宁夏、新疆、青海四个省区相比较,陕西独大。陕西省2019年的GDP达到25 793亿元,全国排名第14位,占西北五省区54 823亿元的47%!同年按人口平均陕西超过5万元,进入全国小康平均水平!为大西北的唯一。陕西之变强、变美,就在改革开放以来这40多年,2017年的经济总量是1978年的270倍!

相对于西北地区其他省区,陕西省的经济发展得益于以下几个因素:一是优越的经济地理区位和地理环境;二是相对雄厚的经济基础,特别是渭河河谷平原,有史以来一直是中国西部经济的重心,新中国成立之后是国家规划建设布局的重点区域;三是得益于教育文化,特别是当代的科教、人才基础。

陕西是我国西部地区教育、科技实力最雄厚的省份之一。2019年末,陕西省共有高等学校109所(第四卷图41-1至图41-3),其中普通高等学校83所。在校学生人数为112.20万,研究生招生人数为4.82万。现有各类科研机构1 340家,国家级园区平台324

第四卷图41-1 西安交通大学(2020年)

第四卷图 41-2　西北大学（2020 年）

第四卷图 41-3　中国科学院西安分院（2020 年）

家，国际创新合作平台 71 个，两院院士 69 人。综合科技创新水平指数由 2014 年的 60.73% 增长到 2019 年的 67.04%，位居全国第 9 位。其中科技活动产出指数由 66.82% 增长到 75.42%，位居全国第 4 位。国防科技基地、科教资源富集，综合实力雄厚，是推进和支撑陕西经济社会发展的关键因素。

　　我在"文化大革命"（简称"文革"）时期与 2015 年两个时间段访问过陕西，大体走的是同一条路线——西安—延安线，第一次自北而南，第二次由南而北。时隔 50 多年，陕西似乎是两个不同的世界！

42. 中华文明的重要发祥地

陕西文化资源极为丰富，历史古迹遍及全省。拥有长城、秦始皇兵马俑、大雁塔、小雁塔、兴教寺塔、大明宫、未央宫、彬县大佛寺石窟、张骞墓等世界遗产，都是中华民族的宝贵财富！

第四卷图 42-1　大地湾遗址

从公认的"文明三要素（文字、宫殿基址和青铜器）"来看，考古和史书证明，陕西是中华民族和中华文明的发祥地之一（第四卷图 42-1）。"大地湾遗址"表明，大约六七万年前，我们的祖先在黄土高原的甘肃天水秦安清水河南岸生活居住，达 4 800 年之久，被认为是华夏文明的"母体"。先民们在历史发展中，又缓慢地顺着渭水、汉水古河道向东推进繁衍，足迹遍九州，留下诸多新石器文化特征。由于陕西中、南部的渭河平原、汉江源头地势开阔，气候湿润，土地肥美，适合农耕，因而在此形成中华之源。西安的白家遗址、半坡遗址等都找到了类似的文化遗存证据。

黄帝与炎帝被视为中华民族的始祖。从传说中的华胥氏、伏羲氏到炎帝黄帝，到夏商周、秦汉、隋唐，孕育了灿烂辉煌的华夏文明。尽管关于炎帝、黄帝的源头，炎帝陵、黄帝陵的地址至今尚存在争议。但一般认为，关中渭水流域是中华民族人文初祖轩辕黄帝和神农炎帝的起源地，为真正的中华之根。所谓的"中国""中华""华夏"最初都专指关中渭水流域。陕西省博物馆提供了内容丰富的史料证据。

陕西人特别重视举办各种光宗耀祖的活动，在中国的港澳台地区，在世界华人中产生深远影响。2015 年 6 月我在西安做完学术报告后，从西安出发一路向北，这种感受非常强烈（第四卷图 42-2 至图 42-4）。我以为，打出文化—文明品牌，吸引全球的华夏子孙关注陕西、支持陕西，应该是推进陕西进一步开放开发，高质量发展的一个重要优势和王牌。

第四卷图 42-2　陕西省历史博物馆留影（记录三秦大地成长的纪念册。2015 年 6 月）

第四卷图 42-3　陕西"华夏之根"景观（渭南市华阴、韩城市、合阳县等地有"华夏之根"之说）

第四卷图 42-4　西安脸谱、塑像（2015 年 6 月）

43. 国家中心城市·省会：西安

在全国经济版图中，西安不仅是陕西省的省会，全省最大的经济中心城市，关中平原城市群的核心城市，而且由于它在大西北地区最优的自然地理环境（渭河平原中部），承东启西、东联西进的最优地理区位，具有科技、教育、金融、商贸、交通、信息等突出的比较优势，从而决定了西安在西北地区乃至全国的重要战略地位。西安是推进西部开发、"一带一路"建设的核心基点城市、西北地区唯一的国家级中心城市。

西安，古称长安，别称"丰镐"，西安专名源于明朝，洪武二年（1369 年）改奉元路为西安府。民国十六年（1927 年）曾设置西安市，不久撤销，民国三十三年（1944 年）设西安市，为省辖市，民国三十六年（1947 年）升格为行政院直辖市，1953 年改为中央直辖市，1954 年又复位省辖市。今西安市域统辖 11 个区、2 个县，其总面积为 10 108 平方千米、建成区面积 700 多平方千米，常住人口 1 295.3 万（2020 年）。

作为华夏文明的发源地之一，西安文化积淀厚重，是第一批国家历史文化名城，也是世界历史名城。从 100 多万年前旧石器时代的蓝田猿人，到六七千年前新石器时代的半坡村，以及 3 100 多年的建城史，其中有 1 077 年的建都史，西安的文化、旅游资源极为丰富，是国人，也是国际友人向往和尊重，值得细看的城市（第四卷图 43-1 至图 43-3）。

2020 年，西安市域的生产总值超万亿元，居西北首位，全国第 10 位，正在朝具有历史文化特色的国际化大都市迈进。

第四卷图 43-1　西安火车站（1982 年 5 月）

第四卷图 43-2　西安市中心城区广场公园"脸谱"群留影（2015 年 5 月）

第九章　陕甘宁 | 111

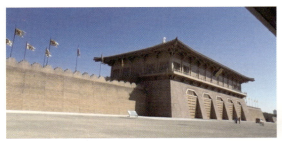
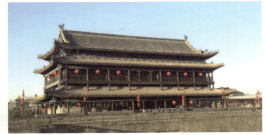

第四卷图 43-3　西安市修复的城墙（2020 年 8 月）

44. 中部：建设关中平原城市群

陕西省划分为中部关中平原、南部汉中盆地和北部陕北高原三大地理区域，南北分异明显。其中的关中平原是中华民族的人文初祖轩辕黄帝和神农炎帝的诞生地，华夏文化基因的核心区之一，为陕西省的精华所在。省会西安坐落于此，陇海铁路横贯东西，连接咸阳、宝鸡等，是省域人口、经济、城市的核心区域，"一带一路"经济大动脉的集聚地段之一，具有十分重要的经济地理和战略意义。

关中平原即渭河平原，介于秦岭和渭北山系之间，由渭河、泾河、洛河三河冲积的平原和低丘组成，海拔约为 320—800 米，东西长约 350 千米，面积约 3.6 万平方千米，号称"八百里秦川"。这里地势平坦，河流纵横，灌溉便利，气候温和，土壤肥沃，农业发达（第四卷图 44-1）。从先秦到元明时期，都曾被称为"天府"之地。

第四卷图 44-1　秋冬的关中平原大地（2020 年 11 月）

从今天陕西省的行政区划看，关中地区大致包括西安、铜川、宝鸡、咸阳、渭南5个地级市域及杨凌示范区，其土地面积为5.55万平方千米、常住人口1 300万（2020年），经济高度集聚。在这里，以省域26%的土地滋养着60%以上的人口，创造了全省38%的财富。

翻开中国地图，清晰可见关中地区是中国的地理中心，历史上一直是中国的政治、经济、文化、交通中心；关中平原易守难攻的军事战略地理位置，与同样土地肥沃的华北平原、江汉平原相比具有巨大的战略优势，这是中国历史上为何"得天下必先得关中"的重要原因。

在历史长河中，陕西形成以省会西安为中心的关中城市群。以大西安（含咸阳）为中心、宝鸡为副中心和渭南、铜川、商洛部分县区，及杨凌示范区的西部地区，覆盖了陕西人口最稠密、经济最发达、文化最繁荣的地区，是西部地区仅次于成渝城市群（带）的第二大城市群，辐射范围扩展至东西两侧的邻省，东侧是山西省的运城、临汾市；西侧是甘肃省的天水市、平凉市和庆阳市。2018年1月，关中城市群获批。区域国土面积为10.71万平方千米、常住人口3 863万（2016年）、地区生产总值1.59万亿元，分别占全国的1.12%、2.79%、2.14%。未来关中城市群将构建"一圈（大西安都市圈）一轴（沿陇海铁路和连霍高速的主轴）三带（包茂发展带、京昆发展带、福银发展带）"的总体格局，大大提升其空间发展的凝聚力。

关中城市群建设的关键之举主要在以下三个方面：

第一，加快西安国家中心城市建设，西（安）咸（阳）一体，扩大规模，提升能级，形成西部地区最强的经济中心、科创中心、文化高地、综合交通枢纽，建成具有古都文化特色的国际化大都市，强化面向西北地区的门户功能，提升维护西北繁荣稳定的战略功能。

第二，加快基础设施和生态修复工程建设的步伐，加大包括交通、能源、通信、大数据等基础设施建设，畅通城市群内快速交通网络，强化综合交通枢纽功能，提升综合运输服务能力和水平，并加大以秦巴山地及渭北、天水等黄土高原丘陵沟壑区为重点，以流域为单元的山水林田湖草生态保护修复工程。

第三，大大改善区域内的营商环境，优化产业布局，提升产业的集群性，提升人流和物流联系的便捷性，以及生活宜居环境，带动周边欠发达地区的发展。

当前关键举措是由西安市牵头，建立跨区域合作联盟（共同体）组织，落实城市群规划（第四卷图44-2）。

第四卷图44-2　路过铜川，访问一个村镇，工作人员介绍种植的果树（2015年6月）

45. 访问西咸新区

西咸新区，是国务院于 2014 年批准的第 7 个国家级新区。由西安市和咸阳市建城区之间的两市所辖 7 个县区的 23 个乡镇（街）组成，规划面积为 882 平方千米。

新区的地理区位优势明显，陇海铁路穿越其中，西安咸阳国际机场位于区内，交通便捷，经济基础和生态环境较好，历史文化底蕴深厚，特别是教育科技人才聚集，加快发展的条件十分优越，潜力巨大。按照新区规划，新区将走资源集约、产业集聚、人才集中、生态文明发展的路子，促进工业化、信息化、城镇化、农业现代化同步发展；着力发展高新技术产业，使之成为丝绸之路经济带的重要支点；着力保护生态环境和历史文化，创新体制机制，使之成为我国向西开放的重要枢纽、西部大开发的新引擎和中国特色新型城镇化的范例。

2015 年 5 月，我访问了西咸新区党工委、管委会，听取了新区的规划介绍，参观了咸阳（第四卷图 45-0）。我在现场围绕如何处理好西安与咸阳的分工合作关系，尤其是利益矛盾，以及新区管理体制等问题，并向管委会同志介绍了上海浦东新区的演进过程与经验。

西咸新区给我留下的印象是位置好，规划宏伟，刚刚起步，前景看好；解决西咸两驾马车的治理体制有难度。2017 年 1 月，新区被划给西安市代管，解决了体制分割的矛盾。

新区设立四五年来，已经取得巨大成效。未来的西咸新区将沿西安国际化大都市的空间结构向西推进，加速西咸一体化进程，强化西安的国家中心城市地位，力促西安建设成为一座富有历史文化特色的现代化城市，为拓展我国向西开放的深度和广度发挥领头羊作用。

第四卷图 45-0　访问西咸新区、陕西省民政厅（2015 年 5 月）

46. 参观兵马俑的震撼

我在西安的访问考察，印象最深，最为震撼的是兵马俑！

兵马俑是古代继人殉陪葬制废止之后，以俑殉葬的墓葬制度的产物。秦兵马俑或秦俑坐落于西安市临潼区秦始皇陵东侧的秦始皇帝陵博物院兵马俑坑内。1961 年 3 月秦始皇陵被国务院公布为首批重点文物保护单位，1974年3月，兵马俑被发现。1987年，秦始皇陵及兵马俑坑被联合国教科文组织批准列入《世界遗产名录》，为首批中国世界遗产，也是世界第八大奇迹，"人类古代精神文明的瑰宝"。

兵马俑是由秦丞相李斯主持规划设计，其大将章邯监工，在修筑秦陵的同时制作并埋入随葬坑内的。秦始皇陵修筑时间长达39年之久。临潼县骊山镇西杨村农民，在陵东1.5千米的地方打井时发现了与真人一样大小的陶俑，经陕西省考古队勘探和试掘，使之重见天日。

秦兵马俑规模宏大，仅一号俑坑东西长为216米，宽62米，面积13 260平方米。坑里有8 000多个兵马俑！在其两侧各有一个兵马俑坑，称二号坑和三号坑。

亲眼看到几千年之前塑造、规模如此之大的兵马俑、陶俑（战车、战马、士兵）的形象如此逼真，令人震撼！它真实展现了中国古代民间作坊工匠的聪慧才智，体现了秦代高超的科学技术。也从一个侧面记录了中国第一个封建皇帝秦始皇"千古一帝"威权统治的意志，显露出秦人独有的威严与从容，具有鲜明的个性和强烈的时代特征。

兵马俑的发现令世界震撼。改革开放以来，先后已有200多位外国元首和政府首脑参观访问，成为中国古代辉煌文明的一张金字名片，被誉为世界十大古墓稀世珍宝之一（第四卷图46-1至图46-3）。

第四卷图46-1　秦兵马俑博物馆参观留影（2015年6月）

第四卷图46-2　秦兵马俑内部（2015年6月）

第四卷图 46-3　秦兵马俑留影（2015 年 6 月）

47. 北部：陕北高原与二访延安

大规模成片的沟壑黄土高原是我在 20 世纪 60 年代对陕北高原考察的基本印象，那时候，黄土高原的塬、梁、峁、沟、壑纵横，光秃秃一片，河流干枯，土坯窑洞，在"塬"上建设的公路，汽车颠簸，尘土飞扬，从延安到西安路上要花费一天时间。榆林地区更是出现"沙进城退"的严重的自然环境恶化现象（第四卷图 47-1）。

第四卷图 47-1　20 世纪 70 年代榆林地区的风沙侵害及防护林带

50 多年后，在省区划地名部门工作的同志和王岚女士陪同下驱车从西安北上，重返陕北，似乎感觉不到这是在陕北！黄土高原完全变了，不仅是道路交通，更是山丘乃至整个黄土高原都变绿了。沿途的高速公路两侧，只要是山坡、黄土坡，都可见到大大小小、高矮不一、稀疏不等的林木，似如绿色长城护卫着公路、城市、乡村和田野（第四卷图 47-2）！

第四卷图 47-2　赴延安途中留影（2015 年 6 月）

资料显示，东西向绿线在陕西足足北移了 400 千米！绿色陕北在崛起，黄色陕北在退隐！

陕西的"绿线"是如何北移的？我在网上看到一份公开的中共吴旗县（后更名为吴起县，属延安市）文件，解开了这个迷。

1998 年，中共吴旗县委、县政府 25 号文《关于实行封山禁牧舍饲小尾寒羊的决定》让吴起县所辖 12 个乡镇 164 个村子一下子就炸开了锅（第四卷图 47-3）。农业、畜牧是当时延安地区两大支柱产业，一下砍掉两个产业另辟蹊径，谈何容易？"林业局要退耕、畜牧局要放羊。下乡调研时，两个局的领导坐在一辆车子里，都会争吵不休，谁也说服不了谁"。因为上下几千年，人老几辈子，吴旗人都沿袭着"倒山种地、广种薄收"的老习惯，羊也是满山跑着散放。但大家并不知道，全县水土流失面积已经达到 97.4%。吴旗的生态环境已经恶劣到了不适合人类居住的地步。

第四卷图 47-3　中共吴旗县委文件

就是在这一年，一场绿色革命在吴旗的大地上拉开帷幕。仅仅两年时光，植被覆盖快速上升。黄色的吴旗犹如雨后的竹林，褪去苍黄，换上绿衣。

至今，陕西不仅是退耕还林最早的省份，还是全国退耕还林规模最大的省份。

吴起县成为中国第一个退耕还林县，整个陕北黄土高原的面貌彻底改变了！作为陕北高原的最重要的核心城市、曾经是陕甘宁边区政府驻地的延安以及榆林变化更为明显。

延安是我国第一批文化名城，历史悠久。考古发现，距今约 3 万年，延安已有晚期智人"黄龙人"生息。被称为天下第一陵的黄帝陵从秦代在延安一带置高奴县（县治在今延安城东尹家沟）筑城之始，历经历代封建王朝，后经民国，直到新中国成立至今，大约 2 300 多年时间。

如今延安城区的人口已经增加到 50 万，城区经济实力大大增强！但建成区的规模受制于地形因素，扩展受阻，只有 36 平方千米。

这是我 2015 年的亲眼所见！扩大建成区是发展的必然，非常紧迫。

在延安的两天时间,我走街串巷,逛商店集市,在这座狭长拥挤、人口密度接近上海、北京的城市参观访问,可以说目睹、验证了这座英雄城市的巨变。这些巨变体现在城市交通和市政设施建设、城市功能、城市环境与景观等市容市貌,以及繁华程度等方方面面。

第一,延安的交通高速成网。动车早已通达省会西安,建成了南泥湾新机场。不过2015年5月我乘坐小飞机经停西安转上海的航班时仍是从旧机场起飞的。

第二,城市商业、车站、广场、文化设施、娱乐场所等公共设施建设脱胎换骨。昔日之小机场跑道已经变为一条繁华的新兴商业街。

第三,城市景观展新颜。低头可以看到中心城区的母亲河。

第四,延河的脏乱差已经不再。抬头观河谷两侧的低山已经由黄变绿,绿色中间隔着一排排的整齐的窑洞,展现了一个陕北城市的独特风貌。这里是人们休闲、观光、拍照留念的最佳场所之一。傍晚时分,站在江边的栏杆背向宝塔山,你可以拍一张最具有延安风光美照。

第五,老城的革命旧址是首先要去瞻仰的圣地。它依旧在公园山坡的原址,依旧是那个窑洞,依旧是那样的庄严、纯朴、清静。

延安随延河而生,城市沿河谷发展,慢慢长大、长高,人口的大幅度增加,城市空间显得十分局促,为了应对老城人口的纾解,也为了扩大城市规模,集聚能量,改善城市环境,延安极需再造一个新城,建设一座新延安。我非常有幸听取了新城规划的介绍(这是一个对市民公众开放的规划介绍),并驱车赴"新城"现场进行了考察。

新城与老城相连,相差不足1千米,王岚熟练地驾驶着跑车,从已经平整过的平地爬上100米的山顶,居高临下俯视施工现场,工地上尘土飞扬,那几十台推土机轰隆隆紧张地作业,那场面似乎在"大跃进"年代见过。眼前,一座座山头已经被削平为开阔平整连片的建设用地,这里就是国家批准设立的"延安新区"啊!

下山后,我们又在已经平整好的场地上兜了一圈,感受到新区规模之"大"。

新区的规划面积为78.5平方千米,两倍于老城区,计划居住人口40多万。

时过四五年,延安新城的框架已经形成,公园、广场、延安大剧院、住宅等一批高楼大厦拔地而起,用不了太久,一座百万人的新城将在陕北大地崛起!它是延安发展的希望之地,也是"边区"人民的期盼和国人的希望之地(第四卷图47-4至图47-15)!

第四卷图 47-4　枣园革命旧址及留影 1（2015 年 6 月）

第四卷图 47-5　枣园革命旧址及留影 2（2015 年 6 月）

第九章　陕甘宁 | 119

第四卷图 47-6　令人敬畏的宝塔山及留影（2015 年 6 月）

第四卷图 47-7　延安新闻纪念馆（2015 年 6 月）

第四卷图 47-8　延安文化休闲区（2015 年 6 月）

第四卷图 47-9　对市民开放的延安市城市规划馆展示栏拍照（2015 年 6 月）

第四卷图 47-10　延河新街及街市（2015 年 6 月）

第四卷图 47-11　登山顶望大规模建设中的延安新区及留影（2015 年 6 月）

第四卷图 47-12　赶往延安新区途中风景（2015 年 6 月）

第四卷图 47-13　延安风味的晚餐及环境（2015 年 6 月）

第四卷图 47-14　在延安机场乘坐班机回西安（2015 年 6 月）

第四卷图 47-15　陕北高原的深秋景象（2020 年）

第九章　陕甘宁 | 123

48. 参观陕甘边革命根据地纪念馆和陈家坡会议旧址

陕甘边根据地是 20 世纪 30 年代由刘志丹、谢子长、习仲勋、吴岱峰等在陕西省和甘肃省交界地区创建的红色根据地，活动范围主要为以南梁堡为中心，北至吴堡川，南至固城川，西至柔远川，东至大东沟，方圆 100 余千米，涉及陕西省耀县（今耀州区），甘肃省庆阳市的华池县、新正县一带。1934 年 2 月，成立了根据地最高军事机关——陕甘边革命军事委员会，刘志丹任军事委员会主席、吴岱峰任军事委员会委员兼参谋长；选举习仲勋为陕甘边区苏维埃政府主席。1935 年根据地一度解放延长、延川、安塞、安定、保安、靖边共 6 座县城，将陕甘边苏区和陕北苏区连接成一片，形成面积 3 万平方千米、人口近百万的陕甘革命根据地，为党中央和中央红军将长征的落脚点放在陕甘地区奠定了政治军事基础。后由于王明"左"倾错误的危害，革命遭受严重损失，红军被迫先后撤出根据地实行战略转移。但陕甘边革命根据地成为星星之火，在斗争中巩固发展，为红军实行战略转移提供了落脚点。

2015 年 6 月，省民政部门特意安排了参观陕甘边革命根据地的活动。我们参观的重点是位于铜川市耀州区照金镇的陕甘边革命根据地照金纪念馆。那天，下着蒙蒙细雨，参观的人不多，讲解员认真介绍了翔实的历史资料、图片、文物，再现了创建以照金为中心的陕甘边革命根据地的艰难历程，突出了陕甘边革命根据地"两点一存"（指党中央和中央红军长征的落脚点、八路军奔赴抗日前线的出发点、土地革命战争后期全国硕果仅存的革命根据地）的历史地位。从纪念馆出来之后，我穿雨衣登上了高 33 米（象征着 1933 年创建的根据地）的根据地英雄纪念碑瞻仰牺牲的烈士。

接着，我们驱车去了陈家坡会议旧址（第四卷图 48-1 至 48-4）。

第四卷图 48-1　铜川市陕甘边根据地的照金纪念馆（2015 年 6 月）

第四卷图 48-2　照金纪念馆附近的陈家坡会议旧址及留影（2015 年 6 月）

第四卷图 48-3　铜川参观留影、与铜川市民政局领导交流老区的发展问题（2015 年 6 月）

第九章　陕甘宁 | 125

第四卷图 48-4　铜川市城区模型区现场交流（2015 年 6 月）

陈家坡会议是在红二团南下失败，陕西省委遭到破坏，革命处于低潮危急的关头，陕甘边区特委在与省委失去联系的情况下，独立自主主持召开的一次重要会议。会议由陕甘边特委书记秦武山和军委书记习仲勋担任执行主席。经过激烈争论，会议统一了思想，抵制了"左"倾错误路线的干扰，成立了陕甘边区临时总指挥部，统一指挥红四军、抗日义勇军、耀县三支队和各路游击队。此次会议挽救了党、挽救了红军、挽救了革命根据地，为日后西北红军主力的重建和军事斗争形势的改变，以及发展和巩固陕甘边革命根据地及照金苏区都具有重要的历史意义，被称为西北革命史上的"遵义会议"。

两个景点的参观让我受到了一次崭新、深刻的革命史教育。在陈家坡会议旧址，一位年近 60 岁、名叫杜天祥的讲解员，自编顺口溜，以陕西话说快板的形式，不时还会插两句陕北民歌，进行了极其生动的讲解。事后得知，他是陈家坡村村民，一位义务讲解员。

49. 南部：秦巴山地与汉中

陕南在陕西省的南部区域，是一个完全不同于陕中、陕北的独立地理单元。由于纬度偏低加上秦巴山地的阻隔，夹在两山之间的陕南盆地，在地形地貌、气候、土壤、生物，以及农业、人类居住生活环境、生活风俗习惯、饮食文化等方方面面都具有独特个性。自然条件具有明显的南方特征，同时兼有北方的某些特点，盛产水稻、橘子、茶叶。主食包括大米、面食。汉中、安康尤其是汉中方言接近四川方言，商洛北部的方言接近陕西官话。

我们知道，主体位于陕南地区，横跨甘肃、四川、陕西、重庆、河南、湖北六省市的秦巴山地，向东延伸与江苏省北部淮河组成的"秦岭—淮河线"，是中国最重要的南北地理分界线，长江和黄河的分水岭，北亚热带和暖温带的过渡地带，南北动植物交会融合的地带，水田与旱地的分界线。它还是华夏文明的历史枢纽，具有秦楚文化融合的人文特征（第四卷图49-1、图49-2）。数千年来，华夏大地部落和朝代的兴衰，以及思想文化的激荡，绝大部分也发生在这里。因而，无论是对于陕西省，还是中国来说，认识和研究陕南地区都具有深刻的地理意义。

第四卷图49-1　秦岭的终南山（这是道教名山，"寿比南山""终南捷径"等典故的诞生地。2020年）

第四卷图49-2　秦岭秋色（2020年）

陕南地区的面积大约有74 017平方千米，自西向东分别为汉中、安康、商洛3个地级市，下辖4个区、24个县，其人口超过900万（2018年）。新中国成立初期，根据当时的情势，陕南设置为1个省级行政区（1948年6月），下辖1个南郑市和南郑、安康、商雒、两郧4个分区。1951年2月，陕南行署区完成历史使命，分别并入陕西省和湖北省。

陕南地区处于鄂川陕边界的山丘、盆地之中，交通不便，相对闭塞，比较贫困。在20世纪六七十年代，与陕西省渭河平原的联系也较困难。早期，我从上海去西安，从西安南下至成都，通过宝成铁路进入四川，体验了这段路程的艰险。

认识陕南，必须提及"安康"这个地名。20世纪五六十年代，这里是毛泽东推行的"大三线"战略布局的大后方重点地区之一，一大批军工企业在此安家落户。

50多年来，陕南发生翻天覆地的变化，首先得益于交通：阳（阳平关）安（安康）、襄渝、西（安）康铁路在安康交会；秦岭隧道的打通，高速公路和高铁直达汉中、巴蜀（第四卷图49-3）；汉江水运能通航50—100吨的船舶，水运里程495千米；民用航空可满足波音737-800、空客320等飞机起降，陕南的交通环境彻底改善。其次，"大三线"留下的工业虽然不能与关中相比，但也有一定基础。改革开放后，人们走出大山，经济有了长足发展。数据显示，近年来陕西经济增速最快的是陕南。

第四卷图49-3 穿越秦岭隧道群，进入陕南（2018年10月）

引起我对陕南兴趣的是，在相同的地理环境下三个市之间的差异化发展问题。特别是汉中与安康，几乎是同样的区域环境，相似的产业结构。装备制造、现代材料、生物医药，都是两市经济的重要领域。近十年来，两市在发展竞争过程中分化，呈现出不同的特点。汉中依旧偏重于陕飞、汉钢、中核等国企；安康更具有活力，民营企业发展迅速，拥有西北最大的电梯厂帝奥电梯。至于商洛，境内有商山、洛水，历史上商洛道（亦称商於古道）为"秦楚咽喉"，是长安通往东南诸地和其他中原地区的交通要道，其山川植被、名胜古迹旅游资源丰富而有特色。旅游业将成为商洛的主导产业。

需要特别指出的是，陕南位于长江、黄河上游的分水岭地区，水源涵养、生态环境的功能特别重要。2013年，国务院印发的《关于丹江口库区及上游地区经济社会发展规划的批复》，不仅是保障国家南水北调中线工程顺利实施的重要举措，而且对推动陕南地区的生态文明建设、促进区域协调发展，提升库区及上游地区经济社会发展水平具有重要意义。

50. 西部省区的学术讲座

应陕西省民政厅邀请，2015年6月，我对西部10个省区市的民政干部做了一场题为"刚性约束，合作治理：基于行政区经济理论的中国西部省区政区改革与发展"的行政区划专业性学术报告，这是我首次赴西部地区、层次较高的专业性学术报告，是一次行政区划理论的宣讲，更是我针对西部10个省区市行政区划问题首次系统的点评（第四卷图50-1）。陕西省民政厅行政区划与地名管理处全程进行了录音录像，制成光盘，永久珍藏。弟子马祖琦随同前往，曾协助制作了一份"丝路主通道城市分布规律图"，它是我从自然地理和交通地理角度思考大西北地区大城市分布规律的一个重要发现。我们在西安也留下了影像（第四卷图50-2）。

第四卷图50-1　给西部地区民政干部作报告（2015年6月）

第四卷图50-2　西安市大雁塔·大唐芙蓉园景区参观留影（2015年6月）

51. 陕西发展的地理问题思考

陕西是大西北经济振兴的核心与领头羊，陕西兴则西北兴。加快发展陕西是大区域经济发展规律决定的，也是推进"一带一路"国家战略的需要。从大区域地理空间考虑，陕西的发展重在以下四个方面：

（1）集中力量抓好以西安为核心的关中城市群建设。这涉及甘肃、山西两省局部地区，在大西北具有举足轻重的地位。在陕西大多数地区以及整个西北地区发展仍处于相对滞后的情况下，优先和加快发展条件优越、基础较好、实力较强的关中城市群，是一个战略性举措；对推进陕西全省，带动甘东北、晋西南的发展有利，在国家现代化建设大局和全方位开放格局中具有独特战略意义。首先要做大做强省会西安（包括咸阳和西咸新区），以西安为核心统筹城市群的规划建设与布局。

（2）充分发挥陕西的科教文化优势，打好科技牌、教育牌和文化牌。关中平原文化资源极为丰富，特别是当代的科技教育在西北地区首屈一指，在全国的排名也靠前。加上军工的产业优势，科技、教育人才高度集聚，综合技术实力很强。要大力推进科技—教育—文化强省战略，培养符合陕西优势战略产业（电子信息、先进制造、高端能源化工、林果业等）发展需要、具有国际竞争力的高端人才，提高陕西省的高等教育普及率，形成人力资源的集聚和竞争的巨大优势，推进陕西高质量发展。

（3）继续加大生态环境修复与建设。这是陕西可持续发展之本。从自然地理环境看，陕西属于半湿润、半干旱地区，在西北地区条件相对较好，降水量比较充沛，但总体上看生态环境脆弱，要继续加大力度对黄土高原、山区丘陵，以及平原地区的生态修复和环境治理。继续植树造林，保持水土，搞好流域治理，在贫困地区提高生态补偿的力度，从根本上解决山区、黄土高坡地区的贫困问题，确保经济发展的永续性。陕北榆林、延安黄土高原地区应继续作为生态修复与建设的重点。

（4）注意因地制宜，制定和实施差异化发展战略。陕西省域受地形地貌及气候的影响，形成了陕北、关中、陕南三大区域板块，要充分发挥三大板块地域资源的优势，实行差异化的发展战略。陕南，要发挥绿色生态优势，重点建设汉江生态经济带。关中，要落实中央批示的《关中平原城市群发展规划》，加速建设国家中心城市西安。多轴线、多中心、多组团推进"大西安"空间战略，加快建设具有国际影响力的国家级城市群。陕北，是陕西省经济滞后发展的地区，也是整个黄土高原水土流失最严重的地区之一。生态修复依然是陕北的第一要务。要坚持植树种草，防止三北防护林的萎缩、老化和盐碱地、沙漠化的扩大，努力改善气候环境，减少沙尘暴的危害。注意将能源开发与经济建设、生态修复、社会发展结合起来，加大投入，加强管理，提高综合效能，减少环境的污染（第四卷图51-0）。

第四卷图51-0　20世纪80年代的西安火车站（我从这里乘坐宝成线去了成都。1982年5月）

(二十九) 甘肃省

52. 三大高原交会的奇特省区

甘肃，取甘州（今张掖）与肃州（今酒泉）二地的首字而得省名，简称甘或陇，省会兰州市。省域形态特殊，与陕西、四川、青海、新疆、内蒙古、宁夏回族自治区为邻，在省域西北部的一小段，省界与国界重叠，与蒙古国接壤。全省下辖12个地级市（市辖区17个）、2个自治州、5个县级市、57个县、7个少数民族自治县，其面积约为43万平方千米、常住人口2 500万（2020年）。

甘肃是一个拥有5 000年文明历史的省区，中华民族的人文始祖伏羲、女娲和黄帝相传诞生在甘肃，与陕西同为中华文明的发祥地，名人众多，有所谓"关东出相，关西出将"之说。对于西北地区和全国来说，甘肃省的重要性不仅在于它的历史文化，更是其极为独特和重要的地理区位。甘肃是沿海、内地通达西北、欧亚大陆不可替代的大通道。

改革开放以来，甘肃省域经济有较快发展，但与全国各省相比较，是一个发展缓慢的省份。以近5年的经济增速来看，甘肃是28个省区之中最慢的。2019年全省经济总量为8 718.3亿元，高于海南、宁夏、青海、西藏，位于全国第27位；人均GDP3.2万元，低于全国平均水平，发展速度慢于贵州。究其原因，比较复杂，自然环境和人为因素共存。

甘肃的发展需要创新思维，需要国家关注和支持，高层次专家把脉。

甘肃是我去西北地区路过最多的省区，赴新疆开会、考察，乘坐列车需要穿过河西走廊。2018年8月，在甘肃弟子及友人的帮助下，专程访问考察兰州和张掖，登上祁连山，沿着黑河考察了一番，有许多新的感受（第四卷图52-1至图52-3）。

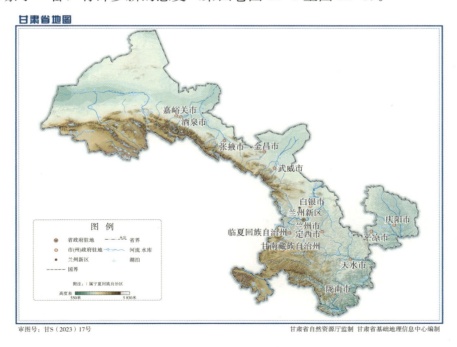

第四卷图52-1　甘肃省标准地图

第四卷图 52-2　黄土山川河谷地貌景观（从渭河上游走进甘肃，陇东陇海线两侧，绵绵细雨中的黄土山川河谷地貌景观。2018 年 8 月）

第四卷图 52-3　河西走廊——丝绸之路国家公园一角（2015 年）

中国有南方、北方、西北、青藏四大地理区域之说，神奇的是这四大区域都被甘肃省跨越了，在中国省级政区之中属唯一。在中国的青藏、云贵、内蒙古和黄土高原这四大高原中有青藏、内蒙古和黄土三大高原与甘肃省搭界，这也是省区之中的唯一！

四大地理区域与三大高原的交汇带来甘肃地理格局、地理环境、人文环境的过渡性、多样性和复杂性特点，几乎囊括了所有地貌类型。从气候来看，甘肃省的主体属于温带大陆性气候，但同时兼有温带季风、亚热带季风和青藏高原高寒气候的特点，与此相呼应的温度带以暖温带为主，兼有中温带、寒温带和亚热带；在干湿特征上表现为由西北向东南对应地属于干旱→半干旱→半湿润→湿润渐变的特点。地形，特别是祁连山的横亘东西，多种气候区的交融，使得甘肃省的地理环境呈现极其复杂多样的特质。由此，在有限的省域空间里生长着多种多样的生物，是植物种类最多的省份之一。仅药材品种就有9 500多种，居全国第二位，是全国药材主产区之一。

综合多要素看，全省可以划分为河西、陇中、陇东和陇南四大板块。

一是河西板块：位于黄河以西，祁连山与北部山系之间，东南起自乌鞘岭，西北止于疏勒河下游，宽仅数千米至百千米，长达1 200千米，形成一狭长的天然走廊，称之为河西走廊。

二是陇中板块：甘肃省中部，亦称陇西高原，位于六盘山、陇山以西，秦岭以北，黄河以南，为新生代的拗陷盆地型黄土高原，地形破碎，多墚、峁、沟谷、垄板地形。

三是陇东板块：属黄河中游内陆地区。东倚子午岭，北靠羊圈山，西接六盘山，东、西、北三面隆起，中南部低缓，故有"盆地"之称。

四是陇南板块：地处中国大陆第二级阶梯向第三级阶梯的过渡地带，秦巴山区（东部）、青藏高原（西部）、黄土高原（北部）三大地形交会区域，地势西北高、东南低。

甘肃自然地理的复杂、多样性，除了大空间尺度的自然地理区位，基于区域地质基础作用的地形地貌和区域气候环境的因素之外，我以为，与甘肃省域政区形态格局有密切关联。

你看看甘肃的行政区划图，一个直观的感觉就是哑铃状斜长的形态，弯弯曲曲的省界线，有点奇形怪状！与邻省（区）交界较多。"犬牙交错"这个词用在甘肃最为确当！

有人对甘肃的边界县做了分析，发现了甘肃行政区划的一个特殊现象，即"飞地"较多。如：靖远县归属白银，天祝藏族自治县归属武威，肃南裕固族自治县隶属张掖，肃北蒙古族自治县隶属酒泉，陇西县隶属于定西，宕昌县隶属于陇南市，康乐县隶属于临夏回族自治州，临潭县隶属于甘南藏族自治州，卓尼县隶属于甘南藏族自治州。甘肃省50个边境市县中有9个"飞地"县，是全国省级政区之唯一。甘肃省"县级行政区划的设置继承了省级行政区划的复杂基因"，这个说法符合甘肃的实际。

人们要问，为何甘肃的行政区划这么奇特？这个问题非三言两语可以回答，涉及甘肃省几千年的历史变迁，政治、军事、经济、社会、文化、民族、生态环境等多方面的因素。但多样、复杂、差异化的地理环境是复杂因素的基础，因为甘肃拥有能够适应不同民族生存、生活、居住的习性要求，不同农耕、畜牧的生产方式，各类人群所需的食物，以及能够长期繁衍的多样化地理空间。

由于不同人群的生活方式、民族习俗的差异，在特定地理空间环境下生存，民族之间难以深度融合，为尊重这种政治空间（行政区划）的"个性"，在当代经济社会，国家和地方（省区）仍保留了这种区划体制格局。尊重历史，尊重百姓的选择，不轻易撤并——我想，这也许是甘肃行政区划设置多样化发展、空间形态格局奇特，有那么多"飞地"的最重要因素。

53. 一次难忘的治沙会议

风沙是大西北所有省区都存在的自然现象，也是人类生存发展的一大灾害。甘肃位于西北腹地，有相当面积的国土处在干旱、半干旱状态，大部分分布在北部与内蒙古、宁夏、新疆交界处，腾格里沙漠、巴丹吉林沙漠的南缘的农牧交错带。根据官方 2010 年第四次荒漠化监测结果显示，甘肃沙化土地面积为 1 192.24 万公顷，占全省总面积的 28%，荒漠化土地面积为 1 921.28 公顷，占全省总面积的 45.1%。治理风沙一直是西北各省区发展中极为重要的命题，也是地理学人长期关注和研究的重大课题。

新中国成立之后，一直把沙漠地貌、治沙研究的重点落在西北的陕甘宁新和内蒙古等省区，甘肃兰州成为中国沙漠研究的基地，在中国科学院兰州分院设立有沙漠研究所。

改革开放之后，我在任地理系主任时期的一个暑期，应邀参加了在兰州召开的西北地区治沙会议。与一般学术会议的不同之处：第一，规模大，有数百人；第二，时间长，开了十多天；第三，在政府（陕甘宁三省区）支持下，多学科专家与实际工作者紧密结合，共商治沙大事。参会的有科研工作者与治沙第一线的基层政府官员，甚至治沙能手（老农）也登上讲台，介绍治沙的经验与实际效果。这是新中国成立以来少有、大张旗鼓地推进治沙工作的一次重要会议。会议主持人之一的正是中国风沙地貌专家朱震达先生。

中国首席沙漠研究专家、著名地貌学家，中国科学院兰州分院沙漠研究所所长，第三世界科学院院士——朱震达教授给我留下深刻印象。

他作为一位著名的中国治沙理论与实践的先驱和引领者、奠基人，在"治沙"战线奋斗了 50 年！把毕生的精力奉献给了治沙事业，他的名字享誉中国，乃至世界，更深入大西北的人心。他是当代中国沙漠与沙漠化科学领域的一代宗师。我与朱先生交流极少，但他的大作《中国沙漠概论》❶ 我一直保存着。

2018 年 8 月我重访兰州，在西北师范大学同行的陪同下，专门去兰州分院原沙漠研究所旧址，在朱震达先生的塑像前沉思了三分钟（第四卷图 53-1、图 53-2）。

第四卷图 53-1　中国科学院沙漠研究所及首任所长——朱震达先生（2018 年 8 月）

---

❶ 朱震达（与吴正合作），《中国沙漠概论》，科学出版社，1974 年。

第四卷图 53-2　中国科学院寒区旱区环境与工程研究所（属于兰州分院。2018 年 8 月）

在人为与自然因素（气候变暖）共同作用下，20 世纪的大西北处于"沙进人退"状态。数据显示，那时候，我国处于荒漠化的土地，年均扩展面积达 1.04 万平方千米，沙化土地面积年均扩展 3 436 平方千米。几十年来，人与沙斗，坚持不懈的治沙措施（三北防护林体系建设、风沙源治理、退耕还林、退牧还草等重点生态工程建设），使得大西北出现了"人进沙退"的喜人局面。尊重自然，顺应自然，保护自然，走生态恢复、生产发展、生活改善的人造"沙漠绿洲"之路，将越走越宽广，"人沙和谐"不再是梦。

54. 再访刘家峡水电站

刘家峡水电站，距兰州市 75 千米，坐落在临宁夏回族自治州永靖县境内的黄河干流上，是我国自行设计施工、首座百万千瓦级水电站。在 1958 年"大跃进"中开工兴建，1975 年 2 月建成，历时 19 年（1961—1963 年停工三年）。为重力坝型水电站，最大坝高 147 米，总库容 57 亿立方米。安装 5 台机组，总容量 122.5 万千瓦，年发电量 57 亿度，比新中国成立初期全国一年的发电量还多。担负着供给陕西、甘肃、青海等省用电的任务。同时，它还是一个兼有防洪、灌溉、防凌、养殖等综合利用价值的大型水利枢纽。

水电站建成后不久，我去兰州开会，有幸参观了这座位于深山、自力更生建成的巨型电站，进入 20 层楼高的坝内参观电站厂房，亲眼看到水轮发电机运转时，十分自豪！

它的建成，满足了兰州、西安、西宁等大型工业基地的电力需求，有力地促进了西北地区工农业生产，特别是为甘肃、青海的有色金属冶炼、铁合金、电石、化工等高耗能工业和高扬程电力提灌工程的发展提供了强大动力。重要的是，它是中国自力更生自行设计建造的大型水电站，在建设实践中培养和锻炼了一大批水电建设人才，蕴藏了极为丰富的黄河水力资源从此可以自主地开发利用了。

改革开放 40 多年后的 2018 年夏，我再次去甘肃，再访了刘家峡。从兰州出发大约两个小时就到达水电站了，下车观看，发现电站的外围景观大变样，山上绿化了，环境美了，成为一个旅游景点了。登上山顶可以鸟瞰水电站全貌，乘坐游轮可以欣赏水电站湖光山色，观奇峰千岩。但我最感兴趣的是那座高大而具有西北民风的建筑——新建的"黄河博物馆"（第四卷图54-1至图54-3）。

我饶有兴趣地走进了它，馆藏以大量图片和模型展示了刘家峡等黄河中上游水电站系列开发的过程和每一座电站的特点、功能，西北师范大学的中国自然地理教授张老师热情、生动地给我们讲解了许多故事。在博物馆，我们足足停留了2个小时。在参观结束准备返回时，见到电站开闸泄洪的壮观场景（第四卷图54-4）。两次参观，让我又有新的收获。

第一，刘家峡对国家和地方的重要贡献。从1982—1990年共上缴税金4.017 7亿元。按电力系统发电企业1990年不变价格计算，电站累计产值69.678亿元，相当于电站总投资的10.92倍，还产生了防洪、灌溉、防凌、供水、航运、养殖等综合效益。

第二，黄河水力资源开发的流域统筹。每年春季，黄河甘肃段开河前，刘家峡要与八盘峡、盐锅峡水电站联合调度，降低发电量，减少下泄流量，改变了过去水鼓冰裂、强行解冻、节节卡冰结坝的武开河局面，大大降低和减少了黄河甘宁蒙河段的冰凌灾害。

第三，国家领导人的重视。中共中央原总书记、国家主席、中央军委主席胡锦涛和夫人刘永清，在1968年至1974年的6年间，亲身参加了刘家峡和八盘峡两座水电站的建设，奉献了他们的青春年华和聪明才智。

第四卷图54-1　刘家峡水电站（2018年8月）

第四卷图54-2　与陪同参观的西北师范大学地理系师生合影（2018年8月）

第四卷图 54-3　黄河博物馆（入博物馆参观过程中，西北师范大学同行的两位教授在进行详细讲解。2018 年 8 月）

第四卷图 54-4　巧遇惊心动魄的泄洪时刻（2018 年 8 月）

55. 重识省会兰州

兰州是甘肃省的省会，古称金城，因城南有皋兰山，故名兰州。它位于省域中部，中国陆域版图的几何中心和通向亚洲腹地的要冲，自汉至唐、宋时期，丝绸之路的开通，兰州成为丝绸之路重要的交通要道和商埠重镇，成为联系西域少数民族的重要都会和纽带，也成为黄河文化、丝路文化、中原文化与西域文化的交汇地。兰州位于黄河之畔，黄河造就了兰州的文明。19世纪70年代，陕甘总督左宗棠督甘兴办"洋务"，先后创办了兰州制造局和甘肃机器织呢局，拉开了现代化城市建设的序幕，兰州称得上西北地区最早接受近代工业文明的城市之一。享有"丝路重镇""黄河明珠"美誉，是有一定经济基础的省会城市。

1949年新中国成立之后，兰州被确定为西北地区最重要的工业基地和综合交通枢纽（兰州铁路局本部所在地），西部地区重要的中心城市之一。特别是"一五""二五""三线"时期为国家重点建设的城市。国家在兰州及甘肃布局许多大项目，最著名的是兰州石油化工厂（简称兰石化）以及兰州向西的铁路、公路干线两侧的许多国防工业；建设了兰州大学、中国科学院兰州分院等一批高校、科研机构，还得到上海的大力支持（内迁企业），兰州成为中国内陆石油化工、机械、有色冶金、国防工业以及与之配套的相关轻纺（毛纺）工业的综合性工业基地，科技教育文化中心。

截至2018年，全市下辖5个区、3个县，总面积为13 100平方千米、建成区面积321.75平方千米，常住人口435.9万（2020年）。客观地说，几十年来，兰州虽有了长足发展，但与中国许多省会城市（包括西部地区的城市）相比较，相对落伍了！1978年，兰州的GDP为21.8亿元，在全国城市中排名第28位，在省会城市中排名第13位；2019年，兰州的综合得分排名为第61名，省会城市排第22名，比1978年下降了9个位次！在西北5省区中，仅高于人口较少的银川和西宁！2019年兰州的GDP为2 582亿元，位于所有城市的第96位，居于省会城市的第23位。降幅如此之大，令人吃惊，值得深思！

兰州是我去大西北最多的城市，缘于兰州的交通枢纽和众多高校科研机构的因素。2018年夏去兰州可以说是私人专访。在兰州，参观了黄河第一桥，赴兰石化所在的西固区细细考察，在黄河岸边观赏滔滔东去的黄河水，重访西北师范大学、中国科学院兰州分院沙漠研究所，参观兰州市城市规划馆；在市街溜达游逛，还登上黄河北岸的山岗考察正在平整土地、新建的小区楼盘等等。离开兰州，登机之前走马观花地参观了兰州新区，可以说我对兰州的东南西北整个城市的市容市貌大致都有所了解（第四卷图55-1至图55-5）。

兰州给我的印象有以下几点：

第一，它是一座依黄河而生，并唯一穿城而过，狭长、紧凑发展的大城市。城市产业依旧呈现重化、能源为特点的重工业城市，兰州炼油厂、兰州石油化工厂的空间一度占据了兰州老城市区的半边天。

第二，它是中国西部一座科技教育发达的城市。在沿黄河西行深山沟谷分布有不少高端科研、试验基地。

第三，兰州的发展严重受制于土地空间。靠削平山头扩大空间，极大地提高了兰州城市土地开发建设的成本，但不利于兰州的绿色发展。

第四，兰州的经济发展之滞后有五个原因。一是传统化工、机械、冶金等产业转型的缓慢；二是发展空间的缺少；三是省会和省域经济的薄弱；四是国有经济体制的僵化；五是人才优势的未充分发挥。

2012年8月，国务院批复，在兰州设立西北地区第一个、中国第五个国家级新区——兰州新区。新区作为深入实施西部大开发战略的重要举措，向西开放重要战略平台，承接产业转移示范区的功能，并明确提出要将兰州发展为西北地区现代化大都市。

兰州新区已基本建成核心区160平方千米基础设施，新区的建设拉开了"大兰州"城市的骨架。未来兰州将按照"都会城市、精致兰州"的新目标定位，打造"一心（主城区）""两翼（兰州新区和榆中盆地）"新格局，全力做好黄河的大文章。在去兰州机场准备返回上海的途中，我目睹了大规模建设的现场。

第四卷图55-1　兰州规划馆内的兰州古城平面图、明·兰州城天水门旧址（2018年8月）

第四卷图55-2　黄河水暴涨，被淹没的兰州西部商业街——金牛街码头（2018年8月）

第四卷图55-3　保利—万科：加快开发的后山房地产楼盘施工现场（2018年8月）

第四卷图 55-4　兰州新区新貌（2018 年 8 月）

第四卷图 55-5　兰州市东郊居民区（2018 年 8 月）

56. 天下黄河第一桥

号称黄河第一桥的"中山桥"，坐落在兰州市城关区的金城关旁、白塔山前。我每次去兰州，都要去那里看看，在桥上走走。2018 年夏去兰州，又一次去了中山桥。与以往不同的是，现在人多了，桥的两头经过整理，美化了，更重要的是，这一次我用手机把这座桥拍了个够（第四卷图 56-0）！

这座桥始建于清光绪三十三年（1907 年），为何称天下黄河第一桥？主要是，这座桥地理位置的重要和它的历史。

历史上，兰州是自中原去西域的必经之地。金城关是兰州唯一重要的渡口，受两侧山体的"狭管作用"，黄河在此水流湍急，难以架桥，长时期成为兰州这一交通枢纽之上的难以逾越的障碍，只能靠摆渡连接黄河南北，很不方便。民间曾有"隔河如隔天，渡河如渡鬼门关"的歌谣。明洪武十八年（1385 年），兰州卫指挥佥事杨廉才在此兴建了"镇远浮桥"，此后的 500 年间以其扼守要津的重要地位，而被誉为"天下第一桥"。至今仍矗立在铁桥南岸的将军铁柱，正是镇远浮桥 500 年兴衰史的唯一见证。

但镇远桥毕竟非钢铁水泥材料，难以阻挡黄河水流的冲击。遇有洪水冰凌，常有桥毁人亡事故。为此，清光绪初期，左宗棠任陕甘总督时，有过修建铁桥之议，未果。清光绪年间推行新政，鼓励洋务，光绪三十一年（1905年）在兰州设立甘肃洋务总局，修建铁桥提上日程。最后以十六万五千两白银的代价，由德国人承建，采用德国材料，从天津运进，于清宣统二年（1910年）的6月建成了这座铁桥，算是在积贫积弱的中国完成的一件惊世伟业。初名"兰州黄河铁桥"，后改称"中山桥"。

历史上，兰州古城金城关雄踞古渡，扼守中原通往河西以至西域的交通大动脉，作为兰州极为重要的交通咽喉、军事重镇，在此架桥可以说是唯一的选择，其政治、经济、交通和军事意义可想而知，天下黄河第一桥非它莫属！

如今，兰州市区已架起了十多座铁路、公路桥，这座古老的桥梁不再是兰州的"唯一"了，但它依然横跨在黄河之上，与白塔山相呼应。和兰州诸多桥梁相比，今日中山桥的历史文化纪念和观赏价值比交通意义要大得多。

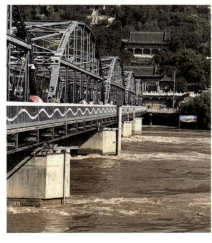 

第四卷图56-0　兰州黄河铁桥及留影（2018年8月）

57. 走马观花兰石化·兰炼厂

兰州石油化工厂、兰州炼油厂（简称兰石化、兰炼厂）是我2018年重访兰州要去的重点。因为这两个厂事关着兰州的经济发展、城市建设的空间大格局。到达兰州的第二天一早，我们在一家小有名气的面馆吃了正宗的兰州牛肉面之后，沿着黄河西行，大约半个多小时，先在兰石化、兰炼厂对岸的黄河边隔岸观看两个厂的外貌，我站在黄河边，目睹滔滔黄河水裹挟着大量泥沙东流而去（第四卷图57-1至图57-4）。

第四卷图 57-1　在一家正宗的牛肉面馆品尝鲜美、正宗的兰州牛肉面（2018 年 8 月）

第四卷图 57-2　黄河北岸遥看兰石化、兰炼厂两大企业（2018 年 8 月）

第四卷图 57-3　黄河北岸近观兰石化、兰炼厂（2018 年 8 月）

第四卷图 57-4　参观兰州石化总公司、污水处理厂留影（2018 年 8 月）

两位老师向我介绍了两个厂的情况，回答了我提出的问题。然后西行，过桥反转东行，进入厂区和生活区，这里属于西固区了。

我们在兰炼厂门前拍照留念，没有久留。随后驱车在厂的周围——街道、居住区、学校等转了一圈，感受到 20 世纪六七十年代国家布局的大型国营企业（1993 年改为国有企业），实际是一个生产与生活一体化的社会大系统，一个独立单元——国企大社区，也是兰州的一个行政区！面积达 383 平方千米、人口 33 万（2018 年）。

考察兰石化、兰炼厂，等于在考察兰州这座城市。从空间看，它几乎占据了兰州老城区的半边天，长期以来一直是兰州的经济支柱、职业主体，一个以兰石化、兰炼厂为中心，特殊类型的行政—经济—社会单元。在中国，所有的大型化工区都是如此。

兰石化、兰炼厂是新中国成立之后的大项目（"一五"期间苏联援助中国 156 个大项目，其中 7 个在兰州），称之为"中国石化的长子"。它不仅为兰州市、甘肃省贡献了 GDP，而且为国家提供了大量的化工、石油产品，满足了建设之急需，培养了 3 万多名管理和技术人才，为国家的石油化工建设做出了巨大贡献。

我关注的是兰石化、兰炼厂为何选择兰州布局，又为何选择兰州老城的上游建厂？我以为，前一个问题主要原因有三：一是国防因素。兰州位于内陆，国防较为安全（兰州军区驻地）。二是地理位置因素。兰州接近玉门油田，管道可以直接输送到兰州。三是科教人才因素。兰州有兰州大学、中国科学院兰州分院，便于培养和输送一流人才。对于后一个问题，我一直有些疑虑，因为兰石化、兰炼厂都处于主城区的上游上风方向，与老城区只有 20 千米，不会对城区产生污染吗？

记得之前在讲授中国工业地理时，总是拿兰石化、兰炼厂与上海金山石化作比较。金山石化选址科学、严谨，兰石化、兰炼厂则令人有些疑虑，但又觉得作为"一五"的重大项目，苏联专家设计、选址，应该充分考虑了环境污染问题。此次考察，从三个方面排除了我的疑虑。第一，城区与化工厂有 20 千米的距离；第二，排污管道从地下穿城而过，在兰州城区下游排入黄河稀释；第三，兰石化、兰炼厂地区的主导风向非西北风。

然而，不能说化工区没有对兰州城市产生影响。2014 年 4 月就发生过严重的水污染事件！随着兰州城市的发展、空间的不足，政府和城市规划部门已在运作两座大厂的搬迁问题。

2000 年兰石化和兰炼厂合并组建了西北地区最大的炼油化工企业——中国石油兰州石化公司。现有权属的土地面积为 30 平方千米，职工 3 万，总资产 400 亿元，销售收入达 700 亿元。这座集炼油、化工、工程建设检维修、研发、矿区服务为一体的中国西部大型石化基地，具有突出的国家能源空间战略地位，发展前景令人瞩目。

2009年12月在秦王川（今兰州新区）开建国家石油储备基地，2012年搬迁问题提上议事日程，但时至今日，搬迁方案尚未出炉。可以理解，如此大型企业的搬迁谈何容易，从国家宏观战略到具体选址，落实搬迁费用（估算600亿元）非一个企业或地方政府所能够承担的。

直到现在，我们只能说，搬迁的必要性和去向（兰州新区）已经形成共识，但搬迁方案尚未出炉，何时搬迁仍遥遥无期！无论对兰州市的几百万市民，或是地方政府来说，都盼望着搬迁早日实施，因为它关系到兰州这座城市的环境宜居、生活质量问题，关系着"大兰州"美好愿景空间战略重组的实施问题。可喜的是，兰州石化的搬迁已经列入国家《石化产业规划布局方案》，人们期待这个规划早一点落地。

58. 丝路西去的咽喉：河西走廊

河西走廊是一个国人都熟悉的"地理实体"名称。从国家战略看，自古而今它都是一个"咽喉"性的战略要地，对于甘肃省来说，也是省域最重要的"宝地"。因为无论是其地理区位、资源、交通走廊的作用，还是与之相关的经济走廊和城市走廊意义等，均足以显示这块宝地的重要性（第四卷图58-1、图58-2）。人们很难想象，如果没有河西走廊，甘肃会是什么样子？

第四卷图58-1　敦煌市南湖乡阳关遗址（2018年）

第四卷图58-2　甘肃西部风蚀地貌（2018年）

河西走廊，东起乌鞘岭，西至古玉门关，南北介于南山（祁连山和阿尔金山）和北山（马鬃山、合黎山和龙首山）之间，长约900千米，宽十多千米至近百千米，为西北—东南走向的狭长平地，其形如走廊，称甘肃走廊。因处黄河以西，故又称河西走廊；海拔1 200—1 500米，为西北—东南走向的长条形堆积平原，其间由干燥剥蚀的丘陵、山地将之分割为三个独立的内流盆地：疏勒河水系的玉门、瓜州、敦煌平原，黑河水系的张掖、高台、酒泉平原，石羊河水系的武威、民勤、永昌平原。平原与绿洲交通相连，经济发达，人口、城镇密集。

河西走廊是史上中西交通要道，为古凉州、雍州的属地和治所，丝绸之路西去的咽喉。公元前1年，即为中西经贸和宗教往来之古道。汉武帝刘彻在河西走廊设武威郡（后又分设张掖郡）、酒泉郡（后又分设敦煌郡），将其并入华夏版图，具有划时代的意义。

新中国成立之后，建设了陇海、兰新铁路，大大缩短了去新疆的陆上交通时间。如今的河西走廊已经通达高铁；未来，将是中国大陆出入"西口"的必经之通道。无论是从政治、经济，或是军事国防意义看，河西走廊的国家战略意义都不可低估。保护好、建设好、治理好河西走廊是甘肃省的重要使命。

应当指出，今日河西走廊存在着严重的生态危机，丝绸之路黄金地段的东西两头因沙漠包围、水源匮乏而逐渐萎缩。处理好河西走廊的开发与保护的关系，解决好发展与保护中的各自为政、空间分割问题是当务之急。我以为，设立权威的开发治理领导小组，共建河西走廊，统筹走廊的规划建设布局和环境治理（包括祁连山保护区）是一个良策。

59. 张掖之行

张掖以"张国臂掖，以通西域"得名。古称"甘州"，为甘肃省名"甘"字由来地，有"桑麻之地""鱼米之乡"之美称。市域下辖1个区、5个县，其面积为40 874平方千米、人口112.99万（2020年）。

张掖与武威为相邻的两个城市，同处河西走廊中段，皆为古丝绸之路重镇，有金张掖、银武威之说，同为国家历史文化名城，同是甘肃"黄金走廊（河西走廊）"中段的明星、姐妹城市。

早期我去新疆曾经几次路过，并一度到访过这两座城市，2018年重访甘肃，专程去张掖住了三天，在河西学院做了一场报告，沿黑河流域进行考察，游历了张掖景区，参观了肃南裕固族博物馆，从那里登上祁连山，可以说行程满满，足迹深深，收获多多（第四卷图59-1、图59-2）。

第四卷图59-1　抵达河西走廊中部的重要节点城市——张掖（2018年8月）

第四卷图 59-2　祁连山北侧的军马场（2018 年 8 月）

1）张掖古城

我到达张掖的第一项内容就是参观著名的大佛寺、木塔寺、马蹄寺、镇远楼、黑水国遗址等名胜古迹。虽说是走马观花，但对张掖是一座历史名城确信不疑。印象特别深刻的是，清晨阳光照射下，我在那座规模宏大、保存完好的大佛寺庙环寺里驻足拍照（第四卷图 59-3）。

第四卷图 59-3　张掖大佛寺系列照片（2018 年 8 月）

镇远楼，又称靖远楼，俗名鼓楼，位于张掖市中心的东、西、南、北四条大街交会之处，是河西走廊现存最大的鼓楼。黑水国遗址位于张掖市西北明永乡下崖村，以 312 国道分南、北两城。南城始筑于唐代，宋、元、明沿用；北城始筑于匈奴占河西之时，汉代沿用并为张掖郡治觻得县城。在距今 5 000 多年的新石器时代，先民已在张掖定居劳作，彰显其悠久的历史文化。

2）黑河流域

在张掖的第二天，重点考察黑河。河西学院的小杨开车沿着黑河西行，车穿行于临泽县黑河盆地，一路观察，感受河西走廊塞上江南的秋色。不久，我们下车走近黑河边看那流速不低的黑水西去，弯下身去品尝那原生态，清清的、凉凉的、甜甜的河水；继续西行，不远处的柏油路两侧，高高的槐树背后，不时会看到一排排村庄，一堆堆刚刚收割的玉米棒整齐地堆放在农家门前，继而进入成片的葡萄园种植区，看到一辆卡车正在收购成熟的葡萄，小摊贩在路边零卖（第四卷图 59-4 至图 59-7）。

第四卷图 59-4　黑河两岸收获的季节（2018 年 8 月）

第四卷图 59-5　黑河的环境保护景观及留影（2018 年 8 月）

第四卷图 59-6　黑河河畔红沟村葡萄种植基地（2018 年 8 月）

第四卷图 59-7　黑河中游，流速减缓（2018 年 8 月）

大约一两个小时，到达黑河大桥，我们下车在大桥上溜达，静观黑河，水流依然是那么快，我在桥上边走边思考，没有想到黑河的水是那么纯净，这里没有城市的喧闹，没有人流过多的拥挤；有的是蓝天白云，清新空气，流淌着纯净的山水，浇灌着肥美的农田，显露了河西走廊的本色，多好的土地，不愧为"金张掖"啊（第四卷图 59-8、图 59-9）！

第四卷图 59-8　在黑河临泽大桥小歇 1（2018 年 8 月）

第四卷图 59-9　在黑河临泽大桥小歇 2（2018 年 8 月）

继续沿黑河南岸西北方向前行不久，感觉环境明显在变。黑河越来越窄了，水量越来越小了，土层也越来越薄了，庄稼长势不那么旺了，树木、村庄渐渐稀疏了，黑河有点力不从心了（第四卷图 59-10）！似乎属于大陆性荒漠草原气候了，中午时分到达张掖市辖的一个战略要地——高台县城。在那里休息用餐，观看街景。

高台处于古丝绸之路和新欧亚大陆桥的咽喉要道和西进新疆、北入蒙古国的战略要冲，在甘肃算是一个不错的县城了。它自古被称为"河西锁钥、五郡咽喉"，还是中国西部重要的生态安全屏障，西北地区重要的商品粮基地县之一。从高台县向西，便是酒泉市界，向北翻过合黎山，就是内蒙古自治区的阿拉善右旗。降水更少，旱情更为严重。为了解决干旱问题，全县还建有 26 座中小型水库和塘坝。

高台县是具有革命历史的名县。这里埋藏着红五军军长、政治部主任等 3 000 多名西路军革命烈士的忠魂，建有中国工农红军西路军纪念馆，为全国反映红西路军历史最全面、最具代表性的纪念馆（第四卷图 59-11）。

我们在高台县作了短暂的停留，下午，走高速返回张掖，参观了新落成的大桥和湖泊湿地公园。陪同的小杨介绍，不久将在甘州城北，黑河与山丹河交汇的三角地带打造中国内陆河流域和甘肃省首个国家级湿地公园，成为张掖这座绿洲城市的"后花园"（第四卷图 59-12、图 59-13）。

第四卷图 59-10　黑河过临泽大桥水量渐渐减少，林木稀疏，
风沙地渐渐增多（2018 年 8 月）

第四卷图 59-11　中国工农红军西路军纪念馆（2018 年 8 月）

第四卷图 59-12　张掖黑河大桥和湿地公园及留影（2018 年 8 月）

第四卷图 59-13　在河西学院作报告相关系列留影（2018 年 8 月）

3）张掖国家地质公园

张掖国家地质公园的"七彩丹霞"，是此次去甘肃考察的重点之一，一路有市规划局的同志陪同，方便许多。它位于张掖以西，临泽县城南。下车之后才发现，这是一座规模宏大、特色明显、十分耀眼的地质公园。

地质公园要乘坐游览车进入，爬一段山路登上观景平台观看。我们跟着导游，边走边看边听"七彩丹霞"的发现过程等神话般的故事。在现场，令人叫绝的是特定视角、特定时间、特定天气环境下，由七种颜色组成的丹霞地貌形态及其不同视角的色彩变化。导游一路的讲解相当专业，我问她的专业，原来她是西北师范大学地理系旅游专业的毕业生（第四卷图 59-14 至图 59-16）。

中国丹霞地貌多达 790 处，张掖是我国干旱地区规模最大、形态最好，地貌造型最丰富的地区，也是国内唯一的丹霞地貌与彩色丘陵景观的复合区，具有极大的观赏价值。丹霞地貌是在地层、构造地貌和气候环境综合作用下形成的。而七彩丹霞则是由于复杂多样的岩石，受长期的流水、风蚀和崩塌的影响，岩性的不同和温度的差异，在一定视角的光线照射下，形成了七种不同的颜色（铁质岩石为红色、锰质岩石为黑色、泥质岩石为灰色、磷质岩石为灰蓝色、火山岩为橙黄色、砾质岩石为青色等），并巧妙地组合在一起，形成色彩斑斓的美丽色彩。处于干旱少雨气候环境的张掖，长期保留了这种天然色彩。

张掖地质公园不愧为国家之宝，具有很高的科学、考古和旅游、观赏价值。

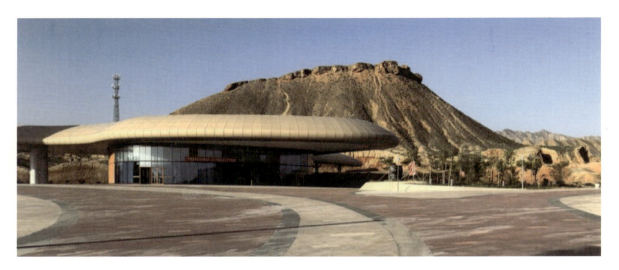

第四卷图 59-14　地质公园外景（2018 年 8 月）

第四卷图 59-15　张掖七彩丹霞（2018 年 8 月）

第四卷图 59-16　张掖七彩丹霞地貌景观、与导游合影（2018 年 8 月）

60. 到访肃南裕固族自治县

肃南是张掖市下属的一个裕固族自治县，从张掖丹霞地质公园去祁连山的必经之地。我们一行离开地质公园，匆匆忙忙赶赴肃南，车子进入山路，渐渐爬高，我开始有点担心，因为医生告诉我，我的心肺承受高度是 3 000 米左右，多年前在吉林省白头山登天池有过教训，那一次是在众人帮助下才勉强登顶，现在 80 多岁了（2018 年）！但大家一路上谈笑风生，不时在河沟边休息，不知不觉到达了肃南县城，在一家饭店用餐。我的心脏已经有所反应，脸色红胀，心跳加快，但还是放松心情，休息一小时后慢慢适应，恢复正常活动。

在肃南县规划部门一位同志的陪同下，我们参观县城、公园、裕固族博物馆、藏塔寺等地（第四卷图 60-1、图 60-2）。在路边看到祁连山雪线时十分兴奋，但未能看到冰川，规划局同志说，气候变暖，雪线上升了好多。小时候站在这里可以看到冰川，现在看不到了！祁连山环境在恶化。

我们行走在桥上可以看到，从祁连山流淌下来的高山冰雪融水，从肃南县穿城而过。清澈的、透明的，没有一点污染，可以直接饮用的天然雪融水向东北方向流去！

肃南县是全国唯一的裕固族自治县。它位于祁连山北麓，县域呈东西长条状横跨河西走廊五个市，与甘青两省的 15 个县市接壤，东西长为 650 千米，南北宽 120—200 千米，总面积 2.38 万平方千米（2014 年）。人口较少，2014 年全县共有 37 579 人。其中：少数民族人口为 2.12 万，占 56.5%；裕固族为 1.02 万，占 27%。肃南境内多山，山势陡峻，一般海拔 2 000—3 500 米，大部分属高寒山地半干旱气候，丰富的冰山雪水是主要水源。经济以畜牧业为主，为甘肃高山细毛羊基地。

我饶有兴趣地参观了裕固族博物馆，讲解员清晰地介绍给我们上了一堂生动的裕固民族教育课。

裕固族源出唐代游牧在鄂尔浑河流域的回鹘，后因自然灾害和统治者的内部纷争，历经沧桑东迁至甘肃、青海、新疆的交界之处祁连山区。草绿花香辽阔的牧场，成了回鹘人可爱的家乡，遂在此定居，被称为河西回鹘。长期实行封建部落制度，清初有 7 个部落，民国时期分化为 10 个部落。在长期历史过程中，一部分同周围蒙古、藏、维吾尔、汉等民族长期相处，互相融合，逐步发展形成一个共同体。新中国成立之后，人民政府听取各方意见之后，于 1953 年，取与"尧乎尔"音相近的"裕固"（兼取汉语富裕巩固之意）作为族称。征得族人代表同意，于 1954 年 2 月成立肃南裕固族自治县。

其后，经甘肃、青海两省多次协商，对肃南自治县进行了行政区划的调整，将分布不完全相连的裕固族区、乡统一归属肃南管辖，从而形成今日肃南裕固族自治县辖域不相连的特殊的政区形态。除肃南主体部分以外，还有非连续的三大块。即明花乡（高台县西部与酒泉市相连，地势平坦，属内陆沙漠气候）、大泉沟乡（县城东南，有大山相隔，被民乐县包围的地块，与青海交界）、皇城镇（山丹县东侧，原属青海门源回族自治县，1960 年将肃南的友爱乡划给青海，同时将皇城镇划入肃南）。

可见，历史和民族意愿形成了今天肃南裕固族自治县特殊的区划形态，这也是民族原则在县级区划中体现的经典案例（第四卷图 60-3）。

第四卷图 60-1　参观肃南及留影（2018 年 8 月）

第四卷图 60-2　访问肃南裕固族自治县及参观裕固族博物馆及留影（2018 年 8 月）

第四卷图 60-3　甘肃省张掖市图示、张掖市肃南县民族因素
形成的交叉插花"飞地式"行政区划图示

61. 登祁连山：甘肃"生命"之魂（源）

此次甘肃考察，我最大的心愿就是登祁连山：第一，因为祁连山在大西北地区版图上太重要了，它是三大高原的交汇点、自然和人文的碰撞点、转折点、过渡点；第二，虽然我去过青海，多次到过甘肃，但从未深入祁连山区，想弥补这个遗憾；第三，也可以考验和测试一下我的体力（心脏）承受的高度。

位于青海东北部与甘肃西部边境的祁连山，属褶皱断块山，因位于河西走廊南侧，甘肃人又把它称为南山。山体东西长为 800 多千米，南北宽约 200—400 千米，总面积约 2 062 平方千米。大多海拔 4 000—5 000 米，山间谷地也在海拔 3 000—3 500 米，发育有多级阶梯。最高峰疏勒南山的团结峰海拔6 305米。海拔4 000米以上的山峰终年积雪，形成宽阔的冰川地貌，发育有3 306条冰川。祁连山区存在有三级夷平面：第一级海拔4 400—5 000米；第二级4 000—4 700米；第三级3 600—4 200米。河谷中发育多级阶地。

2018年8月的一天，我实现了晚年登祁连山的梦想！

下午1点多钟，我们乘坐市规划局的考察车从肃南县城出发，通过自然保护区大门登祁连山（此时我才知道近期封山，一般人不能上山）。车子在山道上缓缓爬行，渐渐升高，不时会在路边看到藏牦牛，然后进入森林草原牧区，在隆畅河自然保护区站、孔岗木资源管护站稍作停留，进行访问和高度适应（3 600米），我的感觉还行。我用手机拍下了山地草原细毛羊群和野生鹿群的珍贵画面。休息了半个多小时，继续爬高，考虑到我的身体，驾驶员绕道平缓而行，天色已晚，天气变冷，车行速度加快。大约5点钟终于登上了第三级夷平面，在夷平面上快速行驶，在一处祁连山冰雪最佳观察点下车拍照。此时的高度应该超过4 000米！我突然感觉身上好冷，同车的一位大连规划师朋友帮我拍了几张极为珍贵的照片，接着他又找了一个最佳点拍摄了几张典型冰川V谷的镜头，然后快速下山，8点之前回到张掖。在一家饭店与规划局同志、临泽县领导一起边吃边聊，围绕张掖的规划、祁连山的保护、黑河考察，我即兴发表了足足半个多小时的"高见"！

这是我晚年人生中最难忘的一天，行程远，内容多，考察强度大，12个小时之内经历2 500米以上相对高差的考验，可以说是我晚年在野外的首次、可能也是最后一次冒险（第四卷图61-1至图61-4）。

祁连山考察的体验成为我日后在河西学院和西北师范大学资环学院学术报告的重要内容。对于甘肃来说，祁连山的生态和地理意义在哪里？

祁连山蕴含着河西走廊80%的水量，仅全球变暖的因素，就可以导致祁连山大多数的小型冰川在2050年前消融殆尽。而人类活动将加速冻土退化，届时，河西走廊及下游地区的500多万人口将失去水源补给！从更大范围看，在大西北上百万平方千米的干旱区域，祁连山犹如一艘"航空母舰"，从高空带来大量"湿空气"插入大西北，冲向干旱区，拦腰斩断了可能连在一起的内蒙古和柴达木盆地的两大荒漠。这股力量就是祁连山高山上的冰川和降雨，它发育了一条条河流，繁育了生命，养育了河西走廊，于是才有了古丝绸之路上的人口和城市的集聚，以及今日之繁荣。

甘肃的精华在河西走廊，河西走廊的生命源泉在祁连山，祁连山是甘肃的生命之源。从这一点看，有人说，祁连山"让中国的政治和文化渡过了中国西北海潮般的沙漠，与新疆的天山握手相接了，中国人在祁连山的护卫下走向了天山和帕米尔高原"。

我在考察了祁连山之后，深深体验到祁连山极为重要的生态—地理与生命，乃至其政治军事战略意义。

早在1988年，国务院批准设立了"祁连山国家自然保护区"，监督保护这座生命大山。然而，进入21世纪，在地方利益、个人利益驱使下，地方政府和企业、个人纷纷打起了祁连山的主意，无视国法，祁连山的生态遭受严重破坏。2015年、2016年、2017年连续三年国家环保部、林业部调查督察组发出通报指出，在山上"无休止探矿采矿、'掠夺性'放牧、旅游开发项目未批先建、小水电项目陆续上马等行为，让脆弱的祁连山生态不堪重负，一些局部破坏已不可逆转，背后暗藏巨大生态'黑洞'"。2017年4月，中央环保督察组对甘肃进行反馈时又指出，"大规模无序采探矿活动，造成祁连山地表植被破坏、水土流失加剧、地表塌陷等问题突出"。这座"生命之山"满目沧桑，危在旦夕。这就是发生在

2017年7月中央办公厅、国务院办公厅对外公布的《甘肃祁连山国家自然保护区生态环境问题的通报》中直指地方政府整治不力的行为，被称为"祁连山生态破坏事件"。

因祁连山半个世纪的破坏史，上百人被问责处理，包括两位副省长，这在中国史无前例。地方政府、企业和国人应该记住这个深刻教训。

第四卷图61-1　进入祁连山保护区（2018年8月）

第四卷图61-2　海拔3 500多米处的景观及牧羊人（2018年8月）

第四卷图 61-3　甘肃祁连山国家自然保护区孔岗木资源管理站
（海拔 3 600 多米。2018 年 8 月）

第四卷图 61-4　登祁连山一级夷平面（海拔 4 500 米，
拍摄雪山，未见冰川。2018 年 8 月）

62. 甘肃发展的地理问题思考

甘肃的地理位置在国家空间战略中具有十分重要的地位和优势（第四卷图 62-0），目前经济地位处于低位的状况需要尽快改变。我以为，以下六个问题迫在眉睫：

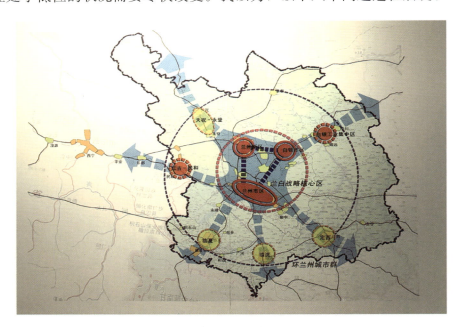

第四卷图 62-0　兰（州）白（银）都市经济圈示意图

（1）抓好空间建设的重中之重——河西走廊。即在有限的经济实力情况下，甘肃必须突出投资建设的重点。我以为，省会兰州和河西走廊是省域经济的核心、空间建设的重点，特别是河西走廊是甘肃发展的重中之重。这里的自然和人文条件优越、基础较好，实力较强，收效较快，符合甘肃"极化"发展的阶段性特点，遵循区域经济发展规律，近期看可能扩大了省内差距，但会加快省域发展步伐。

（2）发展好省会城市——兰州。作为省会，兰州担负有省域经济发展的重任，必须要把自身建设好，同时推进兰州都市圈建设。关键是立足长远，科学谋划和拓展城市空间，处理好兰石化、兰炼厂等大型骨干企业的布局搬迁与主城区发展的关系。要把产业结构转型、科技创新放在突出地位。充分发挥兰州高校、科研单位的科技人才的潜能是关键。

（3）勿忘保护好生命山、母亲山——祁连山。要吸取"祁连山生态破坏事件"的教训，加快修复祁连山的生态环境，保护好甘肃的这座"生命山""母亲山"。全面宣传护山、绿山的重大意义和相关政策。以祁连山为样板和抓手，推进全省各民族、各地区，山上山下，区内、区外跨界跨部门联手的环境建设。像"河长制"一样，建立不同层次的生态保护联盟责任制，特别是建立祁连山区与青海、新疆的跨省区合作机制，北部沙漠化地区与内蒙古、宁夏、新疆的跨省区合作机制也应该提上议事日程。

（4）挖掘历史文化资源的空间视角——高原结合部。甘肃位于三大高原的结合部，自然环境的差异造就了西北地区多民族、多文化融合的格局，我以为这是甘肃的一个重要特点与优势，也是难点。如何进一步挖掘、保护和用好这一具有特色的文化资源，大有文章可做。做强旅游业和文化产业是甘肃的一个重要命题，潜力巨大。

（5）差异化建设四大版块——陇中、陇东、陇南和甘西北。由于地理环境的差异性，加上区划历史形成的复杂性，甘肃省域自然景观、经济社会水平、城乡风貌、风俗习性等等都存在较大的差异。在制定空间战略、发展策略上要特别注意因地制宜，适度向地方分权，做好差异化发展的文章，这是甘肃空间协调发展的一个重要原则。

（6）决定甘肃未来发展的关键要素——环境和人才。我以为这是甘肃高速发展的具有决定性影响的两个要素。"环境"，既包括自然环境的持之以恒的保护、修复，以涵养水源，保持水土，防治沙化，美化甘肃，这是生产力发展布局和吸引投资的重要外部环境和可持续发展的基础，也包括人文"软环境"，要努力提高人的素质，提升管理水平，倡导敢于创新、开拓进取的精神，实施人才开发战略，制定相关政策，吸引和留住各类人才。这对于甘肃未来的发展具有决定性意义。

(三十) 宁夏回族自治区

63. 中国最大的回族聚居区

宁夏回族自治区，简称宁，首府银川，是中国5个自治区之一。它位于贺兰山以东、黄土高原北部，北邻内蒙古自治区，东接陕西，东南、南与甘肃省相邻，呈南北宽、东西窄的政区形态。全区下辖5个地级市（市辖区9个）、2个县级市、11个县，其面积为6.6万平方千米，常住人口720.9万（2020年），其中回族人口约占32.1%，是我国人口少的省区之一（第四卷图63-1至图63-4）。

第四卷图63-1　宁夏风光1（2016年8月）

第四卷图63-2　宁夏风光2（2016年8月）

第四卷图 63-3　宁夏的明长城和墩台遗址（2016 年 8 月）

第四卷图 63-4　中华回乡文化园、清真寺（2016 年 8 月）

宁夏历史久远，曾是东西部交通贸易的重要通道，1038年，党项族的首领李元昊在此建立了西夏王朝，形成西夏文化。1928年10月设宁夏省，1957年7月，第一届全国人民代表大会第一次会议通过决议，成立宁夏回族自治区。

宁夏深居西北内陆高原，属典型的大陆性半湿润半干旱气候，受自然地理环境等因素的影响，经济发展相对滞后。2019年全区实现经济总值3 748.48亿元，全国排名第29位，人均水平低于全国平均水平。

据第六次全国人口普查，我国回族人口总量为10 586 087人，仅次于壮族、满族，居少数民族的第3位，广泛分布于全国约96%的县级行政区。宁夏回族自治区的回族人口约占全国回族人口的18%，占全区总人口的34%，为中国最大的回族集聚区，被称为"回族之乡"，次为甘肃、青海和新疆等省区。在宁夏的5个地级市中，吴忠市是中国回族人口最多的地级市，达70万，占全市总人口的52.6%；县级政区中回族人口比例最高的分别是吴忠市的同心县，占比88.9%，固原市的泾源县，占比78.8%，中卫市的海原县，占比73.6%。

我去宁夏是在"文革"前后，五个地级市中，除南部的固原之外，银川、石嘴山、吴忠、中卫4个地级市和县级青铜峡市都去过。银川是我难以忘怀、感慨良多的首府城市。

"文革"之中，由吴传均先生主持在银川召开了"农业地理编写"交流会，本次会议受到自治区政府高度重视，会后安排、组织考察了银川平原，领略"塞上江南"的地理风貌，参观吴忠县（现为地级市）、石嘴山、青铜峡水电站等，以及回民住区。走进回民家庭，感受回族之乡的风土人情和好客的宁夏人，是一堂生动的宁夏地理课。

64. 伊斯兰文明与中原文化交会带

宁夏的历史悠久，其地理位置重要，秦、汉时期在今固原市彭阳县城附近，茹河与任三河交汇处置朝那县，建治所，为通往长安的战略要地，是历代兵家必争之地。从文化地理视角看，宁夏处于伊斯兰文明与中原文化的交融地带（第四卷图64-1），黄河水灌溉形成了悠久的"丝绸之路"要道上的黄河文明。夏秋季节来到宁夏平原，会感受到这块如"塞上江南"般美丽沃土的舒适。

在这块土地上居住的回族，以及维吾尔、东乡、哈萨克、撒拉和保安族等民族多信奉伊斯兰教，而汉族中的部分群众则信仰佛教、基督教、道教、天主教。全自治区有3 300多处清真寺，13个伊斯兰教协会。银川南关清真寺（原寺始建于1915年）、永宁纳家户清真寺（始建于1524年）、同心清真大寺（始建于1573年，后曾三次重修）均为著名的清真大寺；全区有佛教、道教、天主教、基督教寺观教堂200处，各类宗教职业人员5 000余人。在天寺塔（今银川西塔），藏有《大藏经》。

在上千年的文化史中，宁夏这块黄土高原地区形成以回族文化为主体的多元文化，展现其历史演进过程中形成的伊斯兰文明与中原文化交融过渡的地域特点。生活在这里的多民族人民用自己虔诚的信仰，造就了独特的礼仪文化之邦，也向往着道德与内心的洁净——我在宁夏访问，参观城市和乡村的回民人家时有这种感受（第四卷图64-2、图64-3）。

第四卷图 64-1　伊斯兰文明与中原文化的交融地带（摄于固原。2016 年 8 月）

第四卷图 64-2　银川的海宝塔（此为全国重点文物保护单位。2016 年 8 月）

第九章　陕甘宁 | 167

第四卷图 64-3　宁夏的回族博物馆等（2016 年 8 月）

65. 北·中·南三类地理区

宁夏是中国大陆陆域面积最小、人口最少的省级政区，辖有 22 个县级政区，除去市辖区，只有 13 个县（市）。从行政区划"层级与幅度"的关系原理来看，是否可以推行"省直管"？这是当今国家治理体系改革推进中需要全局统筹、深入探讨的课题。

宁夏回族自治区深居西北内陆，内蒙古高原与黄土高原的交汇地带，属典型的大陆性半湿润半干旱气候，其面积虽然不大，但自然地理和人文地理的空间组合结构仍有较大差异（第四卷图 65-1 至图 65-3）。以地形划分的大致三个板块有不同的特点：

第一，北部的贺兰山东侧为洪积、冲积的银川平原。由于山脉阻挡了从西北东进的寒风和腾格里沙漠的东移，在源源不断的黄河水浇灌下，自古农业发达，为名副其实的"塞上江南"。这里交通方便，人口—城市密集，风光秀丽，是宁夏经济最为发达的区域，自治区的精华区。

第二，南部的黄土高原沟壑区为黄河支流清水河、泾河的上游。六盘山成为两河的分水岭，行政区划上主要属于固原市域。虽然历史时期是伊斯兰文化与中原文明的要道，但自然生态长期遭受破坏，环境恶化，黄土沟壑，塬、梁、峁、沟交叉分布，水土流失严重，是西吉、海原、固原、彭阳、同心等七个连片国家级贫困县的重点治理区。

第三，中部的鄂尔多斯台地干旱带是宁夏沙漠的集中分布地区。这里位于吴忠、中卫两个地级市辖域南隅、固原市之北、同心县至盐池县一带，面积广大，干旱少雨，风沙严重，为中温带荒漠、半荒漠地带，多断头河。除清水河沿岸、苦水河水库区有林木植被之外，荒漠丛生，土地贫瘠，人口稀少，防沙治沙任务十分艰巨。20世纪五六十年代就开展的国家级中卫沙坡头治沙、防沙实验区，经过几代人的艰苦努力，使这个大片的荒漠土地逐渐变绿，实现变"沙进人退"为"人进沙退"的梦想。这为大西北防沙、治沙积累了丰富的经验。

如果说，由于自然空间的原因，以首府银川为中心的银川平原为宁夏回族自治区的第一世界的话，那么南部和中部实为宁夏的第三世界！

2021年第十三届全国人民代表大会第四次会议向国人和世人庄严宣告，包括宁夏回族自治区在内，中国实现了全部"脱贫"。可歌可泣！但实现持久脱贫，走向富裕的道路依旧漫长。

第四卷图 65-1　贺兰山下"塞上江南"的银川平原（2016年8月）

第四卷图 65-2　石嘴山市的郊野（2021 年 9 月）

第四卷图 65-3　国家地质公园的固原火石寨

66. 首府银川

首府银川地处宁夏平原中部，是宁夏回族自治区的政治、经济、文化中心，国家历史文化名城，西北地区中心城市之一。银川下辖 3 个区、2 个县，代管 1 个市，其市域面积为 8 874 平方千米、全市人口 285.9 万（2020 年），分别占全区的 13.4%、39.66%，是全国省区中首府人口首位度最高的省区之一。历史上，银川为西夏王朝的首都，1944 年建市，1958 年 10 月正式成立宁夏回族自治区，银川市为宁夏首府。

数十年来，银川市发展迅速。2018 年，银川的国民生产总值为 1 901.48 亿元，超过全自治区的一半，占全区的 51.3%，是中国大陆 27 个省区中人口和经济集聚强度最高的省会城市之一，省会经济强度高于第 2 位的吉林省长春市 18 个百分点！可以说，银川是宁夏回族自治区人口高度集聚、经济最发达、生活最富裕的城市。

银川市域地貌类型多样，西部为呈北偏东走向的贺兰山地，最高峰海拔3 556米，山高坡陡，气势雄伟。贺兰山向东分为洪积扇前倾斜平原、洪积冲积平原、冲积湖沼平原、河谷平原、河漫滩地等，土层较厚。海拔在1 010—1 150米。西、南部较高，北、东部较低。银川市具有良好的生态环境、独特的城市风貌，成为多民族社会和谐共居共荣的城市。2018年10月，银川获全球首批"国际湿地城市"称号。

我曾两次前往银川：一次是组织委派的外调，在银川附近的一个单位经过调查，弄清了一位老先生的历史问题；另一次是参加中国地理学会在银川召开的"农业地理编写"经验交流会。后一个会议中，我被邀请在大会作了发言，介绍我们在上海市郊和江西省开展农业地理调查的经验。可就在会议进行之中，我的大会发言稿却被上海"四人帮"在市教委的爪牙勒令收回，并要求我回校接受批判！原因是我作为上海高教系统"批林批孔"运动的典型对象，怎么可以外出参加这个全国性会议?!

这一遭遇的情景与过程让我终生难忘。关于这段故事在《我的地理人生：涉足山区·致力政区·钟情社区》一书中有详细记载❶。它是我人生中的一段黑暗时期。时隔40多年，回想这段往事仍不寒而栗。

"文革"之后，我再也没有去过宁夏。数十年的光阴，今非昔比。银川飞速发展，都市圈建设加快推进，家人、弟子帮我拍的银川新时代的照片足以证明这一切（第四卷图66-1至图66-6）。

---

❶ 参见刘君德所著《我的地理人生：涉足山区·致力政区·钟情社区》，第31-32页，东南大学出版社，2017年。

第四卷图 66-1　宁夏老城（2016 年 8 月）

第四卷图 66-2　银川玉皇阁（2016 年 8 月）

第四卷图 66-3　石印所等景点（2016 年 8 月）

第四卷图 66-4　宁夏省立宁夏中学校（1933 年，马鸿逵军阀主政宁夏时期，
　　　　　　　将宁夏省立第一中学更名为上述名称。2016 年 8 月）

第四卷图 66-5. 银川市景与城市之夜（2016 年 8 月）

第四卷图 66-6 银川全景（2016 年 8 月）

第九章 陕甘宁 | 173

67. 国家沙漠治理试点区：沙坡头

沙坡头，对于20世纪五六十年代毕业的地理学人来说是个比较熟悉的地名。它位于今中卫市城区西部腾格里沙漠的东南缘，包（头）兰（州）铁路中卫段的西北一侧，临近黄河，为中国治理沙漠最重要、最典型的实验区之一。当年，地理界谈及和讨论中国的沙漠及其治理问题无人不知"沙坡头"，我数次乘坐京包铁路前往兰州时途径沙坡头（第四卷图67-1）。

第四卷图67-1　沙坡头（20世纪70年代，沙坡头包兰铁路两侧的"草格固沙"措施）

中国西北地区的新疆、青海、内蒙古、宁夏等省区分布有大面积的沙漠，沙坡头为何能作为治沙的重点？

1958年，修建包兰铁路，位于黄河边的沙坡头地区是必经之地。由于国家经济困难，难以支付巨额资金建造黄河大桥，铁路线选择从黄河北侧西行；而这里正是腾格里沙漠的边缘地带，一刮西北大风，沙尘暴就会淹没铁路线，沙漠严重威胁着线路行车的安全。为此，国家决定设立沙坡头治沙站，一批治沙队伍开进沙坡头，他们在艰苦的环境下与"沙"斗，在实践中摸索出一套独特、有效的治沙技术，建成"五带一体"的防风固沙体系，让流动沙丘不再移动，确保了包兰线的安全，并成为世界防风治沙的典范，还为第三世界国家培养了一大批治沙人才，为宁夏、为中国，也为世界做出巨大贡献。

如今的沙坡头不仅是包兰铁路的屏障，国家级沙漠生态自然保护区，而且成为集大漠、黄河、高山、绿洲为一体，既具有西北风光之雄奇，又兼有江南景色之秀美的国内外知名的国家5A级旅游景区（第四卷图67-2）。

第四卷图 67-2　黄沙古渡景区（2016 年 8 月）

68. 无烟煤城市：石嘴山市

石嘴山是一座伴随新中国成长的工业城市，因煤而生，号称"塞上煤城"。它位于自治区北部，城市专名源于贺兰山脉与黄河交汇处的"山石突出如嘴"得名。

石嘴山的煤炭储量大，品种多，质量好。累计已查明储量达 24.3 亿吨，全国 12 个煤种中这里就有 11 种。其中被誉位"太西乌金（高品质无烟煤）"的太西煤储量达 6.55 亿吨，为世界煤炭珍品，具有"三低（低灰、低硫、低磷）""六高"（高发热量、高比电阻率、高机械强度、高精煤回收率、高块煤率、高化学活性）的特点，被广泛用于冶金、化工、建材等行业。同时，加上石嘴山的煤埋藏浅、水文地质条件不复杂，开采容易。"一五"时期，国家大规模工业建设，特别是能源、钢铁、化工等大发展时期，作为国家布局建设的十大煤炭基地之一的"塞上煤城"应运而生。1958 年，宁夏回族自治区成立后，1960 年 1 月撤县（惠农县）设立石嘴山市。

数十年来，石嘴山已经开采了近 5 亿吨优质煤炭资源，不仅满足了自治区和国内 200 多家钢铁、化工生产的需要，还大量出口创汇。一度远销至英国、法国、加拿大、巴西、挪威、比利时等 10 多个国家和地区。作为宁夏回族自治区工业的摇篮，石嘴山已经形成以煤炭、冶金、化工、金属制品为主的重型工业经济体系，其工业产值曾占据宁夏工业的半壁江山，为国家和自治区的经济发展做出巨大贡献。

然而，长期以来的"一煤独大"（煤炭开采占据46.3%）、依煤而兴的资源型工业，也使石嘴山付出沉重代价。大型矿井破产，资源禀赋不再，产量急剧下降；工业占比过半的高耗能、高污染的重化工，带来工业的严重污染。石嘴山一度被列入国家环境污染黑名单！此后，10多万煤炭职工及家属下岗，加上矿区塌陷，涉及近1/4的人口与家庭生活受到影响。

石嘴山城市经济的转型发展势在必行！近10年来石嘴山大力推进节能减排、循环发展，扶持龙头、化解过剩、优化升级、延伸链条，以科技与政策为引导，市场为主导，同时大力治理矿山，绿化、美化企业与城市，使工业经济保持稳步发展的同时，企业与城市生态环境大为改善，特别是矿山治理的多元化模式受到国务院推崇，并在全国推广。

拥有土地面积5 208平方千米、人口76万（2018年）的石嘴山，如今是宁夏回族自治区唯一获得"国家森林城市"称号的地级市（第四卷图68-1、图68-2）。

第四卷图68-1　石嘴山市的晚霞（2021年9月）

第四卷图68-2　远眺石嘴山市容（2021年9月）

69. 水利枢纽城市：青铜峡市

我在刘家峡水电站"黄河博物馆"参观时了解到，至目前为止，中国的母亲河——黄河上共建造了10座水利枢纽和2座水电站。位于黄河上中游，宁夏平原中部的青铜峡水利枢纽（第四卷图69-0）是第三座建成的大型水利枢纽（1968年）。青铜峡的黄河大峡谷是黄河上游最后一个峡谷，山高水深，悬崖峭壁，长约10千米。传说大禹来此，劈山成峡，黄河水一泻千里，时正值夕阳西下，晚霞与河水互映在峭壁上，呈现出一片青铜色，青铜峡由此得名。

第四卷图69-0　青铜峡水电站（1974年，我曾参观过。2018年8月）

青铜峡水利枢纽是一座以灌溉与发电为主，兼有防洪、防凌和工业用水等效益的综合性水利枢纽工程，被列为黄河第一期开发工程的重点项目之一。1958年8月开工建设，1978年8月有8台机组全部投产发电。1993年又增建1台机组，9台机组总装机容量为30.2万千瓦，年设计发电量13.5亿千瓦每小时。青铜峡的坝长为687.3米、坝高42.7米、坝宽46.7米，水库正常蓄水位1 156米，设计库容为6.06亿立方米，水库面积达113平方千米。

青铜峡水利枢纽的建成，为宁夏的经济发展提供了强大动力，枢纽布置了秦汉渠、唐徕渠、东高干渠三大灌溉渠道，灌溉面积达36.67万公顷。枢纽的兴建结束了宁夏灌区两千多年无坝引水的历史，对根治银川平原的水旱灾害，确保银川、吴忠等城市发展与安全，保障数百万人的生产生活，改善平原生态环境等起到了重要作用。

这是一个以水利枢纽兴起，由吴忠市代管的青铜峡市，距离吴忠市府驻地只有30千米，距自治区首府银川市也只有54千米。难怪当年的银川"农业地理编写"会议结束之后，我非常方便地参观考察了吴忠和青铜峡，其场景至今仍记忆犹新。

青铜峡市现市域面积为2 438平方千米、人口28万，下辖1个街道、8个建制镇。有趣的是，在8个建制镇中有4个镇的专名源于水利枢纽——小坝镇、大坝镇、青铜峡镇和峡口镇，显示枢纽建设与基层政区设置、命名的高度关联。

青铜峡市是宁夏回族自治区重要工业基地，依托强大的电能资源，辖区内建有青铜峡铝厂等20多家中央、区属大中型企业，形成了以电力、冶金、化工、建材、食品、农副产品加工等产业为主的工业体系。市境有京藏铁路、大古铁路（宁夏的地方铁路，西起大坝电厂，东至古窑子的区段站），建有大型客货运站，109国道、石中高速公路横贯，距银川机场50千米，形成了快捷的立体交通网，还拥有水电站坝区和位于青铜峡贺兰山东麓北岔口的明长城等独特的旅游资源，作为银川都市圈的重要组成部分，发展前景良好。

70. 贫困山区的脱贫：固原

固原位于宁夏回族自治区南域山区，黄土高原西北、六盘山北麓清水河畔，是我当年去宁夏唯一没有到达过的地区，这与当时的交通不便有关。20世纪六七十年代，我们都知道西（吉）海（原）固（原）地区是宁夏，也是中国贫困最集中的地域，公认为"一方水土养不活一方人"的极端贫困区域，谓之"贫瘠甲天下"。作为中国最突出的"老、少、边、穷"地区，形容那里贫困程度的顺口溜和故事很多。

导致固原地区极端贫困最根本的原因是恶劣的自然地理环境，干旱缺水是根子！固原地处黄土高原西北边缘，以六盘山为南北脊柱，将固原分为东西两壁，属大陆性气候，干旱、大风、沙尘、低温冻害、高温、局地冰雹、暴雨雷电等自然灾害几乎都与西海固地区结缘了！在靠天吃饭的时代，它怎么会不贫困？！

改革开放以来，随着我国经济的高速发展，国力大大增强，特别是充分发挥制度优势，集中人力、财力、物力办大事，突出产业扶贫，加大金融支持，实施生态移民、易地搬迁，让大自然修身养性，自我修复，建设水库，引水入固等重大举措，经过四五十年的坚持不懈的努力，终于实现了固原地区（今固原市）与中国其他贫困地区的同步脱贫！2018年，固原市实现生产总值303.19亿元，人均达到24 544元。这是一个了不起的成就，它凝聚了从中央领导到地方百姓以及一大批专家的心血、勇气和智慧。

早在公元前114年，固原就已经建城，这里是丝绸之路的必经之地，明代为九边重镇之一。因地处交通要道，是历代兵家必争之地；在革命战争年代，西海固属陕甘宁边区，近现代，固原地区曾归属甘肃管辖。1953年11月设立西海固回族自治区，1955年11月更名为回族自治州，1958年10月宁夏回族自治区成立，撤销固原回族自治州，成立固原专区，2002年7月撤地设市。

今固原市下辖1个区、4个县，其土地面积为13 450平方千米，人口114.2万（2020年），呈现下降趋势。固原市为中国四大马铃薯种植基地之一，中国北方的特色苗木基地，西北特色农产品集散中心，丝绸之路经济带产品基地示范区，著名的红色旅游城市。随着高速、高铁等通达固原，现代交通环境大为改善，其位于西安、兰州、银川3个省会城市的三角中心地带的优越地理区位逐步显现，固原发展将翻开新的一页（第四卷图70-1、图70-2）。

第四卷图70-1　固原机场、泾源县市容市貌（2021年8月、2018年5月）

第四卷图 70-2　固原市原州区小西湖的冬景（2021 年 2 月）

71. 宁夏发展的地理问题思考

宁夏回族自治区地域面积不大，人口相对较少，受自然地理环境和历史因素的影响，其经济发展相对滞后，经济、人口、城市主要集中在银川平原，特别是包兰铁路沿线。中南部条件较差，人口稀少，经济水平较低。如何认知宁夏的地理优势和空间的差异性，因地制宜地科学谋划自治区的发展战略，规划好未来，至关重要。我以为要关注以下四个方面。

（1）认知宁夏发展的三大优势。主要是三个强项：一是农业基础较好——主要得益于发达的灌溉农业和丰富的土地资源，为全国四大自流灌溉区之一，人均耕地的占有量较高，有一定发展潜力；二是能源基础好——煤炭和水力资源丰富，开发利用比较充分，人均产出能源水平高，位于"西气东输"输油管道布局的咽喉地带，是国家重要的能源化工基地之一；三是旅游资源特色显著——大漠风光与水乡景色优美组合，自然与人文结合，文化景观与内涵独特，兼具多样性，发展潜力较大。

（2）把握宁夏发展环境的两个特点。除了较好的农业和能源基础之外：一是具有完备的交通设施和特色产业基础——包括综合交通设施体系基础，各类较为完善和成熟的开发区建设基础，以及颇具特色的资源加工型产业基础。二是具有多民族包容的社会人文环境和优良的教育基础——回族与移民、游牧与农耕、多种文化长期融合形成的开放、包容心态是宁夏发展非常有利的人文环境。

（3）用足宁夏发展的三个平台。一是内陆开放型经济试验区——国家给予宁夏回族自治区全域"先行先试"的权力是除海南省之外的唯一；二是银川综合保税区——为全国开放层次最高、政策最优惠、功能最齐全、手续最简便、区位优势最明显的监管区域之一，企业投资平台最优的城市之一；三是创新的慈善理念（"黄河善谷"）——通过聚集慈善资源，发展慈善事业和慈善产业，建设慈善产业园区，推进区域经济振兴，扶贫济困，巩固脱贫成果。

（4）突出宁夏未来的四个重点。一是做大做强优势产业，以创新驱动促进煤化工、冶金、特色农业的升级换代，提升竞争力，创造条件发展大数据、全域旅游等新兴产业；二是平衡空间发展重点，银川平原（面），包兰铁路、黄河两岸（线）依然是宁夏发展的重中之重，要以银川为根基（点），处理好与中部、南部及东南部发展的关系，重点发展清水河和苦水河两岸的县城和中心城镇，推进人口的适度集聚，因地制宜发展特色农牧业和相关的加工业；三是突出抓好全域的生态环境保护与修复，与风沙、干旱等灾害作持久斗争，改善全域的生产、生活环境；四是坚持民族区域自治制度，加强多元文化、医疗、教育与社会建设，缩小地区差距，推进民族团结进步。这些均是宁夏得以和谐、稳定、可持续发展关键（第四卷图71-1、图71-2）。

第四卷图71-1 "文革"影视基地（2016年8月）

第四卷图71-2 沙地改造（2016年8月）

第十章　蒙新青藏

（内）蒙新青藏包括内蒙古自治区、新疆维吾尔自治区、西藏自治区和青海省三区一省，位于祖国北疆、西北和西南疆，自北向西、向南，先后与俄罗斯、蒙古国、哈萨克斯坦、吉尔吉斯斯坦、塔吉克斯坦、阿富汗、巴基斯坦、印度、尼泊尔、不丹、缅甸计11个国家（地区）接壤，国界线漫长，空间面积广袤，自然环境复杂，资源丰富，民族众多，人口稀少。四个省区的基本共性有：一是青藏高寒与干旱大陆的地理环境对人类生存的影响较大；二是中国单一少数民族聚居（蒙古族、维吾尔族和藏族）的主要省区；三是除青海之外，其他都是边疆地区，都实行民族区域自治。

这些共性显示着"三区一省"在国家的特殊重要地位。比如，本区土地面积约为479万平方千米，蒙新藏三省区陆上疆界线长达12 770千米左右，约占全国陆上疆界长度的56%。中国作为一个世界大国，国土面积的一半（49.9%）在这里，陆上疆界的大部分在这个区域。作为一个多民族的国家，3/5的自治区在这里，无疑，本区担负有陆上边防的重任，地缘政治极为重要，具有多民族团结，合作共谋发展的重要性。

从自然地理视角看，青藏地区是国家版图的第一级阶梯，是大江大河的源头，生态屏障建设显得特别重要；蒙新地区干旱缺水，沙漠化东移的威胁并未消除，防沙治沙虽然取得举世瞩目的成就，但"人进沙退""科学治沙"的任务依然十分艰巨。

更为重要的是，在全球化时代，在推进"一带一路"的全球战略中，包括蒙新青藏在内的整个大西北、大西南地区都要周密谋划布局"点"（城市）"线"（交通运输）"面"（大农业）的协调、可持续发展。

这些重大的战略性问题的解决，需要三区一省统筹，通过顶层设计有效推进。我在西北师范大学地理与环境科学学院演讲中曾经对西北地区的地理特征做过综合性评判：中国西部地区的地理区位、地形格局、气候、历史文化、政区形态、空间格局非常独特；自然地理环境非常复杂，生态脆弱、修复难度大、成本较高，人口与资源、环境的矛盾比较突出，需要有一个整体的科学规划；还需要有一个跨省区统筹的协调机构，推进大尺度空间组织制度创新，实施跨界合作治理；倡导在被行政区分割的重点区域建立"共同体"组织等。我想，这应该是解决本区域地理问题的一个关键内容。

（三十一）内蒙古自治区

72. 横跨"三北"的自治区

内蒙古自治区，简称内蒙古，首府呼和浩特市，位于祖国北部边疆，北与蒙古国及俄罗斯联邦接壤，国境线长达 4 200 千米。东、南、西三面分别与黑龙江、吉林、辽宁、河北、山西、陕西、宁夏、甘肃计 8 个省区相邻，是中国邻省最多的省级行政区之一。全区下辖 9 个地级市（市辖区 23 个）、3 个盟、11 个县级市、17 个县、49 个旗和 3 个自治旗，其土地面积为 118.3 万平方千米，占全国总面积的 12.3%，常住总人口约 2 400 万（2020 年）。在内蒙古自治区生活着除珞巴族以外的 55 个民族，是一个以蒙古族和汉族人居多、多民族融合的大家庭。

内蒙古自治区呈东西狭长形，东西直线距离 2 400 千米，按照通行的中国四大地理区域的划分，境域横跨中国东北、华北、西北三大地区，是中国东西地理跨度最宽的省区。也因为如此，很难说它是属于华北、东北，乃至西北。内蒙古自治区有广阔的地理空间，多样的地貌、气候类型，丰富的资源，稀土金属储量居世界首位。草原、森林和人均耕地面积居全国第 1 位，是中国最大的草原牧区。从开发利用空间的组合结构来看，呈现"东林西矿、南农北牧"之特点。2019 年全区生产总值为 17 212.5 亿元，居全国第 19 位，按人口平均的 GDP 近 7 万元，居全国前列。

20 世纪 70 年代初，我从北京乘坐京包—包兰线经山西大同，至自治区首府呼和浩特、包头等地"外调"；90 年代，民政部推进各省开展设市预测与规划工作，我和南京大学宋家泰老先生应邀参加了内蒙古自治区设市预测与规划的评审会（第四卷图 72-1），有机会再访自治区，对河套平原、包钢和边境新城的感性认知大大深化。2018 年 8 月，我已经 81 岁，踏上去内蒙古呼伦贝尔草原考察之路，实现了"旧地重游"梦想，2019 年国庆，我和大儿子又从天津驱车去东北，在返回时，沿着内蒙古东部边界高速公路南下直奔承德，一日内穿越牧区、半耕半牧、农区三个地带，饱览了独特的区省边界风光，拍摄了上百张照片，感觉特别过瘾，此处还补充了他人的精美照片（第四卷图 72-2 至图 72-5）。

第四卷图 72-1　评审会期间与南京大学宋家泰先生的合影（1990 年 12 月）

第四卷图 72-2 位于自治区首府呼和浩特的内蒙古自治区人民政府（2020 年）

第四卷图 72-3 跟随旅行团从呼伦贝尔市海拉尔区前往额尔古纳湿地途中（2018 年 8 月）

第四卷图 72-4 自治区东部的呼伦贝尔大草原（2018 年 8 月）

第十章 蒙新青藏 | 183

第四卷图72-5　额尔古纳河上游典型的"曲流"、自治区西部的腾格里沙漠（2018年、2019年）

内蒙古自治区是一个呈西南—东北向微弧形、长条状的省级政区，东西向行政区中线的折线距离为2 700千米，几乎相当于从上海飞往新疆乌鲁木齐的空中直线距离！

内蒙古自治区的主体是内蒙古高原，海拔1 000—1 200米，面积约34万平方千米，占全自治区面积的30%。高原地壳相对稳定，经长期风化、流水和风蚀等外力的侵蚀作用，即"准平原化"过程，地表平坦均一。近万年来，高原干旱加剧，少河流，植被稀疏，在风力作用下，戈壁和沙漠较多。横亘于中部的阴山山脉呈东西走向，西北风风速较大，为中国多风地区之一。高原湖泊较多，湖水浅，面积小，多为雨季湖。黄河穿越西南部，形成河套平原，是自治区农业、人口—城市—经济密集地带。

纬度的地带性差异主要在东部，大兴安岭西侧的呼伦贝尔至赤峰地区，跨越约13个纬度，北段地区属于寒温带大陆性季风气候，南部属于温带大陆性气候，南北气温差异较大；中西部的平均宽约4—5个纬度，基本属于温带大陆性气候，南北差异较小。

内蒙古自治区距离海洋较远，年降水量介于50—400毫米，70%集中在6—8月，降水的空间分布由东北向西南递减；蒸发量在1 200毫米以上，西部远高于东部。在气候影响下，内蒙古自治区的土壤由东北向西南自然肥力逐渐降低，直接影响农牧业的空间结构和质量。

草原是内蒙古自治区最主要的景观，也是放牧业发展的基础条件。基于气候和土壤环境的差异，草地的长势（高度、覆盖度）、产量和营养成分呈东西向变化。东北部大兴安岭呼伦贝尔属森林草原带，牧草高大茂密，种类多，覆盖度达65%—80%，富含碳水化合物，适宜饲养牛和马；中部为典型的草原带，以杂类草为主，长势和覆盖度稍低，以禾本科牧草占优势，蛋白质含量高，是中国最大的绵羊及山羊放牧区；西部荒漠草原带地区，牧草低矮、稀疏，草种贫乏，以旱生、丛生小禾草为主，其脂肪和蛋白质的含量高，适于放羊，以山羊最多。西部的荒漠带以小半灌木占绝对优势，牧草长势与质量较差，含灰分和盐分较高，是中国骆驼主要产区之一。

我想，夏秋季节，如果能够乘坐一架包机，从大兴安岭林区出发，低空俯瞰呼伦贝尔大草原、锡林郭勒草原、呼和浩特城市草原、阴山南侧河套平原、阿拉善高原荒漠草地，考察内蒙古高原地理全貌，这绝对是地理学者不错的选择。你可以体验到内蒙古自治区地理空间的宽旷和其东西景观的空间渐变过程。

73. 游牧和农耕文明融合的前沿区

在远古"靠天吃饭"的时代，地理环境（土地、降水和气温）决定了人类的食物来源结构和生存（生产、生活）方式，在漫长的人类发展与演进过程中，地域分割、封闭的环境下发展了许多不同的生活方式、文化和风俗习性的民族，渐渐形成农耕和游牧两大类文明—文化板块（第四卷图73-1至图73-4）。

第四卷图73-1　居延海（位于阿拉善盟额济纳旗，发源于祁连山，我国第二大内陆河——黑河的尾闾湖。2021年10月）

第四卷图73-2　玉泉风貌（2020年）

第十章　蒙新青藏 | 185

第四卷图 73-3　自治区首府呼和浩特市玉泉区南部的大昭寺（2020 年）

第四卷图 73-4　鄂伦春民族博物馆内部和留影（2018 年 8 月）

大量出土文物证明，中国的农耕文明始于六七千年前的仰韶文化时期，在阶级社会里，农业的发展推进了世代繁衍，人口增加，不断移民，扩充版图，引发战争，使原本在北方兴起的种植业大规模向南推进；与此同时，位于西北部的广袤地区，虽有少量灌溉农业，但游牧民族过着逐水草而居的生活，游牧经济始终居于主导地位。中国的长城大致成为东南地区农耕文明与西北地区游牧文明的分界，东起山海关，西迄嘉峪关的万里长城穿越河北、北京、晋北、陕北，直到甘肃嘉峪关一线，基本位于内蒙古自治区的南侧。

可见，内蒙古自治区为我国畜牧和农耕两大文明融合的前沿区域，其分界线即为长城东西长达万里的狭长地带，它是中国重要的自然地理分界线（半湿润与半干旱的分界线），具有极其重要的政治、经济、文化、民族的地理分界意义。东南与西北之间的差异表现更为明显。比如，它是冬小麦与春小麦、一季和二季的农业经济的分界，农业与畜牧业、汉族与蒙古族等少数民族的分界，汉文化与民族文化的分界，这里也是一条重要的区域政治地理分界，是历史上战争多发地带。

内蒙古自治区草原面积达 8 666.7 万公顷（约 86.7 万平方千米），约占有全区国土面积的 73.3%，其中可利用草场面积达 6 800 万公顷，占中国草场总面积的 1/4。草原畜牧业始终是内蒙古自治区的传统和基础农业，也是优势产业。政治统一，民族和谐，经济交融，生态良好，文化多元，社会安定始终是内蒙古自治区和长城两侧各省区发展的长期战略要务。

74. 中国最大的草原牧区：呼伦贝尔

"呼伦贝尔"得名于"呼伦"与"贝尔"两个湖泊的名称，这两个湖泊位于内蒙古自治区东北部的东侧，"呼伦湖"邻近俄罗斯，"贝尔湖"为中蒙界湖。至于这两个湖泊名称的来历有不同说法❶。呼伦贝尔地区位于大兴安岭之西，是一个美丽宽旷的大草原，世界四大草原之一，被称为世界上最好的草原。

远古时期，古人类——扎赉诺尔人就在呼伦湖一带繁衍生息，创造了原始文明；公元前209年，匈奴族征服东胡族，统一了北方草原，呼伦贝尔地区归属其辖地；1世纪，活动在鄂伦春旗一带的拓跋鲜卑族"南迁大泽"（今呼伦湖），取代了匈奴，组建了鲜卑部落联盟，入主中原，建立了中国历史上的少数民族政权——北魏王朝。12世纪，成吉思汗消灭了政敌，统一了蒙古高原。从此，在广阔的北方草原上形成了一个具有共同语言、共同经济生活、地域和文化的民族——蒙古族，建立了蒙古汗国，推行"领户分封制"，至元朝，创行省制。

伴随着政权变迁，制度变革，呼伦贝尔地区归属、辖域空间多有变化。元亡后，被封的成吉思汗的子孙们退守蒙古草原，呼伦贝尔草原地区归附后金。清朝，呼伦贝尔归黑龙江将军节制。设副都统衙门，期间由鄂温克、达斡尔、巴尔虎蒙古、鄂伦春人组成的布特哈八旗兵等镇守着边疆，为防御沙俄入侵，保障驿站畅通，维护边疆安宁做出了重要贡献。

近代，岭西地区（大兴安岭以西的呼伦贝尔地区）一度脱离黑龙江省，实行地方自治（1912—1920年），同时，设善后督办兼交涉员公署，设有呼伦、胪滨、室韦、奇乾县，形成旗、县并存和分治的局面；岭东地区则保留西布特哈总管公署，同时设雅鲁县，布西县，直属黑龙江省。

东北沦陷时期，岭东为兴安东省，岭西为兴安北省，均直辖于伪满洲国。

1945年6月日本投降，岭西地区建立了呼伦贝尔自治省，1948年1月，降格为呼伦贝尔盟，归属内蒙古自治区。其后，名称、范围、归属有所变动。一度划归黑龙江、吉林两省管辖（1969—1979年），1979年7月又划归内蒙古自治区。1980年，呼伦贝尔盟恢复1954年的区划。在广泛推行"市管县"体制的进程中，于2001年10月，撤销呼伦贝尔盟，改设呼伦贝尔市，驻地海拉尔市改设区。辖阿荣旗、莫力达瓦达斡尔族自治旗、鄂伦春自治旗、鄂温克族自治旗、陈巴尔虎旗、新巴尔虎左旗、新巴尔虎右旗和新设立的海拉尔区；代自治区人民政府管辖满洲里市、牙克石市、扎兰屯市、额尔古纳市和根河市。

呼伦贝尔大草原是我一直想去的地方。"文革"之后的一个夏季，我和同事到达大兴安岭，去了海拉尔，但未能向北深入到大草原深处考察，留下遗憾。2018年的夏季，重访呼伦贝尔地区，寻找当年的海拉尔火车站记忆，游览边境城市满洲里之后，重点考察了呼伦贝尔大草原，实现了夙愿。

呼伦贝尔市域位于中俄蒙三国的交界地带，与俄罗斯、蒙古国有1 733千米的边境线，其市域面积达26.2万平方千米，相当于山东与江苏两省面积之和，常住人口223.6万

---

❶ 一说为湖泊动物名称，古代蒙古族牧民有以古动物命名湖泊之习惯，两湖盛产水獭，取蒙古语的音转，分别称之为"呼伦"和"贝尔"，得名"呼伦贝尔"；另一说，源自于广袤、美丽的大草原上一种凄美的神话传说。

（2020 年），在边境沿线设有 8 个国家级一、二类通商口岸，其中满洲里是中国最大的陆路口岸。

2018 年夏，我们在大草原旅游途中，跟随几位年轻小伙乘坐吉普车在草原上一路颠簸，与马儿、羊群亲密接触，几个小时后到达大草原的第一大河曲——额尔古纳河河曲，在那里停留、休息、拍照，欣赏大自然塑造的独特河曲景观！然后，继续驱车穿越无路、无桥的额尔古纳河，眼看着前面的几辆车被陷在河中央的污泥之中，动弹不得，担心之时，老道的司机突然发力，绕开前面的车辆，一鼓作气冲上对岸，一颗心终于落下，此时太阳已经下山！在车上回望好几辆陷在河中的车，想着能否帮一把，救一把？司机说，我们的车马力小，救不了，不过，没有关系，会有大卡车把它们拉上来的（第四卷图 74-1 至图 74-5）。

这是我退休之后，80 多岁高龄的一次冒险考察，既兴奋，也特别难忘。这段经历载入我的人生史册！

考察之后，我思考的是，从行政区划视角看，呼伦贝尔这个地级市如此庞大的地理空间范围令人困惑。中国有这么大的市?！这也叫"城市"吗？呼伦贝尔本来应该是个区域性专名，可以称呼呼伦贝尔"草原"，呼伦贝尔"地区"，为何一定要把呼伦贝尔"盟"改设为"市"呢?！中国城市化过程中，"市"和"区"通名的泛化和混乱已经是一个普遍现象，这一政区制度能改吗？

第四卷图 74-1　呼伦贝尔大草原的羊群、马群、牛家族（2018 年 8 月）

第四卷图 74-2　傍晚草原牧区的马儿吃饱喝足之后排着队归来（2018 年 8 月）

第十章　蒙新青藏

第四卷图 74-3　山脊边缘（冒一次险吧，站在山脊边缘给年过 80 多岁的老者留下足迹！2018 年 8 月）

第四卷图 74-4　额尔古纳河（老道的驾驶员毫不犹豫，加大马力顺利冲过额尔古纳河到达彼岸。2018 年 8 月）

第四卷图 74-5　吉普车沿着额尔古纳河畔疾驰西行（到达海拉尔已经是晚七八点了。2018 年 8 月）

75. 亚洲第一湿地与额尔古纳河

在呼伦贝尔大草原，保留着一块面积较大的天然湿地——额尔古纳湿地，它位于大兴安岭西北部的额尔古纳右旗根河南侧。2018 年夏，我走进并领略了额尔古纳湿地这块"世外桃源"的风光！

夏季的呼伦贝尔草原，天空晴朗，太阳照射下有点热，但我兴致颇高，很快随着人流爬上小山顶，一块不大的空间，"亚洲第一湿地"的石碑耸立在眼前。往下看就是一望无边的湿地大草原，一时间人流拥挤，游客们都忙着找好的位置和角度拍照，我们也一口气拍了数十张，然后站立在那里仔细欣赏其自然风光，如诗如画，如入仙境（第四卷图 75-1 至图 75-3）。

我站在那里思索着，为何在这里形成了如此规模、如此美妙的湿地公园？那是因为，在这里具备了"湿地"形成的两大基本要素，即非生物因素（自然地理环境中的气候、土壤和水文等）和生物要素（湿地植物——湿地生态系统的生产者，湿地动物——湿地生态系统的消费者，湿地微生物——湿地生态系统的分解者）。大自然塑造了这块冲积平原三角洲，平坦的地势，使根河、额尔古纳河、得尔布干河和哈乌尔河缓慢流淌，在此交汇形成河漫滩、柳灌丛、盐碱草地、水泡子及其支流。

额尔古纳湿地是中国目前保持原始状态最完好、面积较大的湿地，它涵盖了额尔古纳除原始森林外几乎所有类型的自然生态系统。总面积达 12.6 万公顷，原名根河湿地，2009 年之后更名为额尔古纳湿地。如今已经建设成为全国规模最大、保护最好的自然湿地保护区，同时也是呼伦贝尔市重要的旅游景区。

考察之后，我忽然联想到 20 世纪 80 年代，我们去大兴安岭学习中国科学院荒地考察的实际经验时，曾经对呼伦贝尔盟下属的一个鄂温克族自治县进行过荒地资源的现场考察。那时候国家的粮食供应比较紧张，需要扩大耕地资源，而主要的潜力就在大兴安岭地区，特别是大草原。然而，"开荒"与"放牧"存在尖锐矛盾，尤其是涉及少数民族生存发展的基本资源——草地牧场问题，非常敏感。现场看到一些被开垦种植的部分草场，土地自然肥力下降，不得不退耕还草还牧，这才认识到，保护草原不仅是一个农牧业经济的问题，更是一个草原生态的保护和民族问题，需谨慎决策，科学决策。

第四卷图 75-1　天然的额尔古纳湿地 1（2018 年 8 月）

第四卷图 75-2　天然的额尔古纳湿地 2（2018 年 8 月）

第四卷图 75-3　天然的额尔古纳湿地留影（2018 年 8 月）

76. 自治区首府：呼和浩特

呼和浩特是内蒙古自治区的首府。在蒙语中"呼和"指"青色"，"浩特"指"城郭"，呼和浩特寓意"青色的城"。我对呼和浩特印象较深的是 20 世纪 90 年代初，参加自治区的设市预测与规划评审会，会后参观了呼和浩特市容市貌，内蒙古民族商场是保留的当时的照片（第四卷图 76-1）。

"呼和浩特"一词始于蒙古文的《俺答汗传》，"水公猴年（藏历，即明朝隆庆六年，1572 年），召集举世无双的巧工名匠，模仿已失去的大都，在哈剌兀那之阳、哈屯河之滨，始建有八座楼和琉璃瓦金银殿的雄壮美丽的呼和浩特。""哈剌兀那"即为今大青山，"哈屯河"今为位于呼和浩特市西北乌素图谷汇流而下的五里沙河，又名扎达海河。

第四卷图 76-1　参观呼和浩特的民族商场合影（1993 年 12 月）

呼和浩特为华夏文明的发祥地之一。战国时，赵武灵王在此设云中郡，1928 年，建绥远省，以归绥县城作为省会，设归绥市，清末由归化城与绥远城两座城市合并而得名。1954 年 4 月，内蒙古自治区人民政府迁入归绥市，改称呼和浩特市，定为内蒙古自治区首府。

今呼和浩特下辖 4 个区、4 个县、4 个旗，其总面积为 17 224 平方千米、建成区面积 260 平方千米，常住人口 313.7 万（2020 年）、城镇人口 218.3 万。与大多数省区省会城市不同的是，呼和浩特并非内蒙古自治区的首位城市，2018 年的数据显示，呼市总人口仅为第 5 位，而市辖区人口 123 万，排名第 3 位，少于包头、赤峰。因此，呼市虽然处于内蒙古自治区的中部，政治地位和地理区位都很优越，是呼（呼和浩特）包（包头）银（银川）城市群的核心城市，也是中国向蒙古国、俄罗斯开放的重要沿边中心城市，但其实力和与之相对应的吸引力、辐射力都还较弱，有待进一步强化。

在内蒙古自治区的五大经济城市之中，呼和浩特也不算最优秀，多年来在第 2 位与第 3 位之间变动，其主要原因是长期以来未形成自治区和外部联系的交通枢纽，城市形态东西过于狭长，南北较窄，自治区内的铁路线路并非以首府为中心，而是以矿山城市进行多中心布局，因而难以发挥首府城市的综合性功能。

近年来，呼和浩特市发展加速，经济结构和质量提升，已经形成乳品、电子信息、电力、生物制药、冶金化工、机械装备制造等优势部门，特别是乳品业已经形成了大草原"绿色食品"的品牌优势，被誉为"中国乳都"；现代服务业和文化、商业以及草原城市的生态环境大为改观，旅游业有了较快发展。此外，城市面貌明显改观，如奥体中心、宝鼎盛世、阿尔丁广场等，内蒙古自治区博物馆，呼和浩特博物馆一馆和二馆，以及盛乐博物馆（一座历史文化旅游兼古文物收藏的精品工程），大昭寺、五塔寺、清真大寺、宝尔汗佛塔，位于呼和浩特市新城鼓楼西侧的绥远城将军衙署、青城山公园等，首府的特色风貌已经形成。呼和浩特作为呼包（头）银（川）城市群核心、呼包鄂（尔多斯）城市群中心，以及中国向蒙古国、俄罗斯开放的重要沿边城市，其功能将得到进一步发挥（第四卷图 76-2 至图 76-4）。

第四卷图 76-2　呼和浩特新建的宝鼎盛世（2020 年）

第四卷图 76-3　呼和浩特的奥体中心（2020 年）

第四卷图 76-4　呼和浩特市域的城市草原（2020 年）

第十章　蒙新青藏 | 195

77. 钢铁工业起家的城市：包头

包头是新中国成立初期建设的全国四大钢铁基地（鞍钢、包钢、首钢、攀钢）之一，一座新兴工业城市。包钢的建设，主要是由于包头地区具备了资源（铁矿石）、交通（京包、包兰铁路等）、供水与排水（黄河源源不断的供水与排水）和国防安全等选厂、建厂的有利条件，决定性的资源因素是位于包头北侧不足 200 千米路程的白云鄂博铁矿。

早在 1927 年被发现的白云鄂博铁矿资源优势，将包头推向了中国工业城市的行列。那是一座世界罕见的铁、稀土、铌等多种金属共生矿床，已探明，稀土储量占世界总储量的 38%，铌储量居世界第二，铁矿石储量也相当惊人。丰厚的稀土和铁矿资源条件，为包头发展钢铁冶炼、机械制造等工业提供了极其有利的资源便利。

1954 年包钢开工建设，1959 年投产。当年，周恩来总理亲临包钢为 1 号高炉出铁剪彩。如今，"包钢股份"和"包钢稀土"两个上市公司，是中国主要钢轨生产基地之一，华北地区最大的钢板材生产基地，更是世界稀土工业的发端地和最大的稀土科研、生产基地。被誉为"草原钢城""稀土之都"。

包头于 1926 年设县，1938 年设市，市县分治，1953 年市县合并为包头市，1954 年为内蒙古自治区辖市。如今，它是内蒙古自治区拥有"地方立法权"的较大城市。市域下辖 6 个市辖区（含白云鄂博矿区）、1 个县、2 个旗及 1 个国家级稀土高新技术产业开发区，其面积为 27 691 平方千米、建成区面积 360 平方千米、市中心区面积 315 平方千米，市辖区常住人口 228 万，远超首府呼和浩特。

包头市域北部与蒙古国东戈壁省接壤，南临黄河，东西分别接土默川平原和河套平原，阴山山脉横贯中部。黄河流经包头市境内达 214 千米，除白云鄂博矿区之外，其余 5 个城区都位于南部的黄河两侧，是沿黄经济带的腹地，连接首都和华北地区及大西北的交通枢纽，以及蒙古国、俄罗斯和中亚的重要城市之一。它还是沟通中原农耕文化与北方草原文化的交通要冲，地理位置十分优越。

"一五"时期，在苏联援助中国的 156 个项目之中，内蒙古自治区的 5 个项目全部在包头，由此奠定了包头市的经济基础和城市格局。包头一直是内蒙古自治区的经济首位城市，近几年才被首府呼和浩特超越。2019 年，包头市的地区生产总值为 2 714.5 亿元，位于自治区第 2 位。2020 年，包头市被鄂尔多斯市超越。

对于包头这个重工业城市来说，发展中最困难的问题莫过于它的环境生态，数十年来，包头一直是个严重污染的城市。我两次到访包头深有感受！近年来，包头市的污染治理取得显著成效，环境大为改善，先后获得国家森林城市、园林城市、卫生城市、文明城市、宜居城市等荣誉称号，并获得联合国颁发的人居环境奖。2017 年入选的中国健康城市建设试点城市。如今的包头是一座工业经济发达，多民族社会和谐，环境优美、宽旷宜居，颇具特色，具有国家和国际意义的城市，一个值得参观的新中国成长的重工业城市（第四卷图 77-1 至图 77-7）。

第四卷图 77-1　包头市党政机关大楼（2020 年）

第四卷图 77-2　位于包头白云鄂博的稀土开发区（2020 年）

第四卷图 77-3　包头市青山区阳光广场（2020 年）

第四卷图 77-4　包头市的美岱召（一处罕见的集寺庙、王府与城池为一体的建筑）、
　　　　　　　武当召（俗称五当召，清廷赐汉名广觉寺）（2020 年）

第十章　蒙新青藏 | 197

第四卷图 77-5　包头市郊牧鹿（2020 年）

第四卷图 77-6　参观鹿场（2020 年）

第四卷图 77-7　新中国第一批建设的内地大型钢铁企业——包头钢铁公司（2020 年）

78. 牧区中心城区：海拉尔

海拉尔是内蒙古自治区东北部，大兴安岭以西，辽阔的呼伦贝尔草原牧区最大的城市。改革开放初期，我去东北学习中国科学院综合科学考察队在东北荒地考察的经验时，曾经乘坐火车专访过海拉尔。时过40多年，脑海里还隐隐约约记得海拉尔火车站的影子。2018年夏，我赴呼伦贝尔旧地重游，第一个想去的地方就是海拉尔。一天清晨，我们从天津乘坐厦门航空的飞机飞往海拉尔，住在火车站附近的一家家庭旅馆，选择一个窗户朝南的房间往下看，下面是一所小学，海拉尔河的支流伊敏河就在眼皮底下。7月底的夏季，在海拉尔晚上睡觉不用开空调。

第二天一早我们从新站广场右拐，登上火车站与热电站之间的高架桥，穿过车站编组站铁轨，下桥沿着旧屋慢慢寻找，边走边问，不久就找到了海拉尔老火车站。它就在新客站的背后，原名"海浪"站，这个具有历史意义的老火车站被保留了下来，我兴奋不已！它记录了几个时代海拉尔铁路交通的故事。

海拉尔的东部、南部与鄂温克族自治旗接壤，西部、北部同陈巴尔虎旗毗邻。距中俄边界最近距离110千米，距中蒙边界最近距离160千米。明永乐三年（1405年），在海拉尔河流域设置了海剌儿千户所，为蒙古族游牧之地。民国元年（1912年）初，海拉尔隶属呼伦贝尔地方自治政府，为府治所在地；民国十八年（1929年）呼伦县公署改为呼伦县政府。同年11月苏军攻占海拉尔，成立"海拉尔苏维埃政府"，至苏、蒙军队撤出时自动取消。"九一八"事变，民国二十一年（1932年）3月伪满洲国成立后，海拉尔归属于兴安北分省，并为省会驻地；民国二十九年（1940年）5月，定海拉尔为市。此后，在呼伦贝尔省、盟、地区、行署时期，海拉尔都是驻地城市。直到2001年10月，国务院批准呼伦贝尔盟撤盟设市，海拉尔为呼伦贝尔市的驻地，次年（2002年）海拉尔撤市设区。

如今海拉尔的面积为1 319.8平方千米，常住人口36.5万（2021年），GDP为200亿元，第三产业占比达67%，是呼伦贝尔市的政治、经济、文化、医疗、教育、交通、信息、旅游中心。其旅游资源富集，优美的自然风光与独特的民风民俗、悠久的历史文化形成了以草原、森林、湖泊、冰雪为自然主题，以民俗历史文化为人文主题的特色品牌。夏季是避暑胜地；冬季是开展冰雪活动的极佳场所，为名副其实的"中国优秀旅游城市"。

在海拉尔的三天，我们走进老城商业区，在始建于1734年的呼伦贝尔古城闲逛，在新建的行政大楼前拍照，参观近郊侵华日军海拉尔要塞北山遗址，世界反法西斯战争海拉尔纪念园，感受那气势磅礴、恢宏大气、深沉凝重，集爱国主义、国际主义、革命英雄主义为一体的军事主题红色旅游景区，等等。可以说，深入了解和进一步体验了内蒙古自治区东部呼伦贝尔大草原，这座具有特殊意义和特殊风格的北方地区中心城市，让人难以忘怀（第四卷图78-1至图78-7）。

第四卷图 78-1　呼伦贝尔市人民政府（2018 年 8 月）

第四卷图 78-2　人民广场（2018 年 8 月）

第四卷图 78-3　修复的海拉尔老城（2018 年 8 月）

第四卷图 78-4　重访海拉尔火车站（原海浪站。2018 年 8 月）

第四卷图 78-5　新建的海拉尔站和热电厂（2018 年 8 月）

第四卷图 78-6　呼伦贝尔民族博物院、老城里（2018 年 8 月）

第十章　蒙新青藏 | 201

第四卷图 78-7　参观世界反法西斯战争海拉尔纪念园（2018 年 8 月）

79. 再访国门：满洲里

到了海拉尔，就想去满洲里看看这个融中俄蒙三国风情，被誉为"东亚之窗"，拥有百年历史的口岸城市，感受这座中俄边贸城市的新貌、人文文化新特点，特别是想与守卫国门那英姿飒爽的边防战士有机会亲密接触，我如愿以偿了。

我们从海拉尔乘坐的班车大约经过两个多小时的路程，到达满洲里大街，在一家规模不小的综合性商场吃些简单的面食，随即换乘公交直驱边境，办理登记手续进入国门区域。先从国门铁路线的左侧登上台阶参观，几座石碑记录了国门变迁的历史；然后慢慢进入数层楼高的国门内部，参观海拉尔的城市历史图片展。可以说这是此次去满洲里的一个意外收获。

我站在国门上遥看正前方的中俄边境，虽然有铁丝网隔离，但可以清楚地看见大约几百米之外的俄罗斯的国门，沉思好久！

走下国门，眼前就是国境界碑，在庄严的国徽下，"中国·41—1993"的红色大字十分耀眼；在铁道线的左侧岗亭下，站立着威武的解放军战士，他们 24 小时不停地守护边防，一时间敬畏的心情涌向心头。正是这些威武战士日夜守卫边疆，保卫着国人的安全。

满洲里是内蒙古自治区直辖县级市、计划单列市（准地级市），代管着呼伦贝尔市的扎赉诺尔区。全市（含扎赉诺尔区）总面积为 732 平方千米、常住人口达 15 万（2020 年）。满洲里口岸是中国最大的陆路口岸，是国务院确定的国家重点开发开放试验区。

与数十年前的满洲里相比，如今我看到的不仅是草原风光、蒙古族风情、边境异国情调，还了解到由于满洲里口岸位于亚欧第一大陆桥的交通要冲，是中国环渤海港口通往俄罗斯等独联体国家和欧洲最便捷、最经济、最重要的陆海联运大通道，承担着中俄贸易 60% 以上的陆路运输任务，在全国各边境陆路口岸城市之中名列首位。

在我从国门往回走时，路经中俄互市贸易区进入城区，满洲里市唯一没有变化的是它的建筑风格、文化特色，"福娃"似乎已经成为满洲里市的一个重要市标（第四卷图 79-1 至图 79-6）。

第四卷图 79-1　庄严的满洲里中国国门（2018 年 8 月）

第十章　蒙新青藏 | 203

第四卷图 79-2　通向俄罗斯的铁路交通线及俄罗斯口岸（2018 年 8 月）

第四卷图 79-3　国门里的满洲里市中俄互市贸易区（2018 年 8 月）

第四卷图 79-4　满洲里的福娃、蒙古建筑（2018 年 8 月）

第四卷图 79-5　满洲里的居住区、商业区的建筑（2018 年 8 月）

第四卷图 79-6　从海拉尔前往中俄边境城市——满洲里市平坦的草原牧区（2018 年 8 月）

80. 边境城市：二连浩特

二连浩特，"二连"为蒙古语"额仁"的讹音，"浩特"为"城市"。这是新中国成立之后设置的一个新兴城市。位于内蒙古自治区中北部，20 世纪 50 年代中期（1956 年 4 月）设置为边境城镇，因其地理位置的重要，为中国通向蒙古国唯一的铁路线——集（宁）二（连浩特）铁路的通道。当时的蒙古一侧已经在边境设置行政建制——扎门乌德，1966 年 1 月，经国务院批准设立二连浩特市。从二连浩特乘坐铁路可以直达中国北京和蒙古国乌兰巴托。

二连浩特市设立之初规模极小，居民很少，是一个单一的行政性边境建制市，边贸经济薄弱。20 世纪 90 年代，我在参加内蒙古自治区的设市预测与规划评审会之后，省民政厅同志专程陪同前往二连浩特参观考察时，市街规模很小，外贸交易大多是蒙古国的羊毛地毯等。

改革开放之后，边贸发展，人口大增。如今，二连浩特已经成为中国对蒙古国开放的最大公路、铁路口岸，一座兴旺的边境小城市。市区建成面积为 11 平方千米。2018 年末，全市常住人口为 67 340 人，全年外贸进出口总额达 237.98 亿元，进口大于出口，主要为铁矿石、木材、铜矿粉、石油、纸浆，出口以碳电极、沥青、钢结构为主。公路和铁路的货运量达 3 088 万吨（铁路和公路各半），旅客运输总量达 120 万人次。秋季是旅游旺季。

值得一提的是，二连浩特是内蒙古最早载入国际古生物史册的恐龙化石产地，有"恐龙之乡"的美称，在市区东北 9 千米的额仁诺尔盐池一带建有恐龙遗址公园（第四卷图 80-0）。

内蒙古自治区对蒙古国有近 10 个开放口岸，二连浩特是规模最大，且唯一同时拥有铁路和公路开放的口岸城市。1985 年 1 月，升格为内蒙古自治区的准地级市、自治区计划单列市。1985 年 6 月，国务院批准为甲类开放城市。1992 年，被国务院列为 13 个沿边开放城市之一。2014 年 6 月，国务院同意在二连浩特市设立国家重点开发开放试验区。

第四卷图 80-0　二连浩特国门景区（2020 年）

81. 内蒙古发展的地理问题思考

内蒙古自治区美丽而神奇，学生时代的地理课是以"风吹草低见牛羊"这样的诗句赞美呼伦贝尔盟广袤的大草原的。此次考察之后总觉得还缺些什么。在全国版图中，内蒙古自治区似乎仍处于"羊、煤、土（稀土）、气（天然气）"的"初级发展的基础阶段"。如何加快发展，我有以下思考：

（1）转变发展思路和传统观念，尽快改变长期停留在资源型产业的低层次结构的落后状况，加快产业转型升级，大力培育新产业、新动能和新的增长极，优化产业结构，创新发展模式。这是内蒙古自治区发展的方向性、战略性、根本性的大问题。

（2）发展资源型产业依然是内蒙古自治区的经济优势和特色，但要向深度进军，提升质量和品牌，提高附加值，包括"羊、煤、土、气"这四大产业仍有较大潜力，要加大科技含量，做强做优。助推农牧民实现多业态产业融合，提升现代化水平，并发展现代能源经济等。

（3）改变长期以来内蒙古自治区内部区域分割的局面，加强自治区内的东西联通，南北融合。内蒙古自治区东西直线距离 2 400 多千米，至今没有一条东西贯通的铁路，甚至没有一条高速公路，虽然由于区域面积大、人口稀少，缺少城镇聚集点的支撑，可能带来运输不经济的问题，但作为一个民族自治区，要结合边防建设、产业布局、人文生态、城镇规划，加快上马建设东西向的交通干道。

（4）强化草原生态建设，突出发展草原文化旅游业。草原生态建设是自治区持续发展之本，必须认真抓好。要实现与森林生态、水土生态环境保护的有机结合。持续做好西部阿拉善盟地区的治沙工作；草原文化是自治区的突出的人文特色，也是优势，要积极、有序，统筹规划布局，打造世界级的"文旅"长廊，做好这篇大文章。

总之，未来的内蒙古要围绕"发展、民生、生态"这三个核心重点加快发展步伐。

（三十二）新疆维吾尔自治区

82. "三山夹两盆"的欧亚大陆腹地省区

新疆维吾尔自治区，简称新，首府乌鲁木齐市。它位于中国西北边陲，北部、西部与蒙古、俄罗斯、哈萨克斯坦、吉尔吉斯斯坦、塔吉克斯坦、印度、巴基斯坦、阿富汗计八国接壤，陆地边境线超过 5 600 千米。面积为 166 万平方千米，占中国陆地总面积的 1/6，是我国陆地面积最大的省级行政区。全区下辖 4 个地级市（13 个市辖区）、5 个地区、5 个自治州、26 个县级市、62 个县、6 个自治县，其年末常住人口 2 590 万（2020 年），居住有汉、维吾尔、哈萨克、回、蒙古、柯尔克孜等 55 个民族，为中国 5 个少数民族自治区之一。

新疆正处于亚洲大陆的中心腹地位置，它西距地中海，东距太平洋，北距北冰洋，南距印度洋的距离大致都在 4 000—6 000 千米，是中国深处内陆、距离海洋最远，最典型的内陆省区，距离最近海岸线的直线距离也有 2 648 千米。自然地理位置的大陆中心性决定了新疆气候的大陆性特征，为新疆干旱之源。

新疆古称西域，是古丝绸之路的重要通道、重要的战略位置，这也决定了它在国家政治、军事、经济、社会、文化，乃至生态整体空间中的重要意义。历届中央政府都十分重视新疆的建设、经济的发展、社会的稳定、民族的团结。新疆的经济发展较快，2019 年，全区国民生产总值为 13 597.11 亿元，排名第 25 位，人均 54 280 元，略低于内蒙古自治区，高于吉林、甘肃、青海等省区。

新疆特殊的地理环境，为地理科学发展提供了广阔的舞台。从 20 世纪 50 年代起，中国科学院组织大批多学科专家奔赴新疆，在山岳冰川、浩瀚沙漠、绿洲城市、绿洲乡村进行过大量的科学考察，弄清了新疆的自然和经济、文化、社会状况，提示和把握了新疆的空间特点和规律，为新疆的发展提供了大量科学依据。

20 世纪 90 年代，民政部组织推进的设市预测与规划工作为我入疆考察打开了方便之门。一个炎热的夏季，当我第一次坐飞机进入大西北，从机窗往下看新疆，一片片沙丘、黄土，几乎看不见绿色，看不到农田，也很少看到城市、村庄，这才体会到，新疆地广人稀，水是新疆人的命脉，干旱少雨，河流干枯是影响新疆生存发展之第一要因！

我们在完成新疆维吾尔自治区设市预测与规划评审任务之后，主持方精心安排了天山、哈密油田、吐鲁番盆地、火焰山等地的考察，大巴车一路向东，高速行驶在前往距乌鲁木齐数百千米之外的绿洲，观光考察，让我感受了新疆之大，新疆之"渴"。

此后，得友人陈海波推荐，与新疆生产建设兵团建立了课题合作关系，有机会多次深入兵团调研。我与新疆之缘还与我的新疆学生有关，华东师范大学地理系首届工农兵大学生有两位来自新疆，我的博士生中也有两位来自新疆师范大学。

由于地质时期印度洋板块和亚欧板块的挤压，以及亚欧板块内部的地质升降，新疆的地形结构呈现规律性分布，整体格局表现为"三山夹两盆"的特点。

① "三山"：北部阿尔泰山，南部昆仑山系和横亘于新疆中部的天山。

② "两盆"：夹在三山中间的两个大盆地，即南部的塔里木盆地，北部的准噶尔盆地。

习惯上以天山为界，南为南疆，北称北疆，哈密—吐鲁番盆地则为东疆。

③"两盆"中的沙漠和戈壁：面积广大，天山南麓塔里木盆地中心的塔克拉玛干沙漠，是中国最大的沙漠，面积为33.76万平方千米，也是仅次于阿拉伯半岛鲁卜哈里沙漠的世界第二大沙漠，年降水量在50毫米以下，是欧亚大陆的干旱中心，风沙活动频繁，是一个"进去就出不来的地方"，被人称之为"死亡之海"。

天山北麓（北疆）准噶尔盆地中央的古尔班通古特沙漠，面积为4.88万平方千米，是中国第二大沙漠；东部的库姆塔格沙漠、昆仑山区世界最高的库木库里沙漠（海拔3 900—4 700米）等，均为内陆温带沙漠。

新疆东部的罗布泊地势低洼，是盆地水系的最后归宿，长期的风蚀作用，形成与风向大致平行的风蚀墩与风蚀凹地相间的"雅丹"地形，还有金字塔、穹状、鱼鳞状等各种特殊形态的沙丘、沙垅。

新疆的戈壁主要集中分布于东部地区。在天山脚下分布有广阔的山前平原，多为洪积或洪积—冲积戈壁，又称为砾质荒漠；哈密以南的噶顺戈壁则为剥蚀戈壁，又称为石质荒漠。

新疆的气候以天山为界，南北不同。北疆为温带大陆性干旱半干旱气候，南疆为暖温带大陆性干旱气候。在山地，气候的垂直差异比较明显。春秋多大风，峡谷、山口的大风常达12级。

巍峨壮观的天山所蕴藏的丰富的高山雪水为新疆的大小城市、盆地提供了源源不断的珍贵水源。

新疆是一个美丽而神奇的省区，其广袤的国土面积，东西南北中景观的差异性为新疆增添了奇异多样的色彩。在空中俯视南北疆浩瀚而又多姿多彩的特殊沙丘—戈壁地貌，也是一种对干旱地区大自然景观美妙的享受（第四卷图82-1至图82-4）。

第四卷图82-1　空中俯瞰新疆（1993年8月）

第四卷图 82-2　一组干旱风沙地貌（1993 年 8 月）

第四卷图 82-3　塔克拉玛干沙漠（1993 年 8 月）

第四卷图 82-4　天山脚下（2020 年）

83. 东归华夏之路

在古代，包括新疆天山南北在内的广大地区统称为西域。汉代开始，新疆地区就已经东归，正式成为中国版图的一部分。汉朝以后，历代中原王朝时强时弱，与西域的关系有疏有密，中央政权对新疆地区的管治时紧时松，但任何一个王朝都把西域视为故土，行使着对该地区的管辖权。公元前60年，控制东部天山北麓的匈奴日逐王降汉，西汉统一西域。公元123年，东汉改西域都护府为西域长史府，继续行使管理西域的职权。公元327年，前凉政权首次将郡县制推广到西域，设高昌郡。

从460年到640年，以吐鲁番盆地为中心，建立了以汉人为主体居民的高昌国，历阚、张、马、麴诸氏。隋代，结束了中原长期分裂状态，扩大了郡县制在新疆地区的范围。唐代，先后设置安西大都护府和北庭大都护府，统辖天山南北。宋代，西域地方政权与宋朝保持着朝贡关系。

元代，设北庭都元帅府、宣慰司等管理军政事务，加强了对西域的管辖。1251年，西域实行行省制。

明代，中央政权设立哈密卫等作为管理西域事务的机构，继续管理西域事务。清代，清政府平定准噶尔叛乱，中国西北国界得以确定。1884年在新疆地区建省，并取"故土新归"之意，改称西域为"新疆"。1912年新疆积极响应辛亥革命，成为中华民国的一个省。

1949年中华人民共和国成立，新疆和平解放。1955年成立新疆维吾尔自治区。

历史证明，新疆自古就是中国固有领土的一部分，是祖国大家庭中不可分割的重要成员（第四卷图83-0）。

第四卷图83-0　新疆维吾尔自治区博物馆

84. 水资源：新疆的命根子

水是生命之源。这对于干旱缺水的内陆腹地的新疆来说更为重要。受气候的影响，新疆的平均年降水量为150毫米左右，远低于蒸发量（全疆绝大部分地区的蒸发量在2 600毫米以上），相差10—20倍！新疆的水资源来自地表水（河流、湖泊、冰川）和地下水（山区和平原），水资源的统筹，精细科学利用尤为重要。

全疆分布有大小河流570多条，多年平均总径流量在884亿立方米/年。水资源的时空分布极不平衡，具有北多、南少、西多、东少的特征，主要集中在夏季，丰枯明显。受气候和地形的影响，绝大部分为内流河，水源源自高山雪水，消失于盆地沙漠，抑或积水为咸湖。位于南疆塔里木盆地北侧，著名的塔里木河源自西部的帕米尔高原和南部的昆仑山脉，流入罗布泊，全长2 137千米，是我国最长的内流河。位于北疆西部的伊犁河，是新疆水量最大的内流河，向西出境流入巴尔喀什湖。新疆最大的淡水河是位于北疆最北的额尔齐斯河，是新疆的主要外流河，也是我国北冰洋水系的唯一河流。

新疆有139个大于1平方千米的天然湖泊，总面积约为5 500平方千米，有数百座大中型水库，特别是分布在天山、昆仑山、阿尔泰山和帕米尔高原的18 600多条冰川，冰川面积占全国冰川总面积的46.2%，冰雪储量28 275亿立方米，占全国冰川储量的49.5%。这些都是新疆重要的水资源。

地下水是新疆极为重要的水源，全区地下水补给总量为629.5 554亿立方米/年（1999年），山丘略多于平原。平原区地下水开采资源量占全疆平原区地下水补给资源的61%。

据1999年的资料，全疆总水资源利用量为485.9亿立方米/年。其中：利用地表水434.24亿立方米/年，占89.37%；开采地下水51.35亿立方米/年（不含坎儿井、引泉量），占10.57%；污水处理回用0.293亿立方米/年，占0.06%。

总体来看，新疆的水资源能够满足生活、生产的需要，但由于水资源分配不均，天山北麓自奇台县、乌鲁木齐市、昌吉市、石河子市一带是新疆经济最发达的地区，对水资源的需求量最大，地下水开采程度均在60%以上。吐（鲁番）—哈（密）盆地开采程度已经超过80%！

河流、冰川、湖泊以及地下水资源，供应新疆大大小小的绿洲式城市、乡村和居民点，滋养着新疆近2 500万人，支持着农牧业、工业、服务业的蓬勃发展。我虽然走过新疆的城乡不算多，但"水资源"决定着新疆的发展规模乃至未来，这是千真万确的定律！发展节水产业，解决新疆发展中的供水问题是战略性、根本性大事（第四卷图84-1至图84-4）。

第四卷图84-1　额尔齐斯河（它是我国唯一向西流入北冰洋的河流。2011年7月）

第四卷图 84-2　流淌着来自高山的雪水（1994 年 8 月）

第四卷图 84-3　通过"坎儿井"等方式大量抽取地下水补充水源的不足（1994 年 8 月）

第四卷图 84-4　被降水冲刷的地表、农七师附近的淡水湖泊留影（1994 年 8 月、2000 年 10 月）

85. 以维吾尔族为主的多民族自治区

新疆是以维吾尔族为主体的多民族自治区。

据第六次人口普查显示,新疆全区常住人口为 2 181.333 4 万(2010 年 11 月 1 日零时),共有 55 个民族,其中少数民族人口 1 306.718 6 万,占总人口的 59.9%,汉族人口为 874.614 8 万,占总人口的 40.1%。在少数民族人口中,维吾尔族(简称维族)人口为 839.939 3 万,占少数民族人口的 64.3%,占新疆总人口的 38.5%,为少数民族人口占比最高的自治区之一。

维族基本集中在南疆和首府乌鲁木齐市。塔里木盆地周围的绿洲是维吾尔族的聚居中心,以喀什噶尔绿洲、和田绿洲以及阿克苏河和塔里木河流域最为集中;天山东端的吐鲁番盆地,维吾尔族分布也较集中。

除汉族和维族之外,新疆还有 11 个世居民族,包括:哈萨克族、回族、柯尔克孜族、蒙古族、塔吉克族、锡伯族、满族、乌孜别克族、俄罗斯族、达斡尔族、塔塔尔族。其中的哈萨克族、回族、柯尔克孜族、蒙古族设有 5 个自治州,另设有 6 个自治县(哈萨克族、塔吉克族、锡伯族)。

新疆是一个以维吾尔族、汉族为主,多民族聚居,融合发展的大家庭,信仰伊斯兰教、佛教、基督教等。如果你有机会去新疆的东西南北中走走看看,与各民族亲密接触,一定会理解新疆为何民族多元,融合发展。其中有自然环境的原因,更有地理位置,特别是与 8 个国家接壤的因素,并与中华大地几千年历史演进相关。边疆的政治稳定,多民族团结和谐、共建美好的新疆是国家的重任,更是新疆各民族人民的责任(第四卷图 85-1、图 85-2)。

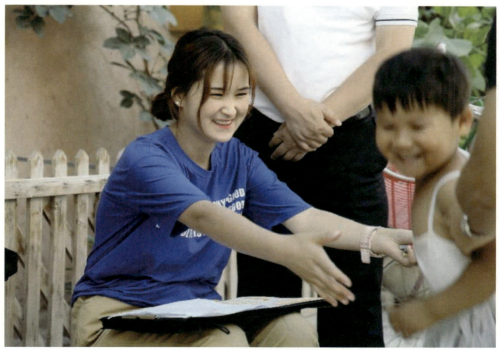

第四卷图 85-1 新疆维族的幸福生活(2021 年)

第四卷图 85-2　喀什维族的住家（2010 年）

86. 自治区的组成部分：新疆生产建设兵团

"屯垦戍边"，是中国历代王朝治理边疆的重要良策，也是几千年开发和保卫边疆的历史遗产。早在 2000 多年前的西汉时期，就开始在西域（新疆）进行"屯垦戍边"，从未间断，西汉、唐、清三朝尤为鼎盛。实践证明，"屯田兴则西域兴，屯田废则西域废"。

1949 年新疆和平解放，中央政府为维护新疆的政治稳定，推进经济发展，巩固国家统一与民族团结，驻疆人民解放军在平暴剿匪、稳固新生的人民政权的同时，开展了规模空前的大生产运动，赢得新疆各族人民群众的热烈拥护。1954 年 10 月，中央决定驻疆的 10.5 万名官兵集体就地转业，组建新疆生产建设兵团，担负起征服荒漠、建设新疆、保卫边疆的历史重任。同时，兵团还接受了来自山东、河南、四川、广东、江苏等地的支边青年及知识分子，参与新疆的屯垦戍边事业。

"兵团"实行党政军企高度统一的特殊管理体制，兵团机关驻乌鲁木齐，下辖的 10 个农业建设师、一个工程建筑师，分布在塔克拉玛干沙漠、古尔班通古特沙漠边缘和中国西北边境线。"兵团"受中央政府和新疆维吾尔自治区双重领导，是实行国家计划单列，省（部）级单位的特殊社会组织，享有省级的权限。

新疆生产建设兵团的分布地域与蒙古、哈萨克斯坦、吉尔吉斯斯坦三国接壤，国境线超过 2 000 千米。65 年来，新疆生产建设兵团事业得到了长足发展。新疆生产建设兵团在天山南北的塔克拉玛干、古尔班通古特两大沙漠边缘和自然环境恶劣的边境沿线，兴修水利，治沙治碱，植树造林，治河修库，在戈壁荒原中建成了一个个田园与渠系、林带成网的绿洲生态体系。至 2019 年底，兵团有 14 个师、179 个团场，拥有土地面积 7.06 万平方千米，占新疆总面积的 4.24%，兵团总人口达 324.84 万，有效灌溉面积 1 379.20 千公顷（2 068.81 万亩），该年粮食总产达 230.48 万吨、棉花产量 202.80 万吨、甜菜产量 148.33 万吨，成为全国最大的棉花、油料生产基地，工业和服务业也有了较快发展。

"兵团"已经成为新疆经济发展、民族团结、社会稳定、边防巩固的一支无可替代的力量。随着新疆经济社会的发展，兵团体制改革深入推进，行政建制的规范化、地方化取得显著成效。至 2019 年末，9 个兵团管理的师（市）合一的自治区直辖县级市 10 个、建制镇

37个。❶

2000年左右，我两次到访"兵团"，深入干旱沙丘调研考察（第四卷图86-1至图86-8），探索规划兵团的未来，深深感受到数十万大军在边疆国土流汗，与地斗、与天斗，几代人的奉献与可歌可敬的艰苦奋斗精神！

第四卷图86-1　奎屯市容市貌（2000年10月）

第四卷图86-2　奎屯市人民政府留影（1999年8月）

第四卷图86-3　农七师研究项目座谈会留影（2000年10月）

---

❶　至2019年末，兵团有14个师，179个团场，其中有9个兵团管理的师（市）合一、自治区直辖的10个县级市，37个建制镇。各师机关驻地：一师（阿拉尔市），二师（铁门关市），三师（图木舒克市），四师（可克达拉市），五师（双河市），六师（五家渠市），七师（奎屯市），八师（石河子市），十师（北屯市），十四师（昆玉市）。

第四卷图 86-4　调查农七师的水源地（2000 年 10 月）

第四卷图 86-5　农七师 123 团留影（2000 年 10 月）

第四卷图 86-6　农七师 123 团农贸市场（2000 年 10 月）

第四卷图 86-7　探索实践兵团地方化新体制——123 团与车排子镇的两块牌子、一套人马（2000 年 10 月）

第四卷图 86-8　兵团农场的大型收割机留影（2000 年 10 月）

87. 自治区首府：乌鲁木齐

乌鲁木齐，旧称迪化，为新疆维吾尔自治区的首府驻地，同时也是新疆生产建设兵团的总部所在地，新疆的政治、经济、文化、科教和交通中心。截至 2018 年，全市建成区面积为 436 平方千米，常住人口 350.58 万、城镇人口 261.57 万，是世界上最内陆、距离海洋和海岸线最远（2 500千米）的大型城市，被列入吉尼斯世界纪录大全。

汉代置戊己校尉在乌鲁木齐近处的金满（吉木萨尔）设营屯田，维护丝路北道安全；唐朝，在天山北麓设置庭州；清乾隆二十年（1755年）在新疆驻军开始大规模开发，乾隆二十八年（1763年）扩建筑城，改称迪化；1884年迪化为新疆省的省会，1954年迪化改称"乌鲁木齐"，蒙古语意为"优美的牧场"。

作为新疆维吾尔自治区首府城市的乌鲁木齐市也是一个多民族共享共建的政治经济文化中心。人口的民族结构、宗教信仰、产业发展、城市形态，特别是地域文化，乃至风俗习性、饮食、服饰等，乌鲁木齐都体现了多元性、多样性及和谐融合的特点。

在乌鲁木齐，各民族大多有特定的居住社区。与此相对应的多种宗教（伊斯兰教、佛教、道教、天主教、基督教、东正教）信仰并存，各种民族特色的节日很多。

历史上，乌鲁木齐是古丝绸之路新北道上的重镇，东西方经济文化的交流中心，中国文化体系、印度文化体系、伊斯兰文化体系、欧美文化体系在此汇集，多民族繁衍生息，呈现出开放、热情、豪爽和奋进多元文化的特质，造就了具有世界性的灿烂辉煌的文化，使乌鲁木齐成为中亚地区最具活力的城市。

改革开放以来，中央政府对乌鲁木齐的定位为自治区首府，中国西北地区重要的中心城市和面向中亚西亚的国际商贸中心，经济有较快发展。2018年乌鲁木齐市实现地区生产总值（GDP）3 099.77亿元，占全疆经济总量的23%。城市建设取得长足进步。

基于乌鲁木齐绿洲的地形因素，东西南三面环山，只有北部冲积平原绿洲是城市空间拓展的方向，从而形成了建成区的T型城市空间格局。

乌鲁木齐市位于新疆天山北麓中部、亚欧大陆中心，是自治区东西大动脉和经济走廊的核心城市，它作为中国通向中亚乃至欧洲的桥头堡，国际地缘政治地位十分重要。

作为"亚心之都"、第二座亚欧大陆桥中国西部桥头堡和中国向西开放的重要门户城市的乌鲁木齐，未来首先要大力发展交通运输业，加强物流体系核心的基础设施建设，提升"枢纽"功能，发挥大西北、欧亚桥头堡的交通枢纽作用；其次要充分发挥商贸服务业和工业制造业中心的作用，以国际陆港区为核心，通过中欧班列集货，聚集产业，不断提升对内对外开放的质量和水平。在发展中要把握两点：一是遵循自然规律，做好市域生态环境这篇文章，实现可持续发展，让乌鲁木齐更美；二是加强城市治理，深化体制机制改革，实现多民族深度融合，确保社会稳定，共建美好的首府城市（第四卷图87-1至图87-4）。

第四卷图87-1　乌鲁木齐国际机场（2015年）

第四卷图 87-2　乌鲁木齐市七一酱园综合购物中心、外环路高架（2008 年 9 月）

第四卷图 87-3　乌鲁木齐的新疆国际大巴扎（2011 年 7 月）

第四卷图 87-4　天山脚下居民区、乌鲁木齐市容

88. 伊犁哈萨克自治州·伊宁市

"伊犁"与"伊宁"是人们容易混淆的两个地名。"伊犁"是哈萨克自治州的州名，是一个行政地域的名称，"伊宁"则是一个建制城市的名称，是哈萨克自治州的州府驻地。伊犁哈萨克自治州于 1954 年 11 月成立，为相当于副省区级别的自治州，下辖塔城、阿勒泰 2

个地区和 11 个直属县市，首府设在伊宁市，是全国唯一既辖地区，又辖县市的自治州。

包括塔城和阿勒泰地区在内，伊犁州土地面积为 268 593 平方千米。2019 年末全州户籍人口为 455.68 万，州直辖的 11 个县级行政区土地面积 5.65 万平方千米，户籍人口 292 万。

伊犁，史称伊列、伊丽、伊里等，曾是大月氏、乌孙所在地，公元前 60 年正式纳入祖国版图。清乾隆年间因位于伊犁河畔定名伊犁。伊犁州地处新疆维吾尔自治区西部天山北部的伊犁河谷，属温带大陆性高山气候，雨量充沛，土地肥沃，素有"塞外江南"美誉。境内有夏特古城、包扎墩乌孙古城、格登山记功碑以及草原岩画等文化遗迹，是新疆细毛羊、伊犁马、新疆褐牛、中国美利奴羊的主要培育和生产基地。2018 年伊犁哈萨克自治州生产总值（GDP）939.9 亿元（不含塔城地区和阿勒泰地区）。

伊犁州与哈萨克斯坦国为邻，境内国界线长 464 千米，地缘优势突出。历史上是古丝绸之路北道要冲，如今是我国向西开放的桥头堡。自治州内拥有国家在新疆设立的两个"特区"之一的霍尔果斯经济开发区，全国首个跨国经济合作区——中哈霍尔果斯国际边境合作中心，以及霍尔果斯、都拉塔两个国家一类口岸，是我国连接中亚、西亚和欧洲最便捷的通道。

伊犁州驻地的伊宁市，坐落在伊犁河谷盆地中央，天山支脉科古尔琴山南侧，连接 312 国道的最西端，是新亚欧大陆桥中西部的主要窗口。

伊宁古称宁远，始建于 1762 年，早在汉代，就已形成一条古丝绸通道，沟通中亚各地和西亚，并联接南亚和欧洲各地，交通便捷。清代为伊犁九城之一，中国西部的一个繁华商埠。1952 年经国务院批准建市。市域面积为 761.34 平方千米，人口 55.78 万，在新疆县级市之中仅次于喀什市和石河子市，位居第 3 位。1989 年 1 月，伊宁被国务院确定为开放城市，1992 年 6 月又被确定为沿边进一步对外开放城市，在市区设有国家级边境经济合作区，是连接霍尔果斯口岸、都拉塔口岸、木扎尔特口岸的中心城市。伊宁还设有伊犁师范大学，兵团第四师和核工业新疆矿冶局、西部黄金伊犁分公司等中央、自治区直属单位。

伊宁居住有维吾尔族、汉族、哈萨克族、回族、蒙古族、锡伯族、乌孜别克族、俄罗斯族等 37 个民族，在伊宁市新华东路，清政府直接拨款修建的拜都拉清真寺（也称麦的里斯），是伊犁第一座伊斯兰教寺院（第四卷图 88-1 至图 88-5）。

第四卷图 88-1　伊宁站

第四卷图 88-2　伊犁哈萨克自治州博物馆

第四卷图 88-3　阿勒泰地区乌伦古湖（2011 年 7 月）

第四卷图 88-4　冬季的伊犁边境（2019 年 8 月）

第四卷图 88-5　农九师守卫的边境（2019 年 9 月）

89. 腾飞的城市：喀什

天山以南，新疆广袤的国土虽然有世界级大沙漠占据其中央，但以塔里木河为主流的天山冰雪融水滋润着一块块美丽而神奇的"绿洲"，那是世世代代新疆人生存、发育、发展的故土。围绕着塔克拉玛干大沙漠，从库尔勒向西、西南，折向东南，依次为地区级所在地库尔勒、阿克苏、喀什、和田，大致每隔 450 千米就发育出一个小城市，再向东，水源更为稀少，人口稀疏，自民丰起大约每隔 200—250 千米形成一个县，即民丰、且末、若羌。在"靠天吃饭"的时代，这种有规律的分布格局，自然地理环境的"决定性"作用非常明显。

在这条古丝绸之路上留下的数以百计的古城池、古墓葬、千佛洞等古迹，昭示着悠久的历史和无数的艰辛、沧桑，更有值得探究的奥妙。其中最代表南疆、地理位置最为重要、发展前景最好的城市当属喀什。

喀什，语言学考证认为是古和田塞语，意为"玉石之城"。古代的喀什常属疏勒国范围，张骞出使西域使喀什与中原地区建立官方交流。"喀什"的通名，有"地区"和"市"两个建制。"喀什地区"下辖 1 个市、11 个县，其面积为 16.2 万平方千米、人口 463.38 万（2018 年）。"喀什市"是 1952 年设立的县级市，为喀什地区驻地城市，其面积为 1 056.8 平方千米，人口 70.69 万（2018 年），占全区的 15.2%，近一半为城镇人口。2018 年，喀什地区实现地区生产总值 890.12 亿元，其中的喀什市占 19.1%。

喀什市地缘政治和经济地理区位十分优越，蕴藏着巨大的发展潜能和重要战略意义。

喀什是新疆唯一的国家历史文化名城，它集中体现了维吾尔族民俗风情、文化艺术、建筑风格及传统经济的特色和精华。市内有古城（位于喀什市中心，占地面积为 3.6 平方千米）、高台民居（建于高 40 多米、长 800 多米黄土高崖上的维吾尔民族聚居区，距今已有 600 年历史），保存完好。还有英国驻喀什噶尔领事馆、瑞典基督教行道会驻喀什代办处、俄国驻喀什噶尔领事馆等旧址。

进入新时代，这个古代丝绸之路上的商埠重镇，东西方交通的咽喉枢纽，东西方经济文化和文明的重要交汇点的战略地理位置，以及地域文化的特殊优势得到高度重视。2010 年，喀什经济开发区被批准为经济特区，喀什国际级机场为对外开放的一类航空口岸。对外交往十分频繁而便捷。随着"一带一路"倡议的实施，特别是"中巴经济走廊"建设的务实推进，巴基斯坦瓜达尔港的运营、喀什的区位优势将得到充分发挥。未来，喀什进入中国西部大城市，乃至世界性名城将不是梦！

2015 年 5 月，我曾经有机会以援疆咨询专家的身份跟随参访喀什，但由于与事先已经确定赴西安为西部十个省区的民政干部作讲座的安排而未能成行，深感遗憾（第四卷图 89-1 至图 89-3）。

第四卷图 89-1　新疆喀什地区决策咨询专家聘书（2013 年 7 月）

第四卷图 89-2　喀什市区民居（2015 年）

第四卷图 89-3　喀什清真寺讲经堂（2015 年）

90. 到访兵团农七师·考察奎屯

20 世纪 60 年代，我的一位同班同学在反右运动中饱受创伤，被分配到新疆生产建设兵团工作，很想有机会去看看他。1999 年的暑假，与兵团农七师（2012 年更名为"新疆生产建设兵团第七师"）建立了联系，在师部支持下，开展了兵团体制、团场规划等内容的项目研究，先后带领多位博士生赴七师驻地——奎屯市调查访问。此时，老同学张柏江就在伊犁师范学院奎屯校区（原兵团农学院）任地理系系主任。

我踏上去奎屯农七师的路程，从乌鲁木齐去奎屯大约还有 250 千米，炎热的夏天，中午气温超过 40℃，柏油路面都融化了！

农七师位于新疆准噶尔盆地西南部的奎屯河流域，面积达 5 906.90 平方千米，下辖 10 个团场，总人口为 21.718 6 万，以汉族为主，少数民族有壮族、维吾尔族、回族、蒙古族等。实际地域空间大致在沙湾县与克拉玛依市、乌苏市及奎屯市边界的围合处，是一个以棉、粮（小麦）、菜、畜为主及加工业的大型综合性垦殖场。

在几项课题研究中，我们收获的不仅是了解了兵团体制的来龙去脉，兵团在建设新疆、稳定边疆所发挥的特殊作用和重大意义，而且深刻认识到如何处理好兵团与地方发展之间的关系，兵团在帮助民族发展，推进民族和谐中的重要作用。在大面积的干旱地区，合理分配水资源是处理好兵团与地方利益关系，推进共同发展的关键。同时也发现，新时代兵团的体制有某些不适应性，需要推进改革。师（市）合一、团镇合一是一个方向。它是新疆特殊环境下的地方行政建制改革的创新，既保留了兵团体制的特殊传统，又实现了行政区划的规范化管理。2019年，国务院批准位于奎屯市西北胡杨河畔，由农七师下属的128团前山镇、129团五五新镇、130团共青镇三镇（团）合一设立胡杨河市。

我以为，随着兵团经济社会的发展，城市建设的推进，这种政区体制仍需要在实践中完善。当前的重点是要统筹区域基础设施建设和环境生态治理等跨界问题。

农七师师部驻地——奎屯市位于准噶尔盆地南沿，天山北坡山前冲积扇缘地带，规模不大，历史悠久，地位重要，是新疆西北部一座新兴的工商业城市，也是主要农牧区和粮油棉基地之一，是亚欧大陆桥第二通道上的重要节点城市。在农七师和这座小城调研之后，留给我印象最深、最重要的是几十年兵团与地方团结融洽的关系，2019年12月，农七师获全国民族团结进步示范区（单位）荣誉（第四卷图90-1至图90-6）。

第四卷图90-1　去农七师（奎屯市）途中（1999年7月）

第四卷图90-2　奎屯河大峡谷

第十章　蒙新青藏 | 227

第四卷图 90-3　奎屯市容市貌（1999 年 7 月）

第四卷图 90-4　与大学同学——兵团教育学院张柏江教授合影（1999 年 7 月）

第四卷图 90-5　胡杨林、胡杨河市

第四卷图 90-6　五家渠市五块牌子（兼顾兵团与地方关系的新体制，这五块牌子一目了然。2020 年 11 月）

91. 一路向东：天山天池→达坂城→吐鲁番（火焰山·葡萄沟·坎儿井）

1994年的8月，我应邀参加了"新疆维吾尔自治区设市预测与规划"专家评审会，会后，组织方安排了一个很有意义的考察活动。

（1）第一站：天山天池

横跨亚欧大陆的天山，是世界最大的独立纬向山系，也是世界上距离海洋最远的山系和全球干旱地区最大的山系。天山是新疆的生命之源，沙漠里的明珠，具有重要的地理意义。中国境内天山的托木尔峰、喀拉峻—库尔德宁、巴音布鲁克、博格达4个片区以"新疆天山"名称成功申请成为世界自然遗产。

地处新疆维吾尔自治区昌吉回族自治州阜康市境内，博格达峰北坡山腰的天山天池，古称"瑶池"，湖面海拔1910米，最深处103米，是以高山湖泊为中心的自然风景区。

从乌鲁木齐市中心（海拔约800多米）出发前往天池，爬高1100多米，耗时2个多小时。我们一路欣赏天山的自然垂直变化和蒙古包等人文景观，那陡峻的山体，似镜的湖水，茂密的云杉组合成的干旱地区典型的山岳型自然景观展现在眼前，影像中留下历史的一刻（第四卷图91-1、图91-2）。

第四卷图91-1　从乌鲁木齐前往天池途中及留影（1994年8月）

第四卷图 91-2　天山天池自然风景及留影（1994 年 8 月）

（2）第二站：达坂城→吐鲁番（火焰山·葡萄沟·坎儿井）

第二天开始了向东的行程，首站就是著名的达坂城。它位于乌鲁木齐市区东南，大约 80 千米处，是一座历史悠久的名镇。兰新铁路、312 国道穿达坂城而过；其三面环山，向西呈半封闭状态，是南北疆的地理、气候分界线。古今以来一直是联系南北疆的咽喉之地。

达坂城因《达坂城的姑娘》优美的旋律和质朴诙谐的歌词而著名，我们在达坂城下车休息，参观了规模不小、颇具特色的达坂城农贸市场（第四卷图 91-3）。虽在夏季，但不太热，7 月的平均气温在 18℃，聚集的人不少。达坂城是全疆第二大风口，建有亚洲最大的风力发电厂站。

参观达坂城后驱车前往吐鲁番盆地，维吾尔族的"绿洲"景观——火焰山·葡萄沟·坎儿井（第四卷图 91-4）。

第四卷图 91-3　达坂城小留（1994 年 8 月）

第四卷图 91-4　火焰山千佛洞及留影（1994 年 8 月）

景观一：火焰山。它由红色砂岩构成，古称"赤石山"，维吾尔语为"克孜勒塔格"（意为红山）。形成于五六千万年前的喜马拉雅造山运动时期的火焰山为天山支脉之一，位于吐鲁番盆地的北缘，为东西长 98 千米，宽 9 千米，高度在 500 米左右的赤色巨龙。火焰山重山秃岭，人迹罕至，寸草不生，宛如火星。这里无春无秋，四季皆热，盛夏红日当空，地气蒸腾，焰云缭绕，形如火龙。夏季最高气温达 47.8℃，地表最高温度在 70℃ 以上！独特的地质和自然地理环境，特别是气候环境制造了一个独特的"火焰山"。

车行途中，荒无人烟，偶见几户人家，房屋的一半被埋在地下。散热快的土坯仍是当地主要的建筑材料。抵达火焰山下车后，炎热的空气顿时迎面扑来，浑身发烫，眼望红似火、留有无数冲沟条痕的山脉，在太阳照射下，难以立足，赶忙向窑洞走去，抓紧拍照（第四卷图 91-5、图 91-6）。

在火焰山体验了吐鲁番这个全国最热的盆地，思考千百年来在如此恶劣环境下人们顽强的生存能力！

第四卷图 91-5　赶往吐鲁番途中发生交通事故的现场（1994 年 8 月）

第四卷图 91-6　赶往吐鲁番途中（1994 年 8 月）

景观二：葡萄沟。车行没有多久就到达葡萄沟，参观人很多（第四卷图 91-7）。展现在眼前的是另一个世界，清泉淙淙、绿树成荫，在明亮的阳光下，沟渠两旁挂满了清香的葡萄，可以任意随手采摘品尝而无需清洗。你很难想象，穿过山体的沟谷，其沟底便是一条条长长的绿洲。葡萄沟是最著名的河谷绿洲，沟里的水源自"坎儿井"源源不断的地下水供给，特别适合葡萄生长。

第四卷图 91-7　在葡萄沟，与中国地理学会秘书长瞿宁淑先生（左一）等人合影（1994年8月）

葡萄沟的两侧搭满葡萄架，一批批成熟的葡萄就地放入用砖搭成的阴干房。房的四面墙上有许多墙洞，中间是木棍搭成的支架，将成熟的无核葡萄搭上，由热风吹，很快就能得到高质量的葡萄干。吐鲁番地区每年种植55万亩葡萄，出产百万吨葡萄。加工成吨的葡萄干，是新疆特产，还是中国国家地理标志产品。

我们参观的吐鲁番地区博物馆，规模不小，内容丰富，如今是新疆第二大博物馆，国家一级博物馆，是集文物收藏展陈、文化遗产保护与研究、社会科学宣传教育等职能于一体的国有综合类博物馆（第四卷图91-8、图91-9）。馆藏举世闻名的吐鲁番巨犀化石、出土文书、出土毛纺织品、彩陶、干尸等都是镇馆之宝，还有现存世界上最早的假肢、最早的月饼、中国最早的葡萄藤等，精品荟萃，具有明显的地域特征。

第四卷图 91-8　参观吐鲁番博物馆、葡萄干制作过程留影（1994年8月）

第四卷图 91-9　吐鲁番坎儿井博物馆（2008 年 9 月）

对于浩瀚的沙漠戈壁地区来说，"绿洲"是人间的天堂！居住在这里的数十万维族（即维吾尔族）、汉族、回族等多民族的人民，用勤劳的汗水和智慧浇灌着数百万顷土地，在与大自然做斗争中创造了许多奇迹。这时候，我突然想起毛泽东的"人定胜天"的名言，葡萄沟是个极好的案例。

在葡萄沟，我们还品尝了遍布全疆、吐鲁番人创造、甘甜的坎儿井地下泉水！

景观三：坎儿井。它是一种地下水利系统工程，包括了竖井、暗渠（地下渠道）、明渠（地面渠道）和错现（小型蓄水池）四个主要组成部分。它是在干旱地区为解决人们生存、生活、生产、生态问题，引出地下水的一种特殊、巧妙的水利工程，是干旱地区最佳的灌溉方式，广泛分布于亚洲中西部的许多国家。其工作原理是将春夏季节渗入地下的大量雨水、冰川及积雪融水通过利用山体的自然坡度，引出地表进行灌溉，实现自流灌溉。它具有节约水源，无需能源，避免风沙，水量稳定，施工简洁等优点（第四卷图 91-10）。

第四卷图 91-10　参观从坎儿井流出的地下水留影（1994 年 8 月）

关于坎儿井的来源，众说纷纭，但维吾尔先民的巨大贡献是肯定的。

吐鲁番气候极其干旱，植被稀少。劳动人民用智慧和双手创造了坎儿井，滋润和养育着数十万吐鲁番人民。据资料，全新疆共有 1 600 多条坎儿井，其中的 1 100 多条就在吐鲁番，年径流量达 2.94 亿立方米，灌溉着 47 万亩耕地。吐鲁番坎儿井水利系统不仅是中华文明体系下一个灿烂的文化成就，更是世界文明的重要组成部分。不仅如此，坎儿井还具有重要的生态环境意义和旅游价值。

回望历史，从西汉至今的 2 000 多年中，吐鲁番地区依托人的聪明才智，找水引水，科学用水，使其成为广袤荒漠中的一片绿洲，成为东西方交流的重要要道，并呈现出多元文化传承与并存的格局。但 20 世纪以来，由于自然和人为原因，气候变化，干旱少雨，坎儿井的数量和出水量日益减少，吐鲁番地区的水资源条件恶化。解决水的持久供给问题，是确保吐鲁番发展的第一要务！

92. 独山子→吐哈油田

石油是新疆的优势资源，储量达 209 亿吨，约占全国陆上石油资源的 30%。天然气储量 10.4 万亿立方米，约占全国陆上天然气储量的 34%，广泛分布于准噶尔盆地、塔里木盆地，以及东部的吐鲁番盆地、哈密盆地等。克拉玛依、吐哈和吐鲁番是新疆目前的三大油田。

位于准噶尔盆地西缘的克拉玛依油田发现和开发最早，是新中国成立后勘探和开发最早（1955 年）的大油田，为国家建设初期急需的石油供给做出重大贡献，1958 年设立县级市，现为地级市，辖克拉玛依、独山子、白碱滩和乌尔禾四个区。2019 年生产原油 1 247 万吨、天然气 29.3 亿立方米，居中国油气田首位。如今的克拉玛依已经发展成为新疆西北隅，拥有 7 733 平方千米的面积、46 234 7 人（不含辖区内兵团人口，2019 年）的人口的著名城市，中国人均最富有的大"油城"（2019 年的 GDP 达 972.9 亿元人民币）（第四卷图 92-1、图 92-2）。

第四卷图 92-1　克拉玛依市（2011 年 7 月）

第四卷图 92-2　克拉玛依市魔鬼城（2011 年 7 月）

20 世纪 90 年代中期我们从奎屯前往位于乌苏县，克拉玛依石油公司的下属单位——独山子炼油厂参观（第四卷图 92-3、图 92-4）。这是一座具有千万吨炼油、百万吨乙烯炼油能力的石化企业。

独山子是一个有历史和石油工业文明的地名。1909 年，新疆商务总局在独山子钻凿第一口工业油井，开新疆近代石油工业之先河。1936 年至 1943 年，新疆地方政府与苏联合作，在独山子进行石油开采和炼制，成为与甘肃玉门、陕西延长齐名的三大石油矿之一。新中国成立时，独山子油矿几乎倒闭，1955 年克拉玛依黑油山完钻出油，标志着新中国第一个整装大油田——克拉玛依油田被发现。随后，独山子被划入克拉玛依市，设独山子区。1959 年我国第一条长距离输油管线克拉玛依——独山子输油管线正式投产。如今的独山子已形成集炼油、化工和炼化工程建设、检维修一体化的中国西部重要的石油化工基地。

吐哈油田位于吐鲁番和哈密接壤处，是 20 世纪 90 年代初开展石油勘探开发会战，勘探、开发的新油田，拥有 20 多个油气田，员工 2 万余人，累计生产原油数千万吨。我们在前往吐鲁番途中，顺访了吐哈油田指挥部，拍摄了在荒原上正在建设发展中的这个新兴油田。

第四卷图 92-3　参观位于吐鲁番与哈密的"吐哈油田"、独山子炼油厂留影（1994 年 8 月）

第四卷图 92-4　吐哈油田指挥部（1994 年 8 月）

93. 新疆发展的地理问题思考

新疆维吾尔自治区位于祖国西北边陲，是位置重要、地域广阔、资源丰富、发展潜力巨大的多民族省区，也是大陆相对"末端"的省区。近年来，新疆经济不断发展，各民族人民生活水平不断提高，但与东中部的差距明显。作为"一带一路"的战略核心区，中国向西开放的门户，肩负着打造西部经济新引擎的重任，需要从国际地缘政治视角、国家层面，以及大西北及新疆的实际出发，思考新的方略。

新疆发展受制于许多因素，主要包括：境外的政局（地缘政治）对新疆发展的不确定性；干旱的气候环境，水资源的缺乏，对许多产业的发展和人口—劳动力的容量产生制约性；自然生态的脆弱性和修复的难度加大，由此带来在广阔的国土空间、人口、城市的稀少，城市间的距离较远，使大都市区人员出行、产品生产、交换，经济发展效率、效益等受到影响。多民族，生产、生活、文化、风俗习性的差异，加大了规划、统筹发展的难度，等等。然而，这些因素大多有利也有弊，它正是新疆发展的特色和优势所在，要化不利为有利，突出新疆地理位置的空间战略优势，从中国大陆"末端"省区向亚欧枢纽转变，是新疆未来发展的必由之路，也是可行之路。

新疆怎样向亚欧枢纽转变？

（1）把自身的经济发展好。总体看，要解决新疆经济发展存在的波动性较大的问题。调整结构，发展符合新疆特点、具有特色的产业，如石油化工、纺织，以及特色瓜果、畜牧加工以及相配套的产业及旅游业、口岸的物流运输业等。关键是提高科技含量，提升产品质量，做好品牌，提升管理水平。农牧业是新疆的民生基础产业，要确保稳定增长。

（2）解决发展中的环境保护问题。新疆一定程度上存在资源的掠夺性开采和部分地区的生态环境恶化问题，必须引起足够重视，强化资源的保护性开发利用，采取措施防治土地沙化、山区的水土流失，实现经济发展的可持续性。

（3）民族融合、社会和谐是新疆持续发展的基石，也是前提。各民族在历史长河中共同为新疆的发展繁荣做出了贡献，都是中华民族的组成部分，不容分割。在发展中要尊重各民族的发展意愿，保护和发展民族文化，形成民族和区域经济特色，增强竞争力。

（4）重点建设乌鲁木齐、喀什和伊犁三大城市。随着国家对首府的投资建设，乌鲁木齐将成为新疆未来的政治、经济、文化、教育等交流的枢纽和西部中心城市；喀什和伊犁具有特殊的边境区位和规模优势，特别是喀什与巴基斯坦瓜达尔港的连接，更具有南向区位优势和发展潜力，要抓好边境口岸城市及交通等基础设施的建设与管理工作，打造服务品牌，拓展边贸业务，提升集聚能力。

未来的新疆，要在实现"人类命运共同体"的理念下，在中央政府统一规划部署下，放眼全球，着眼中亚，高瞻远瞩，多边合作，互助共赢，努力把新疆建设成为中国大陆西部经济繁荣、民族团结、社会和谐、生活富裕的省区，成为亚欧经济的枢纽之一，在国际经济版图中发挥特殊的纽带作用。

当务之急要解决水资源开发利用的统筹规划，有序进行境内水资源的大调配，建设跨流域调水工程，解决区域之间、地方和兵团之间用水的矛盾，实现合理用水；解决重经济、轻水环境保护和水生态建设问题，确保新疆的可持续发展；还要解决天山北麓奇台—克拉玛依一带，吐鲁番—哈密盆地，以及部分城镇存在的资源型缺水的矛盾。

(三十三) 青海省

94. 江河源头的生态大省

青海省因青海湖得名，简称青，是位于大西北的一个内陆高原省区，省会城市是西宁。其东部和北部与甘肃省为邻，西部与新疆维吾尔自治区相接，西南与南部分别与西藏自治区和四川省接壤。全省下辖2个地级市（市辖区6个）、6个自治州、4个县级市、27个县、7个自治县，其面积为72万平方千米、常住人口592.8万（2020年）。省域面积大，人口较少，是全国人口密度最低的省区之一，且分布极不平衡。

青海在唐宋时期属于吐蕃，民国十七年（1928年）建青海省，治所西宁。新中国成立之后，青海省归属西北大区，自然地理上则属于青藏高原，地跨黄河、长江、澜沧江、黑河、大通河五大水系。省域东部地区具有向黄土高原过渡的特点，为青海的农业区（包括西宁市、湟中县、互助县、乐都县、民和县、循化县、化隆县、湟源县、平安县、贵德县、门源县、尖扎县、同仁县），面积不到全省总面积的5%，居住着全省75%的人口，人口密度为每平方千米170.3人；西部牧业区地势高寒，其面积占全省总面积的95%以上，居住的人口只有全省总人口的25%，人口密度每平方千米仅为1.6人，玉树、海西两州有的地方荒无人烟，为高寒无人区。

青海省的经济总量规模较小，2019年，实现地区生产总值2 965.95亿元，相当于东部发达的昆山、江阴两个县级市水平，人均生产总值48 981元，处于全国中下游水平。

"文革"期间，我被委派前往青海进行"外调"，对青海的感性认知仍停留在20世纪的70年代。那时候没有相机，未能留下影像。本篇照片多由我的弟子、好友提供（第四卷图94-1至图94-4）。

第四卷图94-1　青海女神雕塑

青海省总体呈"三山"夹"一原"与"一盆"、"两湖"与"一谷"的格局，地势由西南向东北倾斜，地形分异明显。青藏高原是青海省的主体，东北部与黄土高原交接处地势高，海拔在2 500—4 500千米，祁连山、阿尔金山与甘肃省分界；南部的唐古拉山与西藏自治区为界，昆仑山、巴颜喀拉山横亘于省域中南部，山南为青南高原，山北为柴达木盆地、茶卡盐湖、青海湖。东北部河谷地区地势较低，海拔在1 600千米以上。

青海的自然地理位置和地势特点，造就了2/3的省域国土成为五条大江大河的源头地区（外流区）。这在中国各省区之中绝无仅有，五江源头良好的生态环境既是青海省自然地理的最突出的特点，也是对国家的最大贡献，从大江大河的源头流出的是干净的、天然的、持续供给的涓涓细水！

第四卷图 94-2　位于青海省西南部，长江上游的沱沱河（2010 年 9 月）

第四卷图 94-3　青藏高原的牦牛群（2018 年 7 月）

第四卷图 94-4　从西宁过日月大山登青藏高原湖泊——青海湖（2019 年）

青海省有广阔的高原草地，也有丰富的山地草场，柴达木盆地是青海省的"聚宝盆"，石油、盐矿储量巨大，开采量大。

青海省是一个生态脆弱的省份，一旦被破坏，自然修复的能力很弱。一份十多年前的研究论文揭示了青海省那时候的生态状况：

一是水土流失严重。占全省 46% 的土地面积受风、水、冰融侵蚀。境内黄河流域的水土流失面积占整个黄河流域水土流失面积的 17.5%；境内长江流域的水土流失面积占长江流域水土流失面积的 14.3%；内流河和其他地区的水土流失面积高达 15.2 万平方千米。

二是土地沙化严峻。全省沙漠化面积达 1 252 万亩（1 亩≈666.67 平方米），对城镇、农田、青藏铁路和水库造成严重威胁。

三是草原退化。中度以上退化草场达 733 万亩，占草场总面积的 1/5，严重退化面积达 440 万亩。

生态环境的恶化，使青海省部分水源涵养功能逐步丧失，干旱加剧，江河水量减少。而由于地域广阔，交通不便，生态环境脆弱，治理收效慢。无论是从生产，还是生活，现实还是未来，也无论是大江大河的源头或是流域，省域局部和国家全局来看，生态修复和建设都是青海省的第一要务。因而，从人口和经济总量来看，青海省是中国的一个小省，而从生态建设意义来看，它是中国的一个大省。

十多年过去了，青海省持续认真抓生态文明建设，坚持走绿色发展之路，成效逐步显现。森林生态系统功能不断提高，草原生态系统功能有效恢复，湿地生态系统面积明显增加，荒漠生态系统面积持续缩减，生物多样性得到保护，环境质量全面改善，生态文明理念深入人心，青海为筑牢国家生态安全屏障和确保"一江清水向东流"做出了重大贡献！主要经验如下：

一是强化制度建设，总体谋划，统筹推进。青海成为全国首个出台生态文明体制改革"总设计图"和"总施工图"的省份。

二是落实国家主体功能区规划。编制并实施《青海省主体功能区规划》，将全省国土面积的90%列入限制开发区和禁止开发区；建立和完善了与主体功能区制度相配套的政策体系。

三是实施重大生态工程。按照山水林田湖草是一个"生命共同体"的理念，推进三江源、环青海湖、湟水流域、柴达木、祁连山共"五大生态板块"生态保护与修复，为保护好绿水青山发挥了重要作用。

四是综合治理环境污染。深入实施大气、水、土壤污染防治三大行动计划，全省市州所在地城镇空气质量优良天数比例达90%以上，在全国率先建立了覆盖重点生态功能区的"天地一体化"生态监测网络体系，为生态环境改善提供了强有力的科技支撑。

五是抓好国家公园体制试点。全面落实三江源、祁连山《国家公园体制试点方案》。

六是推进循环经济发展。实施《青海省建设国家循环经济发展先行区行动方案》，基本形成与上述《国家公园体制试点方案》要求相适应的产业体系。

如何将生态环境保护与广大农牧区的乡村振兴结合起来，实现全省农牧区农村环境综合整治项目的全覆盖，使环境整治项目继续科学化、规范化是一项长期的任务。

95. 从游牧之地到青海建省

旧石器时代晚期，青海的先民即在今柴达木盆地、昆仑山一带活动；秦汉，有多达150多个羌人部落过着逐水草而居的游牧生活；西汉，霍去病击败河西匈奴设郡，又征讨河湟羌人，在湟中设"护羌校尉"，汉王朝开始控制青海东部，设"金城属国"，置临羌（今湟源县）等县，青海东部纳入中原封建王朝郡县体系。

东晋十六国时，河湟地区相继被前凉、前秦、后凉、南凉、西秦、西夏、北凉统治过。四世纪初，吐谷浑人在青海建国，势力扩张，东南至四川松潘，北到青海祁连，东到甘肃洮河，西达新疆南部，直至唐龙朔三年（663年）亡于吐蕃。

唐初，青海东部属于陇右道，改西宁郡为鄯州，辖湟水、龙支、鄯城三县。时吐谷浑控制着黄河源地区，此时崛起的吐蕃在统一西藏之后，向青海扩张，占据了广大草原。唐末，青海曾经短暂归唐，但不久便陷入地方割据和宗教首领统治。宋时，唃厮啰掌握了以青唐城（今西宁）为中心的青海的控制权，建立归宋的吐蕃政权，衰败后，宋军进入河湟地区，改邈川为湟州，青唐为鄯州。1104年鄯州改为"西宁州"，"西宁"沿用至今。

北宋亡后，河湟地区被金和西夏占有约一个世纪。南宋，成吉思汗发动战争，把青海东部纳入蒙古汗国版图。忽必烈建元之后，设甘肃行省，今青海东部湟水流域诸县均受制于西宁州，而西部则归河州的"吐蕃等处宣慰使司"管辖。明初，改西宁州为西宁卫，设置若干卫所管理青海地方。明中叶，蒙古族进入青海，以柴达木为中心，一度统治青海，土著藏民退居黄河以南。

清雍正初期，平定罗卜藏丹津叛乱，清朝在青海设置青海办事大臣，设碾伯县和大通卫，统辖蒙古29旗和青南玉树地区、果洛地区及环湖地区的藏族部落，为后来青海建省铺平了道路。此时，南部藏族又进入青海湖南北，蒙藏杂居至今。青海东北部西宁卫改为西宁府，属甘肃省管辖。

民国元年（1912年）北洋军阀政府任命马麒为西宁总兵，民国四年（1915年）又任命其为蒙番宣慰使和甘边宁海镇守使。从此，马家军阀统治青海近40年。民国十七年（1928

年）的 9 月 5 日，南京国民政府决定新建青海省，将原甘肃省西宁道所属之西宁、大通、碾伯、循化、巴燕戎格、丹噶尔、贵德 7 个县以及日月山以西的广大牧区划归青海省管辖，治设西宁。民国十八年（1929 年）的 1 月，青海省正式建制。1949 年 9 月 5 日，西宁解放。1949 年 9 月 26 日，成立青海省人民军政委员会。1950 年 1 月 1 日，青海省人民政府正式成立，西宁为省会。

根据以上简述，大致可以了解青海的地域发展演变过程和建省的历史地理背景，由此有两点认识：第一，青海纳入中原封建王朝郡县体系历史悠久；第二，东北部河湟地区多汉族原始住民居住，农耕为主，广大的西北部、南部草原多为游牧民族生存栖息地区，基本格局是蒙古族居北、藏族在南，世代居住，融合发展（第四卷图 95-1 至图 95-3）。

第四卷图 95-1　青海高原牧场、青海西北部无人区（无人机拍摄。2019 年、2018 年）

第四卷图 95-2　青海省博物馆

第十章　蒙新青藏 | 243

第四卷图 95-3　从大柴旦到阳关遗址近 300 千米（以戈壁、沙漠为主，未发现定居的居民点。2018 年 7 月）

96. 背靠盐湖的资源库

青海是人口小省，但却是地缘和资源大省。青海的"盐"无疑是中国最重要的矿产资源之一，食用离不开它，工业需要它。

说到青海的"盐"，要从青海的"湖泊"谈起。因为盐都出产在高原湖泊之中。

受地质地貌（地表平缓，不宜排水）和气候（雨雪较多，蒸发较弱）的影响，青海的湖泊、沼泽有 2 000 多个，仅次于西藏，淡水湖、咸水湖和盐湖都有，类型多样。淡水湖在"外流区域"形成，黄河源附近的星宿海就是一片沼泽，著名的扎陵湖和鄂陵湖位于黄河河道上，是青海最大的两个淡水湖（鄂陵湖属微咸水湖），水的含盐度超过 1‰。咸水湖和盐湖是青海最重要的盐资源。

茶卡盐湖、柯柯盐湖和察尔汗盐湖都是名闻国内外的大盐湖。这三个盐湖在地图上从青海湖向西至格尔木依次排列，为柴达木盆地东缘和南侧的组成部分。

为何柴达木盆地成为青海最重要的盐湖集聚区？

从地形上看，柴达木盆地被周围的昆仑山、阿尔金山、祁连山围合，高山阻挡了水汽进入，而柴达木地区的降水十分有限（年降水量仅为 210 毫米），使之成为"内流区"，这是形成盐湖区的最佳自然条件。

茶卡盐湖储盐量达 4.48 亿吨，氯化钠含量高达 94%，极易开采。在古代，湖盐为河湟谷地的人类提供了食盐，当时的利用范围和开发规模有限。20 世纪 70 年代我去德令哈，路过茶卡时，它还是一个不大的居民点（兵站），2000 年之后茶卡盐湖的工业功能得以利用，今日之茶卡已经成为青海湖西侧的一个著名"盐镇"，很有特色的旅游景区。

直到民国，青海的盐类开发还仅局限在茶卡盐湖，实际上，青海省还有远比茶卡大得多的盐湖。比如位于柴达木盆地南部的察尔汗盐湖，总储量达 20 多亿吨，为中国最大的盐矿业基地之一，也是世界上最著名的内陆盐湖之一。湖中储藏的氯化钠，可供全世界的 60 亿人口食用 1 000 年！

在茶卡，建有国内最大的钾肥厂，可以说它成就了格尔木市。由于水分蒸发，盐湖上形成坚硬的盐盖，青藏铁路和青藏公路都直接修建于盐盖之上，巍巍壮观。

除了茶卡盐湖和察尔汗盐湖之外，青海的资源性盐湖还有很多。大柴达木湖为富硼湖，是农作物的一种重要肥料；东西台乃吉尔湖富含锂，是电池生产的高纯度原料。

再看看青海湖，它是中国最大的内陆湖，由祁连山脉的大通山、日月山与青海南山之间的断层陷落形成。它原为与黄河水系相通的大淡水湖泊，由于新构造运动，周围的山地隆起上升为日月山、野牛山，使原来注入黄河的倒淌河被堵塞，迫使它由东向西流入青海湖，成为内陆湖；湖水蒸发、湖面缩小、盐分加重，成为咸水湖，因此它不具备条件，也没有必要开采湖盐，但具有建设生态自然保护区的意义。在青海湖寒冷的咸水中，生长有十分缓慢的特有青海湖裸鲤，俗名湟鱼，被认为是维系青海湖生态平衡的唯一中间物种，极具保护价值，被列为国家二级保护动物，实行"零捕捞"。

盐湖、湖泊众多，是青海省自然地理的一个重要特点，其丰富的资源也是中国不可或缺的天赐宝藏。中国科学院专门在青海设立了全国唯一的"青海盐湖研究所"（第四卷图96-1至图96-3）。

第四卷图96-1　油菜花盛开的青海湖（2018年7月）

第四卷图96-2　从青海湖黑马河驶往茶卡盐湖途中的祁连山草原（2018年7月）

第四卷图 96-3　茶卡盐湖（位于青海柴达木盆地的茶卡盐湖，号称"天空之镜"）、研究所图标（2018 年 7 月）

97. 走进柴达木盆地

柴达木，蒙古语为"盐泽"之意。中国第三大盆地——柴达木盆地是一个巨大的封闭性山间断陷盆地，四周为祁连山、阿尔金山和昆仑山环绕，海拔大致范围是 2 600—3 200 米，盆地面积约占全省总面积的 35.5%，为海西蒙古族藏族自治州的主体部分，盆地形态呈同心环带状分布，从边缘至中心依次为高山、丘陵、戈壁、平原、湖沼五个地貌类型。盆地东北部与祁连山脉间形成一些小型山间盆地，自西而东有花海子，大、小柴旦，德令哈与乌兰等盆地，是柴达木地区（海西州）居住、产业与城镇的聚集地。

柴达木盆地属高原大陆性气候，干旱为其主要特点。年降水量自东南部的 200 毫米逐步递减至西北部的 15 毫米。河流短小，水量少，160 多条河流中常流河仅 40 多条（海西州），主要分布于盆地东部。盆地内大小湖泊水质多已咸化。干旱荒漠是其主要的自然景观。

柴达木盆地的矿产资源十分丰富，素有"聚宝盆"之称。已探明矿点 200 余处，计 50 余种，其中大型矿床 70 多处。主要矿产有石油、天然气、煤、原盐等。其中原盐、钾、镁、锂、锶、石棉、芒硝等矿藏储量居全国首位，溴、硼等储量居第 2 位。具有品位高、类型全、分布集中、资源组合好等特点。盆地内储油构造广布，西部有重要油气聚集带。锡铁山铅锌矿是中国目前已知的最大铅锌矿之一。

柴达木盆地是青海省采矿工业的聚集地，察尔汗钾盐厂已建成为中国重要化工原料基地。丰富的矿产资源为海西州，乃至青海省的工业发展提供了极好的资源基础。

伴随柴达木地区交通运输条件的改善，特别是青藏铁路的通车，大量矿产资源的开发利用，移民型、多民族聚集的海西州的人口增长迅速。2019 年末全州常住人口 52.07 万，其中城镇人口 37.6 万，常住人口城镇化率为 72.22%。2019 年全州生产总值达 666.11 亿元，占青海全省 2 965.95 亿元的 22.5%。涌现出格尔木市、德令哈市、冷湖镇、大柴旦镇和茫崖镇等一批新兴城镇。

2018 年 2 月，设立县级茫崖市，以原茫崖行政委员会和冷湖行政委员会所辖区域为茫崖市的行政区域合并组成。它位于柴达木盆地的西北部，是古丝绸之路的通道之一，是通甘（肃）进（西）藏入（新）疆的咽喉要道，承担着守卫青海"西大门"的重要职责。

"文革"后期我被派往青海进行外调工作，目的地就是柴达木盆地边缘的德令哈市。那时候一个大饼，一瓶酱菜，一件棉军大衣就可以从西宁乘坐长途班车翻越日月山，途中在"兵站"歇脚过夜，到达德令哈。当时德令哈还是属于乌兰县的一个镇，人口稀少，交通不便，设施简陋。1988 年从乌兰县析置德令哈市之后经济飞速发展，如今已是海西州的首府，一个拥有 7 万多人的工业重镇、交通枢纽和繁华的小城市（第四卷图 97-1 至图 97-3）。

第四卷图 97-1　在大柴旦附近北望祁连山（2018 年 7 月）

第四卷图 97-2　从茶卡盐湖驶往大柴旦高原公路上的重镇德令哈西收费站（2018 年 7 月）

第四卷图 97-3　盐湖城——德令哈市

98. 高原古城·省会：西宁

西宁取"西陲安宁"之意而得名，古称青唐城、西平郡、鄯州，是青海省的省会，也是中国西北地区重要的中心城市。西宁市下辖 5 个区、2 个县，市区的建成区面积为 129 平方千米，常住人口 238.71 万（2019 年）、城镇人口 173.90 万，城镇化率 72.85%。西宁的人口占全省总人口的 39.3%，是全国经济首位度较高的省会城市。

西宁地处省域东北隅，湟水中游河谷盆地的核心地带，湟水及三条支流在此交汇，地理位置优越，是青藏高原的东方门户、青海省第一大城市。古代，这里是"丝绸之路"南路和"唐蕃古道"的必经之地，素有"西海锁钥""海藏咽喉"之称，四周群山怀抱，属于大陆性高原高山寒温性半干旱气候，年平均气温 7.6℃，夏季平均气温 17—19℃，宜于消夏避暑。

西宁是一个高原古城，也是中国黄河流域文化的组成部分。

据城北区朱家寨遗址、沈那遗址和西杏园遗址等考古发现表明，商、周、秦、汉时期，河湟地区是古羌人聚居的中心地带。西汉时置军事和邮传据点西平亭，神爵初属金城郡临羌县。西汉武帝元狩二年（前 121 年），汉军西进湟水流域，修建军事据点西平亭，为西宁建制之始；东汉建安中置西平郡，治西都县（今西宁市），开始筑城；西晋永嘉二年（308年）纳入凉州版图；北宋崇宁三年（1104年）改为西宁州，"西宁"之称见史。民国十八年（1929年）青海建省，治西宁县，民国三十五年（1946年）以省垣周围成立西宁市，1949年青海解放，西宁成为省会城市。

今西宁市城西区保留的虎台便是南凉在西宁建都时的重要遗迹。

西宁的发展从人口的集聚可见一斑。西宁是全省的政治、经济、文化、交通中心，加上西宁盆地的海拔只有2 200多米，对于4 500米以上的青藏高原居民来说有着极大的诱惑，人们的迁居使西宁不断长大。如今，西宁成为青藏高原人口唯一超过百万的大城市；西宁的移民人口超过100万！2019年全市少数民族人口为61.57万，占常住人口的25.79%，主要为回族、藏族、土族等。西宁是一个多民族聚集、多宗教并存的、典型的移民城市。

从政区地理视角看西宁，它远离省域的几何中心。城市空间演进规律和管理模型显示，一个地域的几何中心是行政中心的最佳地点，青海省的地理几何中心位置大致在海拔4 000多米的江河分水岭地区（布尔汗布达山），显然不适合建设一个省域中心城市。

西宁是全国所有省区之中，最严重偏离几何中心、管理距离最长的省会城市，达1 500千米，西部、西南部管理不便。青海省有8个地级政区，海西州的州府驻地——德令哈市能否作为青海省的副中心城市进行规划和培育，这是青海省域治理和空间规划值得思考的问题。

20世纪70年代我去西宁，西宁规模小且落后。时过近50年，西宁发生了天翻地覆的变化（第四卷图98-1、图98-2）。2018年，西宁市完成地区生产总值1 286.41亿元，占全省的比例高达43.4%，西宁拥有兰青铁路、青藏铁路、兰新高速铁路等铁路线，拥有青海省唯一的二级机场——曹家堡国际机场，其高速公路可通达各个州府，因此，以西宁为中心辐射青海省的交通网络已形成，省会的经济、文化、交通通信中心地位已显现，未来的西宁在青藏高原中心城市的地位将更加突出！

第四卷图98-1　火车西宁站、西宁古都城（2019年）

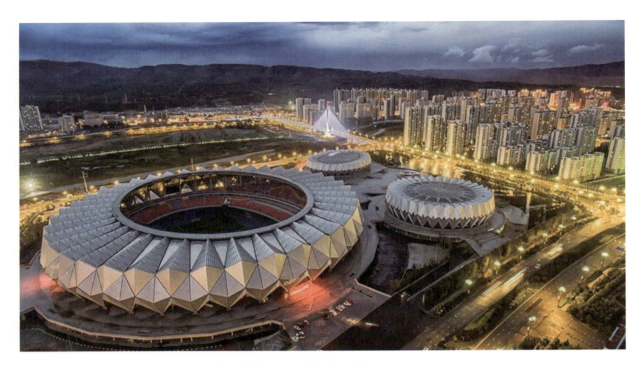

第四卷图 98-2　西宁城市新貌（2019 年）

99. 世界级工程：青藏铁路

青藏高原主要包括青海和西藏两个省区。在过去，交通闭塞，物流不通，交通的方式依靠马、（牦）牛，汽车无法通行，火车只是一个梦想。高原人只能固守于自给自足的农牧经济，长期处于落后贫困状态。现代交通的缺失阻碍了青藏两省区的发展。一位美国现代火车旅行家保罗·索鲁在《游历中国》一书中断言："有昆仑山脉在，铁路就永远到不了拉萨。"

中华人民共和国建立后，西藏和平解放不久，毛泽东提出，要把铁路修到拉萨，1956 年国家开始进行青藏铁路的全面勘测设计和建设工作。

青藏铁路是一条连接青海省西宁市至西藏自治区拉萨市的国铁Ⅰ级铁路，线路全长 1 956 千米，分两期建设：一期工程东起青海省西宁市，西至格尔木市，长 814 千米，于 1958 年开工，1984 年 5 月建成通车，历时 26 年！二期工程，东起青海省格尔木市，西至西藏自治区拉萨市，长 1 142 千米，于 2001 年 6 月 29 日开工，2006 年 7 月 1 日全线通车，历时 5 年。全线共设 85 个车站，设计的最高速度为 160 千米/小时（西宁至格尔木段）、100 千米/小时（格尔木至拉萨段）。

青藏铁路是通往西藏腹地的第一条铁路，也是世界上海拔最高（海拔 4 000 米以上的路段 960 千米）、线路最长的高原铁路，巍巍壮观。中国的铁路工人攻克了 4 500 米以上的高原冻土地区筑路、架桥、钻洞等世界难题，为这条世界之最的铁路付出了艰辛劳动，做出了巨大牺牲，也创造了许许多多的世界奇迹，推动了冻土工程、高原医学等领域的科技进步。

① 风火山隧道：位于海拔 5 010 米的风火山上，全长 1 338 米，全部位于永久性高原冻土层内，是世界上海拔最高、横跨冻土区最长的高原永久冻土隧道，有"世界第一高隧"

之称，被誉为"天字第一号工程"。

②唐古拉站：被誉为"世界海拔最高的火车站"，海拔5 068米。

③昆仑山隧道：全长1 686米，海拔4 648米，是世界最长的高原冻土隧道。

④清水河特大桥：全长11.7千米，位于海拔4 500多米的可可西里无人区，是青藏铁路线上最长的"以桥代路"特大桥。

⑤长江源特大桥：全长1 389.6米，共有42孔，跨过约1 300米的宽阔河床。桥址所在的沱沱河流域是青藏高原多年冻土地区腹部的大河融区，完美地解决了施工中长江源头的环保问题。

青藏铁路结束了青藏高原无铁路的历史，加强了西藏与青南地区与中国内地的时空联系，拉动了青藏地区的经济发展，是一条发展路、团结路、幸福路，也是西部边疆的一条国防路，一条加强与尼泊尔等国外的经济交流与合作的开放路（第四卷图99-1至图99-4）。

第四卷图99-1 青藏铁路线路图示

第四卷图99-2 青藏铁路（2020年）

第十章 蒙新青藏 | 251

第四卷图 99-3　青藏铁路

第四卷图 99-4　火车格尔木站、格尔木河（2010 年 9 月）

100. 青海发展的地理问题思考

青海省面积广大，人口稀少，资源丰富，发展潜力巨大。从战略眼光和青海的省情看，其未来的发展要注意以下方面：

（1）适度导入人口，增强活力。青海省是全国为数不多的人口导入省，但多集中在省会西宁，以及格尔木、德令哈等几个资源城镇，随着资源开发力度的加强（在保护生态的前提下），劳力显得不足，有目的地从周边省区（特别是甘肃）导入人口可以助推青海经济的发展，增强经济社会发展的活力；与此同时，推进教育发展，提升本省人口的素质和引进需要的人才也十分重要。

（2）把牢建设生态大省的发展理念不动摇。习近平在 2016 年 8 月考察青海时指出，"青海最大的价值在生态、最大的责任在生态、最大的潜力也在生态"。要"尊重自然、顺应自然、保护自然，筑牢国家生态安全屏障"。青海生态省的建设具有重要的国家和区域意义，按照国家功能区域规划的要求持续做好生态建设大文章，是青海发展的千年大计，重点是江河源头地区、柴达木盆地、河湖湿地、省会城市，以及工业集中地区、防治沙化和水土流失，建设生态城市和乡村，努力创建国家生态文明省等方面。保护好三江源，始终是青海省发展战略的头等大事，第一要务！

（3）高质量发展优势产业。保护和发展草场，重在提高牧草品质，提高现代化水平和科技含量，因地制宜发展精细农牧业，注重特色产品，提升农畜产品品质；结合扶贫，有条件地推进村庄整合，加速乡村振兴，加强社区建设与管理，努力提高农牧区人民的实际收入。

（4）努力建设兰—西都市圈。西宁与兰州同为省会城市，距离相近，铁路与高速路相连，交往密切，西宁应继续东西向拓展空间，加快实施兰—青都市圈规划，与兰州优势互补，推进合作，特别是科技—人才的有效合作，进一步做大做强两个省会城市，增强吸引力和辐射力，充分发挥西向辐射面广（青藏高原和新疆东部、南部）的优势，形成东西向的人口—城镇—产业经济带。

（5）建设省域副中心——格尔木和德令哈，加快青新边界茫崖新城的建设。有利于弥补省会西宁过于偏离青海省域几何中心的缺陷，实现人口—产业布局的相对平衡。

（6）继续加强基础设施建设。以西宁为中心，重点向西、向南、向东，实现全省县级和重点城镇通高速路。条件成熟时，以西宁为基点，建设南向铁路，连接青南的自治州，通达四川西部；以格尔木为基点，建设西向铁路，经茫崖，达南疆。基于柴达木盆地资源的长期开发利用，有必要建设环盆地的高速路。

青海是一个多民族融合发展的省份，不分民族，不分宗教信仰，实现全民族的富裕是青海省始终坚定不移的努力目标（第四卷图100-0）!

第四卷图100-0　青海省博物馆

（三十四）西藏自治区

101. 中华民族大家庭中重要的一员

西藏，全称西藏自治区，简称藏，首府拉萨市，是中国五个少数民族自治区之一。它位于祖国西南边陲，青藏高原西南部，平均海拔在 4 000 米以上，堪称"世界屋脊"。西藏自治区北邻新疆，东接四川，东北紧靠青海，东南连接云南，南部和西部与缅甸、印度、不丹、尼泊尔、克什米尔等国家及地区接壤，国界线长达 4 000 多千米。全区下辖 6 个地级市（市辖区 8 个）、1 个地区、66 个县，其土地面积为 120.28 万平方千米，占全国总面积的 1/8，仅次于新疆，2020 年末常住人口 365.6 万。

西藏是中国领土不可分割的一部分，远古以来，西藏的先民们经过数千年迁徙、发展和分化组合，于 6 世纪形成大大小小的数十个部落联盟。7 世纪初，崛起于今西藏山南市雅隆的悉勃野部，征服各地部族，建立了吐蕃王朝。而此时，在中原地区建立了强大的唐王朝。吐蕃赞普松赞干布十分仰慕中原文明，向唐求婚。唐贞观十五年（641 年），唐太宗将文成公主嫁给松赞干布。从此增进了汉藏之间的友好关系；8 世纪初，唐朝又将金城公主嫁到吐蕃。吐蕃王朝与唐朝两次联姻，八次会盟，至今拉萨大昭寺正门前仍屹立着"唐蕃会盟碑"。此后的三四百年间，藏族与内地政权都有着密切联系。

869 年，发生"反上之乱"（奴隶平民大起义），吐蕃王朝崩溃。此后的 370 年为分裂割据时期，在青藏高原上一直未能建立起大的统一政权。1271 年，"乌思藏"（今西藏中部、西部刻有八思巴文的令牌及其迤西地区）、朵甘等地正式纳入中国中央政府的直接管辖之下，成为统一的多民族的元朝的一部分，并根据藏族地区的实际情况，采取了一系列的施政措施：

① 设置中央机构总制院（1288 年改称宣政院），掌管全国佛教事务及西藏等地的军政事务。

② 在西藏清查民户、设置驿站、征收赋税、驻扎军队、任命官员，颁行元朝刑法、历法。

③ 任用藏族僧俗担任从中央到地方的高级官吏。

④ 划分西藏地方行政区域，设置了三个不相统属的宣慰使司，直属宣政院管理。其中，今拉萨、山南、日喀则、阿里等地归乌斯藏宣慰司管辖，今昌都一带及那曲市东部归朵甘宣慰司管辖。

元朝还在乌思藏等地清查户口，确立差役，征收赋税，建立驿站，派驻军队，镇守边疆。乌思藏、朵甘等地行政机构之设裁及官员的任免、升降、赏罚，皆听命于中央。

元朝对于西藏地区行政区域的划置，成为此后西藏行政区划沿革的基础。

明朝继承了对西藏地方的国家主权和基本的行政区划及军政机构设置。清朝，循历史定例在西藏行使主权，1652 年，藏传佛教格鲁派第五世达赖喇嘛应召到北京觐见顺治皇帝，次年受到清朝正式册封；1713 年，第五世班禅又受到康熙皇帝的册封。从此，达赖喇嘛和班禅额尔德尼的封号和他们在西藏的政治宗教地位被确立。

1727年，雍正皇帝正式设立驻藏大臣处理西藏事务。此外，还根据实际情况和形势变化对西藏的管理作了重大而全面的调整。例如：设置驻藏大臣总揽全藏；调整西藏地方的政教管理体制；赐封达赖喇嘛、班禅额尔德尼名号，并确定了金瓶掣签制度；确立西藏地方涉外事务、边境国防的决定权归中央等原则；勘定今西藏与青海、四川、云南间的界线；规定达赖喇嘛、班禅额尔德尼的辖区及权限，划分驻藏大臣直辖区等。

民国时期，《中华民国临时约法》规定，西藏是中华民国22个行省之一。此后正式颁布的《中华民国宪法》等法律法规也都明确规定西藏是中华民国的一部分。设立管理蒙藏事务的中央机构——蒙藏事务局（1914年5月改称蒙藏院），并任命中央驻藏办事长官，直属国务总理，例行清朝驻藏大臣职权。1929年蒙藏院改制为蒙藏委员会。1940年4月，蒙藏委员会在拉萨设立驻藏办事处，作为中央政府在西藏的派出机构。第十四世达赖喇嘛本人的认定、坐床也是经当时中华民国国民政府所批准。历届国会、国家最高权力机关、全国性议事机构或历次国民大会，达赖喇嘛、西藏地方政府和班禅额尔德尼都派有代表参加，并被选举或委任各种国家公职，参与国家事务管理。

1951年5月23日，中央人民政府与西藏地方政府签订《中央人民政府和西藏地方政府关于和平解放西藏办法的协议》，西藏和平解放。1955年2月9日，国务院全体会议第七次会议通过《国务院关于成立西藏自治区筹备委员会的决定》。1956年4月22日，西藏自治区筹备委员会在拉萨正式成立。

1959年3月10日，西藏地方政府和上层反动集团公开撕毁和平解放西藏办法的《十七条协议》，在拉萨举行武装叛乱，达赖逃离拉萨；3月22日，拉萨战役胜利结束，拉萨市区的叛乱被彻底粉碎；3月28日，国务院总理周恩来发布命令，解散西藏地方政府，由西藏自治区筹备委员会行使西藏地方政权职权。鉴于西藏自治区筹委会主任达赖喇嘛尚被劫持，由班禅额尔德尼·确吉坚赞副主任委员代理主任委员，并任命筹委会常务委员帕巴拉·格列朗杰和阿沛·阿旺晋美为副主任委员。同年7月17日，西藏自治区筹备委员会第二次全体会议闭幕。会议通过了《关于在西藏全区进行民主改革的决议》。中央人民政府和西藏自治区筹委会决定顺应西藏人民的愿望，提前进行西藏民主改革。国务院1960年1月7日批准设立西藏自治区（筹）。

1965年7月24日，西藏自治区筹备委员会向国务院提出了《关于正式成立西藏自治区的请示报告》，国务院全体会议第158次会议同意于1965年9月1日召开西藏自治区第一届人民代表大会第一次会议，正式成立西藏自治区。同年8月25日，全国人大常委会第15次会议批准国务院议案，通过关于成立西藏自治区的决议。9月1日，西藏自治区第一届人民代表大会第一次会议选举产生了西藏自治区人民委员会。9月9日，大会闭幕，西藏自治区正式宣告成立。

自1960年西藏自治区（筹）成立以来，行政区划有以下主要变更：

① 1960年，西藏设拉萨市和那曲、昌都、山南、江孜、日喀则、阿里和林芝计8个地区。

② 1964年，撤销林芝专区，划入拉萨市及那曲、昌都专区。撤销江孜专区，划入日喀则和山南专区。

③ 1970年，"专区"更名为"地区"，西藏自治区辖1个地级市、5个地区、71个县。

④ 1983年，恢复江孜、林芝2个地区，后1986年江孜地区又被撤销。

2014—2017年先后将日喀则、昌都、林芝、山南和那曲5个地区实施"撤地设市"，现有6个地级市、1个地区、8个市辖区、66个县，实现了与内地行政区划体制的统一与规范。

西藏自治区从原始农奴制度直接进入社会主义的60多年来，经济发展，社会稳定，人民生活水平大幅度提高。2019年12月，全域实现整体脱贫，消除了绝对贫困。西藏发展的成就举世瞩目。

西藏是个神秘的国土。在肩挑马驮年代，人们要去西藏难以上青天，因为那里的自然和人文环境太特殊了，高寒缺氧，对于生活在低海拔的人们来说相当困难。20世纪80年代初期，为加快西藏建设，特别是文化教育发展的步伐，国家决定国内重点大学都要支援西藏，我所在的华东师范大学地理系先后就有多名教师支援西藏师范学院地理系，为西藏的地理教育事业做出了贡献。

1982年7月，我受学校委派，接受教育部任务赴西藏进行中学教育情况的调查，也因此有机会去认识西藏，了解西藏，体验西藏的国土风貌和人文风情。

在我的地理人生中，西藏之行值得回味（第四卷图101-1至图101-4）。

第四卷图101-1　贡嘎机场（从成都飞往拉萨，抵达贡嘎机场。1982年7月）

第四卷图101-2　20世纪80年代初的西藏自治区的行政机关（1982年7月）

第四卷图 101-3　拉萨的街道、青藏铁路入藏的第一站——那曲火车站
（1982 年 7 月、2010 年 9 月）

第四卷图 101-4　拉萨的建筑、冰雪山下拉萨河谷肥美的藏羊群（2020 年 8 月）

102. 世界屋脊：青藏高原

西藏自治区是世界屋脊——青藏高原的主体区域。它是世界上面积最大、海拔最高、隆起最晚的高原，被视为南极、北极之外的"地球第三极"。高原地域辽阔，资源丰富，以其雄伟壮观、神奇瑰丽的自然风光和特有的地域文化而闻名于世。

青藏高原是印度板块向北（亚洲板块）移动、挤压，产生强烈的褶皱断裂和抬升，使之逐渐脱离海洋而形成的陆地，地质学上称为"喜马拉雅运动"。在距今一万年前，高原"世界屋脊"形成。在长期的内力非均匀的抬升运动和外力的作用下，形成青藏高原景象万千的自然形态，有高峻逶迤的山脉、陡峭深切的沟峡，以及冰川、裸石、戈壁等多种地貌类型。

西藏自治区内的青藏高原由东南向西北大致分属高原高山亚热带季风气候、高原高山寒温带气候、高原高山寒带气候区域。在藏东南和喜马拉雅山南坡高山峡谷地区，存在着热带或亚热带气候到温带、寒温带和寒带气候的垂直变化。

青藏高原海拔高，与同纬度的东部相比，气温较低，此外，太阳的辐射强烈，比同纬度的平原地区多出 1/3，其日照时间也是全国最长的。随着海拔增高、气压降低、空气密度减小，每立方米空气中的氧气含量逐渐递减，辐射强、气压低是高寒地区的特殊气候特征，对人类的生活、生产，乃至生存产生很大的影响。

我在西藏生活不到一个月，已经体验到其气候环境的特殊性。

西藏是中国湖泊最多的地区，湖泊总面积约占全国湖泊总面积的30％。1 500多个大小不一、景致各异的湖泊错落镶嵌于群山莽原之间，纳木错、玛旁雍错、羊卓雍错，被并称为西藏的三大"圣湖"（第四卷图102-1）。盐湖的周围多牧场，也是多种珍贵野生动物成群结队的出没之地。

西藏可划分为四个自然地理区：

① 喜马拉雅高山区：位于藏南，由几条东西走向的山脉组成，平均海拔6 000米左右。地处中尼边境、定日县境内的珠穆朗玛峰，海拔8 844.43米，是世界最高峰；山顶长年覆盖冰雪，垂直景观明显（第四卷图102-2）。

② 藏南谷地区：位于冈底斯山脉和喜马拉雅山脉之间，即为雅鲁藏布江及其支流流经的地域。多河谷平地和湖盆谷地，地形平坦，气候温和多雨，土质肥沃，是西藏主要的农业区。

③ 藏北高原区：位于昆仑山、唐古拉山和冈底斯山、念青唐古拉山之间，约占全自治区面积的2/3，由平缓山丘组成，夹有盆地。属大陆性气候，年均温0℃以下，冰冻期长，降水稀少，是西藏主要的游牧区。

④ 藏东高山峡谷区：即横断山地。大致位于那曲以东，为一系列东西走向逐渐转为南北走向的高山深谷，挟持着怒江、澜沧江和金沙江三条大江，构成了峡谷区三江并流的壮丽垂直景观，降雨量多。

几千年来，生活在青藏高原这片土地上的西藏人民，顺应青藏高原的自然特点与规律，繁衍生存，形成了特殊的生活、生产方式和风俗习性，创造了丰富灿烂而独特的民族文化。

第四卷图102-1　在5 300米的冰川和圣湖，欣赏蓝天白云、冰川地貌（2020年）

第四卷图 102-2　晚霞和阳光照耀下的喜马拉雅山（2020 年 8 月）

103. 前藏与后藏

　　如果按方言文化划分，习惯上，藏区可以分成卫藏、安多、康巴三大块。以拉萨为中心向西辐射的高原大部叫作"卫藏"，它是吐蕃民族的本土，藏族最基本的成分，是整个藏区（不仅是西藏，还包括青海、四川和云南的藏族自治州）政治、宗教、经济、文化的中心；"安多"是指大草原藏区，其中心在阿尼玛卿雪山到青海湖一带，包括青海（玉树除外）地区，甘肃甘南州、四川西北部是其最主要牧区，多游牧，出良马，被称为"马域";"康巴"位于横断山区的大山大河夹峙之中,即川西的甘孜、阿坝两个藏族自治州、西藏的昌都市和云南的迪庆藏族自治州,是汉藏过渡地带,有茶马古道川藏线横贯。

"前藏"和"后藏"是西藏自治区的自然—人文—政治—经济区域的划分。拉萨、山南称为"前藏",占据西藏东南部;日喀则市则称为"后藏",管辖西藏西部、北部;而整个藏北高原称为"阿里"。前藏和后藏之间的孔道,是雅鲁藏布江中游的尼木峡谷(尼木县)。历史上,前藏是达赖喇嘛的地盘,有布达拉宫、大昭寺、小昭寺,以及山南的桑耶寺;后藏是班禅额尔德尼喇嘛的地盘,有扎什伦布寺。两大地方政府的官职等级大体相同,共同遵奉谕旨,掌理全藏地方政教大权。

从自然地理环境看,前藏的地形以高原为主,落差相对较小,平地较多;后藏有山川河谷,地形复杂,高差很大,世界第一高峰——珠穆朗玛峰位于境内。从人文、宗教、经济、社会、文化看:前藏的拉萨、山南地区人口较密集,经济较发达,是藏传佛教的圣地、西藏宗教的中心,如今也是自治区的政治、经济、文化中心和交通枢纽,其草原较多,畜牧业发达,马驹闻名;后藏的日喀则规模较小,为西藏自治区的副中心。

藏族人口稀少,地域广大,在长期的历史发展中形成了不同的藏区文化。前藏与后藏是最为重要的地域文化,反映了西藏在历史长河中藏人的自然与政治、宗教、经济、社会、文化交互运动发展过程中的最为重要、最为综合的地理空间差异。

在新中国成立之后,尤其是改革开放以来,中央政府已经打破了这种地域分割,无论是前藏,还是后藏,经济社会都取得长足发展,其原有的政治、经济意义的功能已经丧失,留下的前藏和后藏只具有历史文化的地理意义(第四卷图103-1、图103-2)。

第四卷图103-1　珍藏40余年的布达拉宫黑白照片(1982年7月)

第四卷图 103-2　后藏中心——日喀则（2020 年 8 月）

104. 拉萨河谷与首府拉萨

拉萨河是拉萨市的母亲河，藏语称吉曲。它发源于念青唐古拉山南麓，向西南迤逦而行，自达孜后进入宽坦的下游谷地，经拉萨、堆龙德庆至曲水，以罕见的逆向汇入雅鲁藏布江。下游河谷开阔，平均海拔为 3 600 米。其总面积约为 6 280 平方千米，人口 31 万（2018 年）。拉萨河谷年降水量在 450 毫米左右，水资源丰富，浇灌着河谷 26 万亩良田，与年楚河谷、雅鲁藏布江山南地区干流谷地并称"西藏三大粮仓"，是西藏人口最集中、密度最大、经济最发达的地区。

拉萨市位于拉萨河中游河谷平原，海拔为 3 658 米。1960 年设市，市辖区面积为 4 575 平方千米，人口 28 万，藏族人口占 87%。历来是西藏全区政治、经济、文化的中心和交通枢纽，也是藏传佛教圣地。拉萨市属高原季风半干旱气候，因地处喜马拉雅山北侧，受下沉气流的影响，全年多晴朗天气，冬无严寒，夏无酷暑，是炎夏避暑胜地；全年日照时间 3 000 小时以上，被称为"日光城"。

1 300 多年前，这里叫"卧马塘"，是苏毗部落管辖的放牧场。7 世纪，松赞干布统一全藏，将政治中心从山南转移至拉萨，建立了强大的吐蕃王朝奴隶制政权，并修筑了大昭寺、小昭寺和布达拉宫等寺庙宫殿。人们以"惹萨"作为这一城市的名称。随着佛教的传入和兴盛，前来朝佛的人日益增加，于是围绕大昭寺逐步形成了一条环形的八廓街。藏族人把这个城市视为"圣城"，"拉萨"之名取代了原名。17世纪中叶，第五世达赖喇嘛罗桑嘉措受清朝皇帝册封，拉萨作为西藏地方政权的中心，较大规模地修葺和扩建寺院，对拉萨的城市布局产生影响。第七世达赖喇嘛开始兴建罗布林卡，逐步成为拉萨的大园林。

2019年，拉萨市人口56万，占全自治区的17.7%，同年的GDP达617.88亿元，占西藏全区的36.4%！以布达拉宫和八廓街为中心的拉萨新城正在加紧建设，邮电大楼、新闻大楼、拉萨饭店、西藏宾馆及各色建筑物拔地而起。

拉萨是我在西藏留下足迹最多、印象最深的地方。20世纪80年代初，我从四川乘坐飞机去西藏，在贡嘎机场降落，从机场去拉萨市区，我的老同学（在西藏自治区区委党校工作）接风，见拉萨市委副书记（时任西藏自治区第三把手）。在自治区招待所的生活，自治区教育局同志介绍西藏的中学教育情况，赴中学调研，参观布达拉宫、大昭寺，拉萨市容市貌，在拉萨河畔溜达，欣赏高原城市风光，访问牧民家庭，等等，短暂的时光，期间的许多故事，许多细节都深深印刻在脑海之中。

拉萨是首批公布的国家24个历史文化名城之一。国务院批复确定拉萨为中国具有雪域高原和民族特色的国际旅游城市，生态环境部发布的《2019中国生态环境状况公报》，拉萨排名第1位。拉萨还拥有全国文明城市、中国最具安全感城市、中国优秀旅游城市等桂冠。

当年，我们拍摄的黑白照片，虽然显得老旧，但特别珍贵（第四卷图104-1至图104-4）。

第四卷图 104-1　20 世纪 80 年代的拉萨河畔 1（1982 年 7 月）

第四卷图 104-2　20 世纪 80 年代的拉萨河畔 2（1982 年 7 月）

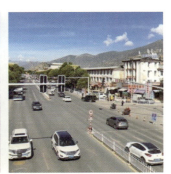

第四卷图 104-3　拉萨市郊新貌（2020 年 8 月）

第四卷图 104-4　远眺拉萨市布达拉宫（2020 年 8 月）

105. 世界屋脊的明珠：布达拉宫

布达拉宫坐落在拉萨市中心的红山上，建筑形态独特，具有藏民族社会历史、文化、宗教研究的价值，为世界名胜古迹，被联合国教科文组织列入《世界遗产名录》。

7 世纪 30 年代，吐蕃第 33 代赞普松赞干布迁都拉萨，始建布达拉宫为王宫。宫堡规模宏大，外三道城墙，内千座宫室。松赞干布在此划分西藏的行政区域，分官建制、施政全蕃，并遣使周边各国与邻国订立盟约，加强与各民族经济和文化交流，促进吐蕃的繁荣。布达拉宫成为吐蕃王朝统一的政治中心。9 世纪，随着吐蕃王朝的解体，布达拉宫渐渐被冷落。

此后的 800 余年，由于西藏政治中心的不断变迁，历代政权都未将拉萨设为首府，布达拉宫一直仅为拉萨大昭寺隶属的一处宗教活动场所。1642 年第五世达赖喇嘛建立了甘丹颇章政教合一的地方政权，拉萨再度成为西藏的首府。1645 年重建布达拉宫，1648 年基本建成以白宫为主的建筑群，随后将行政办公地由哲蚌寺移至布达拉宫白宫。从此布达拉宫成为历代达赖喇嘛居住和进行宗教活动、处理行政事务的重要场所。第五世达赖喇嘛圆寂后，1690 年至 1694 年间扩建红宫，修建了五世达赖喇嘛灵塔殿为主的红宫建筑群，基本形成现代布达拉宫的建筑规模。

第十三世达赖喇嘛在位期间，又在白宫东侧顶层增建了东日光殿和布达拉宫山脚下的部分附属建筑。1933 年第十三世达赖喇嘛圆寂，灵塔殿建于红宫西侧，并与红宫结成统一整体。至此，从 17 世纪中叶开始的布达拉宫重建和增扩建工程全部完成。

布达拉宫占地面积超过 36 万平方米，建筑面积超过 13 万平方米，主楼红宫高达 115.703 米，具有宫殿、灵塔殿、大殿、佛殿、经堂、重要职能机构办公处、僧官学校、宿舍、庭院、回廊等诸多功能的巨型宫堡。宫内珍藏 8 座达赖喇嘛金质灵塔，5 座精美绝伦的立体坛城以及瓷器、金银铜器、佛像、佛塔、唐卡、服饰等各类文物 7 万余件，典籍

6万余函卷（部），成为名副其实的文物瑰宝，受到世界各国人民的关注，被誉为"世界屋脊的明珠"。

我两次进入布达拉宫，为它的宏伟、庄重、神圣和神奇而震撼！在拉萨期间，无论在住处，在拉萨河畔，或是在单位参观，只要能看到布达拉宫，都不会放过留影（第四卷图105-1至图105-4）！

第四卷图105-1　远眺布达拉宫及留影（1982年7月）

第四卷图105-2　在布达拉宫前与华东师范大学地理系
援藏教师王大奔合影（1982年7月）

第十章　蒙新青藏 | 265

第四卷图 105-3　美丽的布达拉宫夜景（2020 年 8 月）

第四卷图 105-4　难得的布达拉宫与大昭寺景象（2020 年）

106. 林芝记忆

林芝也是我在西藏记忆最多、难以忘怀的城市。我在讲授中国地理课时，会特别讲到林芝是上海支援的重镇，如林芝八一毛纺厂，在林芝有许多上海人；在赴藏招生调查工作期间，林芝中学是指定的调查重点；华东师范大学地理系有校友在林芝的西藏农牧学院工作，他低我两届（61届）毕业；我居住在华东师范大学二村的一位华东师范大学二附中老师的女儿志愿去了西藏，当时她就在林芝工作，受家长之托，我要去林芝的西藏农牧学院找她。

于是，在完成拉萨的调查任务之后，我迫不及待地要去林芝。在自治区公路局一位总工程师的陪伴和保驾护航下，一天清晨，我们从海拔3 700米的拉萨出发前往，中午时分，到达海拔5 300米的米拉山口，在一个公路中转站休息用餐时，我的脸色渐渐变紫红，头脑发胀，我知道高原反应来了，被工程师发觉之后说，刘主任（我时任华东师范大学地理系副主任）有高原反应了，吃完饭赶紧下山。

很快，我们一行下山，向林芝进发，海拔逐渐下降，人很快恢复正常。于傍晚抵达海拔2 700米的林芝，一天之中，我从海拔3 700米上升至海拔5 300米，再下降至海拔2 700米的林芝时，感觉十分舒服，仿佛回到了上海。

在林芝，我入住地区招待所，住"高档"房，吃"特供"饭，第一次享受副厅级待遇，原因是内地重点大学系副主任，在西藏相当于副厅级！

在林芝，我访问教育局、八一中学，参观八一毛纺厂、西藏农牧学院，漫步林芝县城，站在高处拍摄规划待建的林芝新城，很快完成调查考察任务。

在林芝，我与在西藏农牧学院工作的学友顾笃庆，华东师范大学二附中毕业只身去西藏的王洪敏一起爬山，采摘蘑菇，在茂密的森林里尽情享受高原森林里的氧吧，其乐融融！

在林芝的日子是我在西藏最愉悦、身体最适宜的一段时光。

40多年前的林芝是西藏的一个工业大镇。1966年，纺织工业部决定将上海毛麻公司维纶粗疏毛纺织厂连同其全部人员和设备迁入林芝八一镇，从此便有了西藏第一个现代化纺织厂——西藏林芝毛纺厂。工人多达数千，接受全国订单，其生产的高原牌毛线、呢绒、地毯纱等，销往全国各地。林芝毛纺厂把西藏带向了全国各地，被誉为"高原一支红"。

林芝还是一座教育新城。20世纪80年代，西藏的教育还非常落后。林芝的中小学相对健全，西藏唯一的农牧高等学府——西藏农牧学院就坐落在林芝八一镇。在一个县拥有一所省级大学，极为稀少，它为林芝这座小城增辉不少。

林芝是一座美丽的"乡村城市"，县政府及地区行政公署的驻地，原本是尼洋河畔的一片乱石滩，中国人民解放军进入，在此建成八一镇，逐步形成林芝县的政治、经济、文化中心，为一座"移民小城"，当时人口约2万，至2017年，全镇共有48 733人。

时光流逝，如今的林芝已经是西藏的一个地级市，下辖1个区（巴宜区驻八一镇）、6个县，其市域总面积为116 175平方千米，总人口18万。西藏农牧学院如今是西藏自治区唯一一所集农、工、理、管学科于一体，具有学士学位、硕士学位和博士学位授予权的高等理工农业院校。林芝唯一的变化是，其"工业大镇"已不复存在——在市场经济大潮中，八一毛纺厂早已停产，取而代之的是区域性"物流中心"。

从地理区位来看林芝，它是一座边境建制市，南与缅甸接壤，边境线长达1 006.5千米。这座美丽的城市是祖国边疆国防重任的守护者。

林芝风景秀丽，有很多地带被誉为"西藏江南"。当年拍摄的林芝老照片，让我回忆起许多故事，它在我漫长的地理人生中留下值得回味、难忘的一页（第四卷图106-1至图106-7）。

第四卷图 106-1　从拉萨去林芝，翻过海拔 5 300 米的米拉山口，在公路站用餐（1982 年 7 月）

第四卷图 106-2　米拉山口地区的牦牛（1982 年 7 月）

第四卷图 106-3　位于林芝盆地的西藏农牧学院（1982 年 7 月）

第四卷图 106-4　在西藏农牧学院与校友顾笃庆参观考察发展中的林芝县城（1982 年 7 月）

第四卷图 106-5　林芝县的农业主产——青稞（2020 年 8 月）

第四卷图 106-6　西藏东部经济首位旅游城市——林芝市（2020 年 8 月）

第四卷图 106-7　林芝市的美景（2020 年 8 月）

107. 西藏发展的地理问题思考

西藏融入社会主义大家庭，带来了经济社会发展和生活水平的大幅度提升，但与其他非高寒地区相比，差距还很大。把握西藏地理区位、自然地理环境、文化和风俗习俗，以及经济社会发展阶段性、制度基础的特殊性和差异性，谋划其未来发展是值得地理工作者思考的大问题。

归纳起来，西藏的特殊性主要在三方面：一是地处西南边陲，人口稀少，特别是高寒低氧的地理环境影响人类的正常生存，极大地制约了辽阔土地资源的可利用价值；二是传统藏文化、风俗习惯，牧民分散生产生活方式的特殊性与发展之间的差异，难以用其他地区的规范和理念推进西藏现代经济、社会、生态、文化的发展，影响了投入的有效性；三是西藏的行政管理制度起点低、基础差，管理方式特殊，教育资源、人才严重不足，难以在短期内推进和实现现代化的治理。

西藏未来的发展一定要立足于西藏的区情，稳步推进改革，扎实发展经济，着眼于改善和提升在广大牧区、农区从事生产劳动的农牧民生活水平。

从国家层面看，西藏未来之战略应重点加强"两个屏障"和"三个基地"建设：

（1）两个屏障

① 国家安全屏障。加强国防建设，抓好边境管理，确保长治久安，防范分裂破坏活动，使西藏成为祖国西南边陲的安全屏障。地缘政治特点决定了这是西藏战略定位的第一要务。

② 生态安全屏障。与青海、滇西联手，统筹推进青藏高原的生态环境保护，协调经济发展、社会进步、民生改善与生态环境建设的关系，使之成为"第一级阶梯"的生态安全屏障。

（2）三大基地

① 战略资源储备基地。西藏已发现 100 多种矿产，其中铜、铬、硼、锂、铅、锌、金、锑、铁等为优势矿种。要加强战略性矿产勘查开发，使之成为国家重要战略资源储备基地。

② 高原特色农畜产品基地。因地制宜，大力发展高原特色、绿色食品生产，如藏西北、羌塘高原南部的绒山羊，藏东北的牦牛、藏系绵羊，雅鲁藏布江中游的奶牛、青稞、油菜等，尼洋河中下游和藏东南的干果、蔬菜、水果等，使之成为高原特色的农畜产品生产基地。

③ 特色文化保护区和国际旅游基地。大力加强西藏文化的保护与发展，以藏文化、高原自然风光为特色，建设高原藏民族特色的国际化旅游业，使之成为中华民族特色文化保护和文化发展区、重要的国际旅游目的地。

在中央政府的高度重视和支持下，西藏将以快于各省区的速度发展，让更多的国人、世人了解和体验这个世界屋脊的神秘文化和独特迷人的地理风貌。

第四卷附图：各省区市标准地图

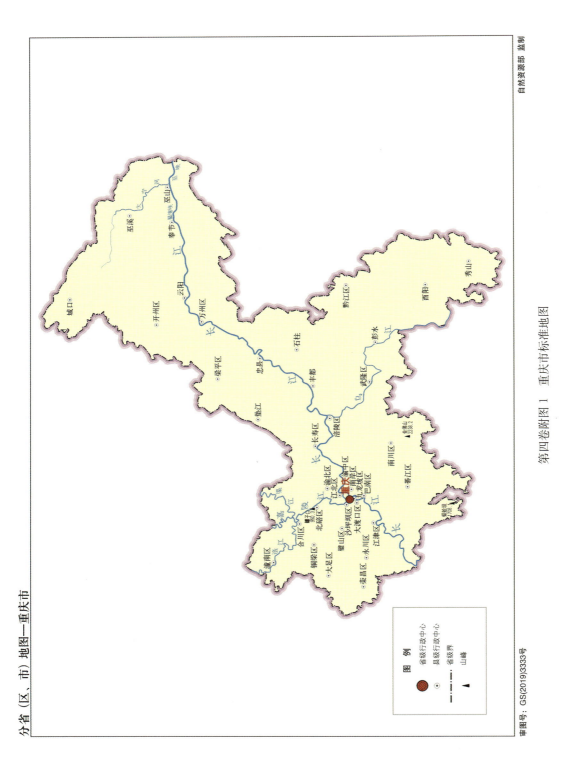

第四卷附图 1 重庆市标准地图

第四卷附图：各省区市标准地图 | 273

云南省地图

第四卷附图 3 云南省标准地图

第四卷附图 4 贵州省标准地图

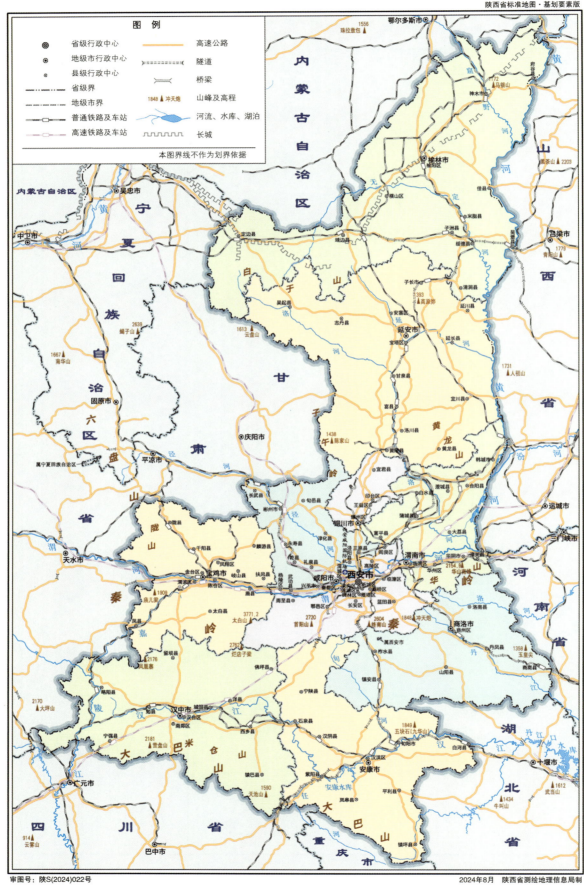

第四卷附图 5　陕西省标准地图

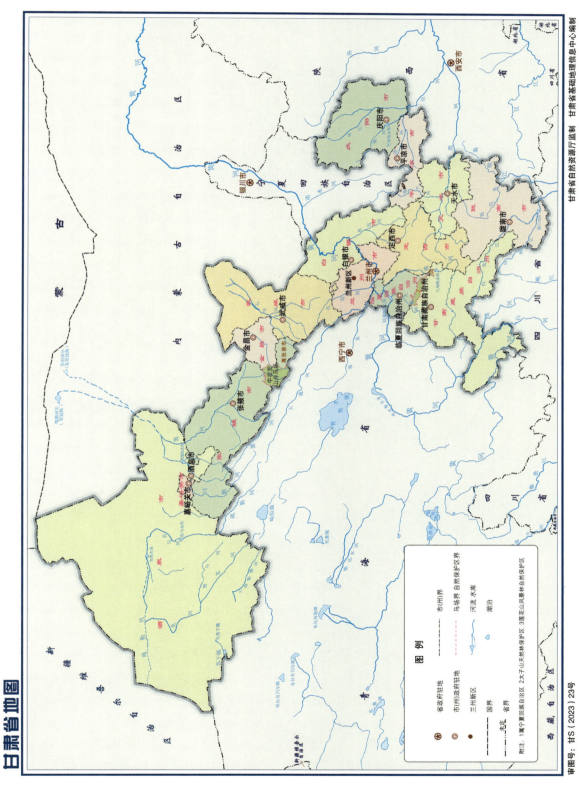

第四卷附图：各省区市标准地图

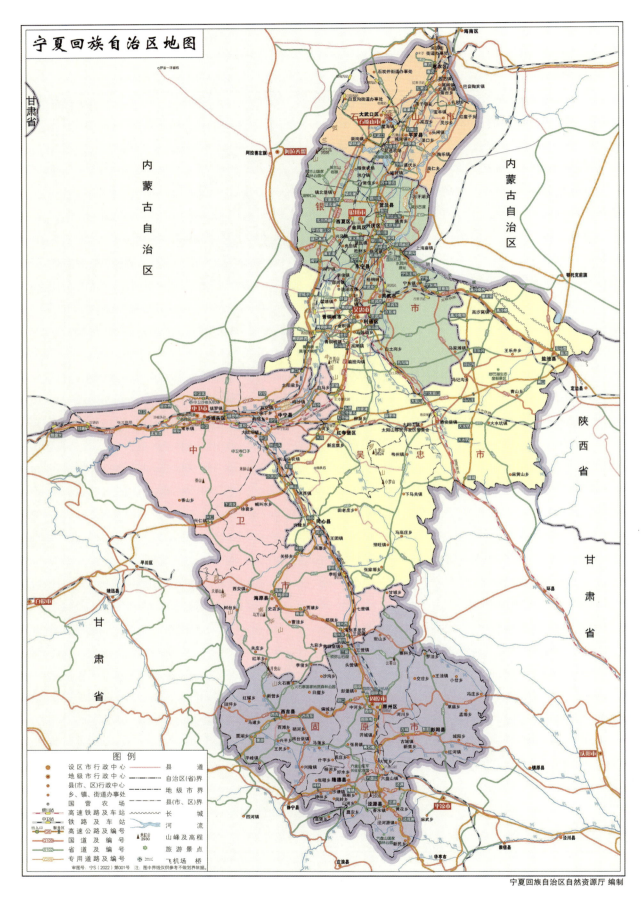

第四卷附图7　宁夏回族自治区标准地图

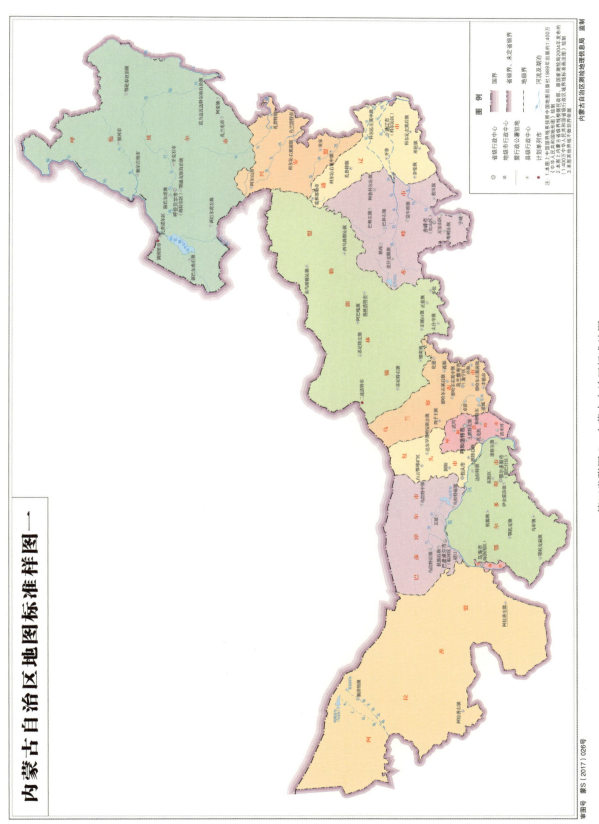

第四卷附图 8　内蒙古自治区标准地图

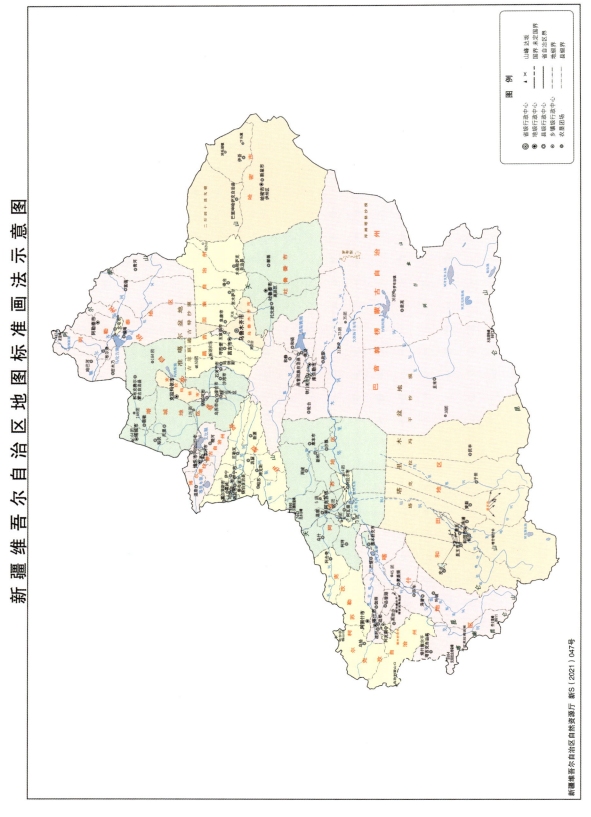

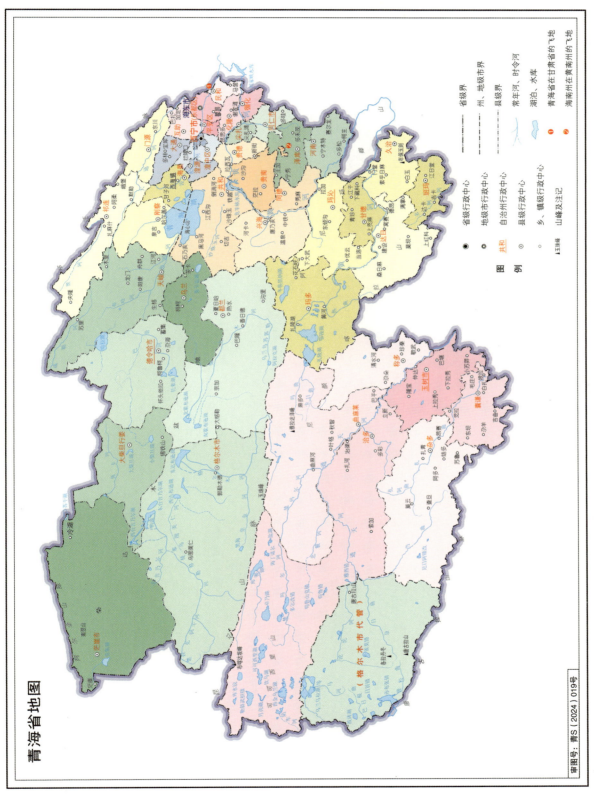

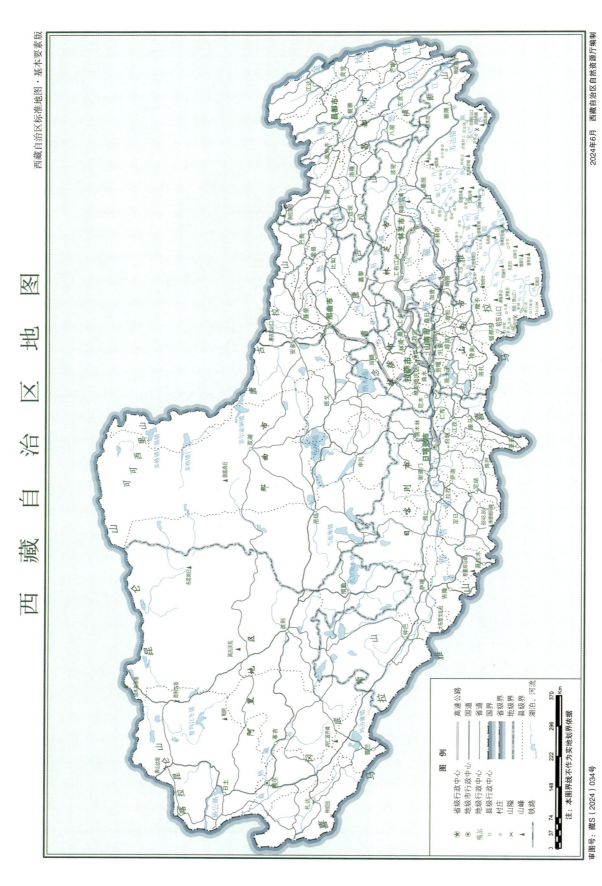

第四卷图片来源

第四卷图 1-2 源自：胡德提供.
第四卷图 5-1 源自：据华龙网完善.
第四卷图 5-2 源自：（左）刘君德提供；（右）三峡展览馆.
第四卷图 5-3 源自：刘君德、胡德提供.
第四卷图 6-1 源自：刘君德、胡德提供.
第四卷图 8-1 源自：胡德提供.
第四卷图 10-1 源自：搜狐网.
第四卷图 12-5 源自：何如刚提供.
第四卷图 14-1 源自：刘君德、张亚群提供.
第四卷图 14-2、图 14-3 源自：张俊芳提供.
第四卷图 15-1 至图 15-9 源自：张俊芳提供.
第四卷图 15-10 至图 15-16 源自：陆浩提供.
第四卷图 16-1 源自：百家号网.
第四卷图 16-2 源自：四川省人民政府网；新浪旅游.
第四卷图 16-3 源自：网易官网.
第四卷图 17-1 源自：何如刚提供.
第四卷图 17-2 源自：梁德提供.
第四卷图 17-3 源自：刘君德、何如刚提供.
第四卷图 17-7 源自：刘君德等提供.
第四卷图 19-1 源自：搜狐网.
第四卷图 19-2 源自：中国经济网.
第四卷图 19-3 源自：ECAPAER 网站.
第四卷图 20-0 源自：何如刚提供.
第四卷图 21-2、图 21-3 源自：赵国强提供.
第四卷图 22-1 源自：搜狐网/地球知识局制.
第四卷图 22-3 源自：土地资源网.
第四卷图 23-3 源自：刘君德、吴其宝提供.
第四卷图 24-0 源自：冯木石提供.
第四卷图 25-0 源自：屈思文提供.
第四卷图 27-2 源自：刘泽勤提供.
第四卷图 27-3 源自：张俊芳提供.
第四卷图 28-3 源自：刘君德、刘泽勤提供.

第四卷图 28-4 源自：刘泽勤提供.

第四卷图 29-1 源自：刘君德等提供.

第四卷图 30-1 源自：（左）刘君德提供；（右）云南网.

第四卷图 33-2 源自：陈海波提供.

第四卷图 35-5 源自：陈海波提供.

第四卷图 36-1 源自：刘泽勤提供.

第四卷图 38-6 源自：韦良芝提供.

第四卷图 40-2 源自：李丽雅提供.

第四卷图 41-1 至图 41-3 源自：杨建中提供.

第四卷图 42-1 源自：百度官网.

第四卷图 42-2 源自：马祖琦提供.

第四卷图 42-3 源自：（左）百度官网；（右）刘君德.

第四卷图 43-2 源自：马祖琦、刘君德提供.

第四卷图 43-3 源自：杨建中提供.

第四卷图 44-1 源自：杨建中提供.

第四卷图 44-2 源自：王岚提供.

第四卷图 46-3 源自：杨建中提供.

第四卷图 47-1 源自：全国治沙会议提供.

第四卷图 47-3 源自：百度官网.

第四卷图 47-4 源自：省民政厅提供.

第四卷图 47-5 源自：刘君德等提供.

第四卷图 47-15 源自：魏文静提供.

第四卷图 47-15 源自：魏文静提供.

第四卷图 48-2 源自：刘君德等提供.

第四卷图 49-1、图 49-2 源自：李欣雨提供.

第四卷图 49-3 源自：张俊芳提供.

第四卷图 52-1 源自：甘肃省地理信息公共服务平台官网．甘肃省自然资源厅/甘肃省基础地理信息中心．审图号：甘 S（2013）17 号．

第四卷图 52-3 源自：秦学提供.

第四卷图 58-1、图 58-2 源自：张俊芳提供.

第四卷图 59-2 源自：张俊芳提供.

第四卷图 60-2 源自：刘君德等提供.

第四卷图 60-3 源自：（左）DASHANGU 网站；（右）孔夫子旧书网.

第四卷图 61-4 源自：韩中城提供.

第四卷图 62-0 源自：百度官网.

第四卷图 63-3、图 63-4 源自：刘泽勤提供.

第四卷图 64-1 至图 64-3 源自：刘泽勤提供.

第四卷图 65-1 源自：刘泽勤提供.

第四卷图 65-2 源自：高东阳提供.

第四卷图 65-3 源自：百度官网.

第四卷图 66-1 至图 66-6 源自：刘泽勤提供.

第四卷图 67-1 源自：（左）治沙会议网；（右）光明日报（2018 年）/记者王鹏摄影、崔庆仙提供.

第四卷图 67-2 源自：刘泽勤提供.

第四卷图 68-1、图 68-2 源自：高东阳提供.

第四卷图 69-0 源自：刘家峡博物馆.

第四卷图 70-1、图 70-2 源自：高璐提供.

第四卷图 71-1、图 71-2 源自：刘泽勤提供.

第四卷图 72-2 源自：白冰冰提供.

第四卷图 72-5 源自：（左）刘君德提供；（右）丁金宏提供.

第四卷图 73-1 源自：赵国强提供.

第四卷图 73-2、图 73-3 源自：白冰冰提供.

第四卷图 74-3 源自：刘泽勤提供.

第四卷图 76-2 源自：李向阳提供.

第四卷图 76-3 源自：郎荣彪提供.

第四卷图 76-4 源自：白冰冰提供.

第四卷图 77-1、图 77-2 源自：白冰冰提供.

第四卷图 77-3 源自：韩钢生提供.

第四卷图 77-4 源自：（左）朗荣彪提供；（右）何少华提供.

第四卷图 77-5 源自：王晓燕提供.

第四卷图 77-6 源自：刘卫俊提供.

第四卷图 77-7 源自：白冰冰提供.

第四卷图 80-0 源自：白冰冰提供.

第四卷图 82-4 源自：韩可胜提供.

第四卷图 83-0 源自：美篇网.

第四卷图 84-1 源自：吴健平提供.

第四卷图 85-1 源自：韩可胜提供.

第四卷图 85-2 源自：张东升提供.

第四卷图 87-1 源自：张东升提供.

第四卷图 87-2、图 87-3 源自：吴健平提供.

第四卷图 87-4 源自：搜狐网.

第四卷图 88-1 源自：百家号网.

第四卷图 88-2 源自：携程旅行网.

第四卷图 88-3 源自：吴健平提供.

第四卷图 88-4、图 88-5 源自：华林甫提供.

第四卷图 89-2、图 89-3 源自：张东升提供.

第四卷图 90-2 源自：360 百科.

第四卷图 90-5 源自：（左）美篇网；（右）百家号网.

第四卷图 90-6 源自：崔庆仙提供.

第四卷图 91-9 源自：吴健平提供.

第四卷图 92-1、图 92-2 源自：吴健平提供.

第四卷图 94-1 源自：豆瓣网.

第四卷图 94-2 源自：吴健平提供.

第四卷图 94-3 源自：张俊芳提供.

第四卷图 94-4 源自：刘宁提供.

第四卷图 95-1 源自：（左）李欣雨提供；（右）张俊芳提供.

第四卷图 95-2 源自：携程旅行网.

第四卷图 95-3 源自：张俊芳提供.

第四卷图 96-1 至图 96-3 源自：张俊芳提供.

第四卷图 97-1、图 97-2 源自：张俊芳提供.

第四卷图 97-3 源自：百家号网/旅图君.

第四卷图 98-1 源自：石超艺提供.

第四卷图 98-2 源自：刘宁提供.

第四卷图 99-1 源自：（左）PAGE 网站；（右）百度百科.

第四卷图 99-2 源自：李欣雨提供.

第四卷图 99-3 源自：搜狐网.

第四卷图 99-4 源自：吴健平.

第四卷图 100-0 源自：搜狐网.

第四卷图 101-1 源自：刘君德、张亚群提供.

第四卷图 101-3 源自：刘君德、吴健平提供.

第四卷图 101-4 源自：赵国强提供.

第四卷图 102-1、图 102-2 源自：赵国强提供.

第四卷图 103-1 源自：刘君德、张亚群提供.

第四卷图 103-2 源自：（上）PCONLINE 网站；（下）赵国强提供.

第四卷图 104-3 源自：杜德斌提供.

第四卷图 104-4 源自：赵国强提供.

第四卷图 105-1 源自：刘君德、张亚群提供.

第四卷图 105-3 源自：赵国强提供.

第四卷图 105-4 源自：杜德斌提供.

第四卷图 106-5 至图 106-7 源自：赵国强提供.

第四卷附图 1 源自：（国家）标准地图服务官网（重庆市地图）. 自然资源部. 审图号：GS（2019）3333 号.

第四卷附图 2 源自：四川省地理信息公共服务平台官网. 四川省测绘地理信息局. 审图号：川 S（2021）00059 号.

第四卷附图 3 源自：云南省地理信息公共服务平台官网. 云南省自然资源厅/云南省地图院. 审图号：云 S（2023）47 号.

第四卷附图 4 源自：贵州省地理信息公共服务平台官网. 审图号：黔 S（2022）005 号.

第四卷附图 5 源自：陕西省地理信息公共服务平台官网. 陕西省测绘地理信息局. 审图号：陕 S（2024）022 号.

第四卷附图 6 源自：甘肃省地理信息公共服务平台官网. 甘肃省自然资源厅/甘肃省基础地理信息中心. 审图号：甘 S（2023）23 号.

第四卷附图 7 源自：宁夏回族自治区地理信息公共服务平台官网. 宁夏回

族自治区自然资源厅. 审图号：宁 S（2022）第 001 号.

第四卷附图 8 源自：内蒙古自治区地理信息公共服务平台官网. 内蒙古自治区测绘地理信息局. 审图号：蒙 S（2017）026 号.

第四卷附图 9 源自：新疆维吾尔自治区地理信息公共服务平台官网. 新疆维吾尔自治区自然资源厅. 审图号：新 S（2021）047 号.

第四卷附图 10 源自：青海省地理信息公共服务平台官网. 审图号：青 S（2024）019 号.

第四卷附图 11 源自：西藏自治区地理信息公共服务平台官网. 西藏自治区自然资源厅. 审图号：藏 S（2024）034 号.

说明：上述未提及的图片为本书作者刘君德拍摄或提供。

第四卷后记

中国西部地区的十一个省区市，含"两大块"（西南和西北）、"三大区"（渝川云贵、陕甘宁和蒙新青藏）、"五大类"。

所谓"五大类"，即西部地区包含有五类省区。第一类是重庆、四川、陕西三个省市，发展条件较好，经济比较发达；第二类是云南、贵州两省，具有高原经济的相似性和特色；第三类是内蒙古、宁夏、新疆三个自治区，具有相似的干旱地理环境和民族特色；第四类为青海和西藏两个省区，在青藏高原高寒环境下，人类生存和发展的条件相似；第五类是甘肃省，是一个具有自然和人文地理明显过渡性特点的省份。

西部地区不仅国土面积广大，而且地理环境复杂多样，发展特色明显，经济差距很大，文化、生态、民族构成与分布比较复杂。总体上看，西部地区是中国经济发展相对滞后的区域，但它背靠欧亚内陆，国境线漫长，地缘政治战略地位极为重要，加快西部发展步伐十分必要和迫切。

我以为，推进西部发展要把握好以下战略性举措：一是尊重自然规律，突出生态优先大战略，加大改造环境质量，合理分布人口，科学用水，实现人和自然和谐发展的大目标；二是进一步加大东部对西部的全方位支援，因地制宜做好特色发展、绿色发展大文章，重点发展节水型产业，提升产品品质，增强区域竞争力；三是加强重点城市、重点基地的建设，科学规划与布局，充分发挥中心、支点的辐射作用；四是加强边境城乡的边防建设，巩固边防。

本卷的写作中：吴健平教授协助提供了本卷各省区市的标准地图；杜德斌、张俊芳、潘玉君、白冰冰、杨建中、林涛、韩可胜、马祖琦、刘泽勤、李欣雨、赵国强、何如刚等提供了部分照片；华林甫教授、崔童博士协助进行了书稿清样的校对工作。在此，一并致谢！

四卷本后记

在本书完稿提交印刷前夕,我最想说的话有两点。

一是感谢。首先要感谢的是我的老师黄永砥教授,他93岁高龄一如既往为四卷本图书协助设计了颇有特色、与各卷书内容十分贴切的精美封面;其次要感谢我的单位——华东师范大学城市和区域科学学院、中国行政区划研究中心一贯的支持和帮助,使四卷本全彩图书得以顺利出版;再次要感谢的是我的一批弟子和朋友从不同角度,以不同方式给予的很多支持,诸如提供信息与资料、照片,尤其是在外省市考察期间,安排接待乃至陪同等。提供照片者均在书后图片来源中如实注明。特别要感谢中国人民大学华林甫教授,在我身体欠佳,眼疾手术视力下降,阅读困难,然而书稿清样急需校对之际,伸出了援助之手,他和4个弟子陶中淼、崔童及许海洋、郝玥然耗费大量精力认真进行了校对。

二是感慨。2017年的国庆前夕,我身体不适住进医院检查,诊断患有初期的"阿尔茨海默氏"病,并开始吃药。这对我是一个不小的打击。但我迅速调整心态,2018年夏我和老伴决定入住离家不远的一家养老院——椿萱茂—虹湾,在较好的生活环境下,我能专心写作,并腾出更多时间外出考察,做我喜欢做、能够做的事。

在疫情好转的间隙,我先后奔赴内蒙古呼伦贝尔大草原,黑龙江省的大兴安岭林区、大庆油田,山西省的黄河瀑布、汾河流域、吕梁山区、雁门关、五台山,甘肃省的黑河流域和祁连山区,贵州省的黔东南西北中,重庆市的城乡,环渤海地区,山东半岛,安徽省的皖北、皖中,河南省、湖南省的南北东西,广东省的沿海,四川省的成都平原和川西北宝地——阆中,江苏省的苏中、苏北,乃至东北辽宁省的大连,以及吉林省、河北省等地,登山过河,马不停蹄走进城市乡村,访谈调研;努力写作,思索,坚持记日记;积极参与,乃至主持相关学术活动、各种会议。但凡参会,必认真准备甚至查阅资料做发言。所有这些,不仅是我的一种专业"职业病"和社会责任,也是基于"勤用脑""多动脑",以延缓自己不可逆转的阿尔茨海默氏病吧!

历经4个春夏秋冬,经历烦恼的新冠病毒疫情,如今,总字数超过170万字、总图片超过1 000幅、总页码超过1 000页的四卷本大部头图书终于顺利完稿,并交付全彩印刷,兴奋之情,难以言表!

我自信,我坚持,我成功了!

感谢东南大学出版社城市工作室的徐步政荣誉编审和孙惠玉副编审一贯的大力支持和辛勤劳动!

感谢我的家人及亲友的一贯理解与支持!

刘君德
2022年国庆节于华东师范大学三村